빅데이터 시대에 **10대**가 꼭 알아야 할

삼국지 **2**

────➤─ 적벽대전 ─────

온고지신 시리즈

빅데이터 시대에 10대가 꼭 알아야 할

삼국지 2 적벽대전

초판 인쇄일	2024년 9월 9일
초판 발행일	2024년 9월 23일

지은이	양승욱
펴낸이	김순일
펴낸곳	주니어미래
신고번호	제2024-000016호
주소	경기도 고양시 덕양구 삼송로 222, 현대헤리엇 업무시설동(101동) 301호
전화	02-715-4507
팩스	02-713-4805
이메일	mirae715@hanmail.net
홈페이지	www.miraepub.co.kr
블로그	blog.naver.com/miraepub

ISBN 978-89-7299-573-9 (44140)
ISBN 978-89-7299-565-4(세트)

주니어미래는 미래문화사의 청소년 브랜드입니다.

빅데이터 시대에 **10대**가 꼭 알아야 할

삼국지 2

적벽대전

양승욱 지음

조조

제갈량

주유

일러두기

＊인물명과 지역명은 한국어의 한자 발음을 따라 썼습니다.
＊사자성어 등의 한자어는 책의 뒤쪽, 미주에 뜻풀이가 있습니다.

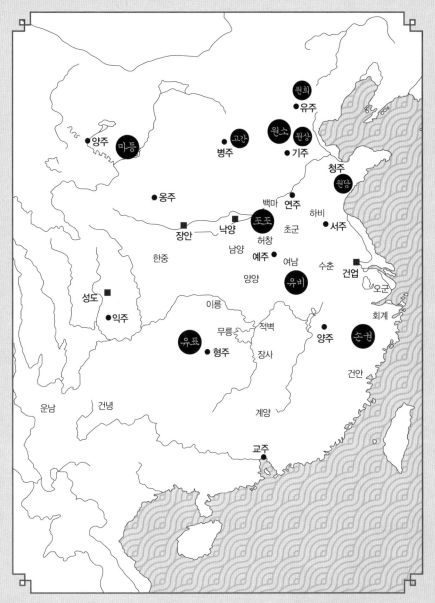

삼국시대의 주 이름과 주요 지명(200년)

차례

39. 황제의 혈서 • 9

40. 천하의 영웅 • 21

41. 원술 토벌 • 27

42. 원소, 거병하다 • 31

43. 선비 예형 • 35

44. 독약 한 첩 • 45

45. 흩어진 삼 형제 • 54

46. 안량과 문추 • 62

47. 결집하는 유비군 • 70

48. 강동의 새 군주 • 83

49. 관도대전 • 97

50. 십면매복 • 112

51. 유표에게 의지한 유비 • 120

52. 형제의 분열 • 127

53. 동작대 • 139

54. 적로마 • 148

55. 수경 선생 사마휘 • 156

56. 눈물의 이별 • 162

57. 복룡과 봉추 • 172

58. 삼고초려 • 179

59. 천하삼분의 계책 • 190

60. 황조의 몰락 • 197

61. 제갈량의 첫승리 • 202

62. 공융의 죽음 • 211

63. 첫승리 후 • 216

64. 아두를 구한 조운 • 220

65. 유비의 부하 사랑 • 225

66. 제갈량의 계책 • 232

67. 대교와 소교 • 245

68. 화살 10만 개를 얻은 공명 • 272

69. 적벽대전 • 297

70. 조조, 세 번 웃다가 울다 • 319

71. 날개를 얻은 유비 • 334

미주 • 349

39

황제의 혈서

조조는 꿇어앉은 장료를 보고 말했다.

"그대는 어디선가 본 것 같군."

"복양성 안에서 만나지 않았더냐? 그날 불길이 좀 더 거셌다면 오늘 네놈 같은 역적은 세상에 없었을 것이다."

장료는 조금도 위축되지 않고 당당하게 말했다.

조조는 문득 진궁의 계략에 빠져 목숨을 잃을 뻔했던 일이 떠올랐다.

"이놈, 패배한 장수 주제에 감히 나를 모욕할 셈이냐?"

화가 난 조조는 칼을 뽑아 들고 장료를 베려고 했다. 그러나 장료는 두려워하지 않고 오히려 목을 내밀었다. 이때 유비가 재빨리 조조의 팔을 붙잡았다.

"저 사람은 하비성에서 유일하게 마음이 곧고 바른 장수입니다. 부디 살려서 크게 쓰시지요."

평소 남에게 굽히기를 싫어하는 관우도 조조 앞에 무릎까지 꿇으며 간청했다.

"이 관우도 문원(장료)이 충의지사[1]임을 보증합니다. 바라건대, 목숨을 살려 주십시오."

그러자 조조가 껄껄 웃으며 칼을 내던졌다.

"나 또한 문원의 충성과 의리를 잘 알고 있소. 그를 한 번 시험해 본 것뿐이오."

조조는 직접 장료의 결박을 푼 다음 새 옷을 입히고 자리에 앉기를 권했다. 장료는 조조가 정중하게 대접하고, 유비와 관우가 그를 위해 간곡하게 청하자 감격하여 항복했다.

조조는 장료를 관내후로 봉하여 중랑장으로 삼았다. 그 소식을 들은 여포의 장수 장패는 부하들을 이끌고 투항했다. 조조는 그에게 많은 상을 주고 위로했다.

하비성을 점령한 조조는 모든 일을 수습한 뒤 유비와 함께 허도로 돌아갔다. 도중에 서주에 이르렀을 때, 백성들이 길가에 몰려와서 조조에게 유비를 서주 목사로 남겨 달라고 청했다. 조조가 대답했다.

"유현덕의 공적이 크니 황제를 뵙고 작위를 받은 후 돌아와도 늦지 않을 것이다."

허도에 도착한 조조는 유비를 헌제에게 소개했다. 유비가 엎드려 절하자 헌제가 물었다.

"그대의 조상은 누구인가?"

유비가 대답했다.

"저는 효경 황제 폐하의 아드님이신 중산정왕의 후손입니다."

헌제가 족보를 살펴보니 유비는 자신의 숙부뻘이었다.

"나에게 현덕과 같은 숙부가 있었다니 놀라운 일이오."

헌제는 크게 기뻐하며 조카의 예를 갖춘 후 유비에게 좌장군 의성 정후의 벼슬을 내렸다. 이후 사람들은 유비를 '유황숙'이라 불렀다.

그러나 조조와 그의 측근들은 유비가 황제의 두터운 신임을 받는 것이 못마땅했다. 모사 정욱이 조조에게 물었다.

"지금 승상의 명성이 하루가 다르게 높아지고 있는데, 어찌하여 천하를 다스리는 데 서두름이 없으십니까?"

"조정에 아직 황제에게 충성하는 신하들이 많아서 경거망동할 수 없네. 황제를 모시고 사냥을 나가서 그들의 속셈을 살펴야겠네."

조조는 날쌘 말과 매, 사냥개를 고르고 활과 화살을 준비한 다음, 군사들을 성 밖에 집결시켰다. 준비를 마친 조조는 헌제에게 사냥을 하러 가자고 청했다. 헌제는 내심 불편했지만, 청을 거절할 수 없어서 조조를 따라나섰다.

조조는 군사 10만 명을 사냥 몰이꾼으로 풀어 2백여 리에 이르는 사냥터를 에워쌌다.

만조백관²을 비롯하여 유비 삼 형제도 사냥에 참여했다. 헌제는 유비를 보자 웃으며 말했다.

"짐이 숙부의 활 솜씨를 보고 싶소."

때마침 풀숲에서 토끼 한 마리가 튀어나왔다. 유비가 활을 쏘아 맞추자 헌제는 칭찬을 아끼지 않았다.

헌제가 산비탈을 도는데 몰이꾼의 함성에 놀란 사슴 한 마리가 가시덤불 속에서 튀어나왔다. 헌제는 세 차례 활을 쏘았으나 모두 빗나가고 말았다.

"이번엔 승상께서 쏘아 보시오."

헌제는 자신의 활과 화살을 조조에게 건네며 분부했다. 조조는 사양하지 않고 활과 화살을 받아 들었다. 그리고 한껏 시위를 당긴 후 화살을 날렸다.

화살이 바람을 가르며 날아가 사슴의 등에 박히자, 사슴은 외마디 비명을 지르며 풀 위에 고꾸라졌다. 군신들은 사슴의 등에 꽂힌 화살을 보고 황제가 쏜 것으로 착각했다.

"황제 폐하 만세!"

그런데 황당한 일이 벌어졌다. 조조가 말을 달려 황제의 앞을 가로막더니 두 손을 들어 환호에 화답하는 것이 아닌가. 그 순간 군신들의 얼굴이 흙빛으로 변했다. 그 모습을 지켜보던 관우는 분노하여 당장이라도 달려가서 조조의 목을 벨 기세였다.

유비는 놀라서 황급히 눈짓으로 관우를 만류했다. 이에 관우는 끓어오르는 분노를 억눌렀다. 사냥이 끝난 후 처소로 돌아온 관우가 유비에게 물었다.

"조조란 놈이 황제 폐하를 업신여기기에 제가 목을 베어 나라의 화근을 없애려고 했는데, 형님은 왜 말리셨소?"

"쥐를 잡겠다고 그릇을 던져서야 하겠는가? 그때 폐하의 곁에는 조조와 그의 심복들만 있었네. 아우가 분노를 참지 못하여 경솔히 행동했다가, 실수하여 폐하가 다치기라도 했으면 그 죄는 모두 우리가 뒤집어썼을 것이네."

"하지만 오늘 그놈을 죽이지 못한 것이 훗날 반드시 화근이 될 것이오."

"그래도 오늘 일은 비밀에 부치고, 입 밖에 내지 말게."

관우가 푸념하자 유비는 달랬다.

그 시간, 헌제 역시 조조에게 모욕을 당한 일이 분하여, 눈물을 흘리며 복황후에게 자신의 처지를 호소하고 있었다.

"짐이 즉위한 후 조정에는 계속 간웅들만 나타나 득세하고 있소. 동탁의 폭정이 끝나자 이각과 곽사가 난을 일으켜 악행을 저질렀소. 그러다가 조조를 얻고 그가 사직을 지켜 줄 충성스러운 신하라고 믿었소. 그런데 뜻밖에도 권력을 손에 쥐고 마음대로 흔들고 있으니 짐은 그를 볼 때마다 가시방석에 앉은 기분이오. 조만간 그가 역모를 꾸밀 것만 같아서 불안하기 짝이 없구려."

헌제의 하소연에 복황후는 한숨을 내쉬며 탄식했다.

"그 많은 조정의 문무백관³ 중에 나라의 위기를 해결할 사람이 한 명도 없다는 말씀입니까?"

복황후의 말이 끝나자마자 누군가 문을 열고 들어왔다. 황후의 부친 복완이었다.

"지금 조정에는 조조의 심복들이 곳곳에 깔려 있습니다. 폐하의 친족이 아니면 역적을 치기 어렵습니다. 소신은 힘이 미약하지만 동귀비의 부친인 거기장군 동승이라면 이 일을 해낼 수 있습니다."

복완의 말에 헌제는 표정이 밝아졌다.

"동 국구(황제의 장인이나 처남)는 나라에 어려움이 있을 때마다 앞장서서 도왔다고 들었소. 당장 그를 불러 대책을 세우도록 합시다."

그러자 복완은 목소리를 낮추며 조심스럽게 말했다.

"지금 폐하를 모시는 자들은 모두 역적 조조의 심복들입니다. 잘 못하다간 기밀이 새어 나갈 수 있으니 조심해야 합니다."

"그렇다면 어떻게 하는 게 좋겠소?"

"저에게 좋은 방법이 있습니다. 폐하께서는 새 옷 한 벌을 옥대와 함께 준비해서 아무도 모르게 동승에게 주십시오. 옥대의 안쪽을 뜯고 그 안에 편지를 넣은 다음 표시가 나지 않게 기워서 주면, 나중에 동승이 확인하고 대책을 세울 것입니다."

이에 헌제는 비밀 조서를 작성하여 복황후에게 주고, 옥대 속의 자줏빛 비단 안에 넣어 표가 나지 않도록 꿰매게 했다. 조조의 눈을 피해서 동승에게 편지를 전달하기 위해서였다.

이튿날 헌제는 은밀히 동승을 불러 한담을 나눈 후, 동승을 데리고 태묘(역대 황제의 위패를 모시는 사당)로 갔다. 헌제는 동승과 함께 공신각(공신의 초상을 모시는 집) 안에 올랐다. 헌제는 향을 사르고 절

한 뒤 동승을 가까이 오게 했다. 동승이 곁에 오자 헌제는 손을 들어
가운데 초상을 가리켰다. 고조의 초상이었다. 헌제가 물었다.

"나의 선조이신 고조께서는 어떻게 천하를 평정하고 나라의 기틀
을 닦으셨소?"

동승이 당황하며 대답했다.

"폐하 저를 놀리십니까? 성조(한고조)께서 하신 일을 잘 아시면서
어찌 저에게 물으십니까?"

헌제가 정색하며 말했다.

"내가 왜 동 국구를 놀리겠소? 진심으로 부탁하는 것이니 말해 보
시오."

그제야 동승이 옷매무새를 고쳐 잡으며 설명했다.

"고조 황제께서는 원래 사상 땅의 정장(오늘날의 동장)이셨지요. 3
척의 검 하나로 망탕산에 사는 거대한 흰 뱀을 베시고 의병을 일으
켰습니다. 3년 만에 진나라를 멸망시키고, 다시 5년 후에는 초(항우)
를 멸망시키셨지요. 군사를 일으킨 지 8년 만에 마침내 천하 통일의
대업을 이루신 겁니다."

동승의 설명을 듣던 헌제의 눈에서 갑자기 눈물이 흘러내렸다. 동
승이 당황하여 물었다.

"폐하, 어찌 눈물을 보이십니까?"

헌제가 탄식하며 대답했다.

"국구의 설명대로 나의 선조께서는 위대한 영웅이셨소. 그런데
그분의 자손인 나는 왜 이토록 나약하고 겁이 많은지 모르겠소. 생

각할수록 한스러워 눈물이 나는구려."

소매를 들어 눈물을 닦은 헌제가 이번엔 고조의 좌우 초상을 가리
켰다.

"이 두 분에 대해서도 설명해 주시오."

"장량[4]과 소하[5]입니다. 고조 황제께서 나라를 세우실 때 이 두 분
의 공이 컸습니다."

"국구께서도 장량과 소하처럼 나의 곁을 지켜 주시오."

"황송합니다. 제가 미련하여 그동안 아무런 공도 세우지 못했습
니다."

"국구께서는 겸손이 지나치구려. 이전에 내가 탄 수레를 구한 적
이 있지 않소? 나는 그때 일을 항상 고맙게 여기고 있소. 다만 아직
보답하지 못해서 미안할 따름이오."

헌제는 갑자기 자신이 입고 있던 비단 도포와 옥대를 벗어서 동승
에게 주었다.

"국구께서는 이 도포와 옥대를 두르시오. 그러면 항상 나의 곁을
지키는 것과 다름없소. 그리고 집으로 돌아가거든 이 옥대를 자세히
살펴보고, 짐의 뜻을 저버리지 마시오."

동승은 그 뜻을 즉시 알아챘다. 그는 비단 도포와 옥대를 받은 후
작별을 고했다. 그러나 동승이 비밀리에 황제를 만났다는 소식은 곧
조조의 귀에 들어갔다.

조조는 심상치 않은 조짐을 느끼고 급히 황궁으로 달려갔다. 그가
막 궁궐에 들어섰을 때 집으로 돌아가던 동승과 마주쳤다. 동승은

갑자기 몸을 피할 수도 없어 길옆에 서서 인사를 했다. 조조가 다가와 물었다.

"국구께서는 무슨 일로 오셨소?"

"황제께서 부르셔서 입궐했더니, 이 비단 도포와 옥대를 하사하셨소."

"무슨 일로 하사하신답니까?"

"지난날 내가 장안에서 폐하를 구해 드린 공로를 치하하며 주셨소."

조조는 의심의 눈초리로 동승의 표정을 살피며 말했다.

"그렇게 귀한 선물을 받으셨다니 축하하오. 나도 구경 좀 합시다."

동승은 옥대 속에 숨겨진 비밀 조서가 걱정되어 내심 불안했으나 거절할 수 없었다. 조조는 옥대와 비단 도포를 건네받은 후 이리저리 살펴보았다. 수상한 점을 발견하지 못한 조조는 도포를 입고 옥대를 두른 후 측근들에게 물었다.

"내게 잘 맞느냐?"

"참으로 잘 어울리십니다."

조조는 측근들이 칭찬하자 만족스럽게 웃으며 동승에게 물었다.

"이 비단 도포와 옥대를 나에게 선물할 생각은 없소?"

"신하 된 도리로서 황제께서 하사하신 것을 어찌 함부로 드릴 수 있겠소? 하지만 승상께서 정 원하신다면 드리지요."

"하하, 농담이오. 농담. 황제의 하사품을 어찌 내가 빼앗을 수 있겠소."

조조는 웃으며 비단 도포와 옥대를 돌려주었다. 동승은 조조에게 작별을 고한 후 집으로 무사히 돌아왔다.

그날 밤, 동승은 도포와 옥대를 이리저리 살펴보았으나 별다른 점을 찾지 못했다.

'폐하께서 내게 자세히 살펴보라고 하셨을 때는 분명히 이유가 있을 텐데, 아무것도 발견할 수 없으니 어찌 된 일인가?'

이상하게 생각한 동승은 밤이 늦도록 도포와 옥대를 살피다가 깜박 졸았다. 때마침 창틈으로 바람이 불어와 등불을 흔들자 불씨가 튀어 옥대 위에 불이 붙었다.

졸고 있던 동승은 깜짝 놀라서 황급히 불을 손으로 비벼 껐다. 그 자리에 조그만 구멍이 생겼는데, 그 안을 들여다보니 하얀 비단 자락에 핏자국이 배어 있었다. 황제가 쓴 혈서였다.

요즈음 조조가 권력을 마음대로 휘두르며 짐을 무시하고, 붕당을 만들어 조정의 기강을 무너뜨리고 있다. 이에 짐은 천하가 위기에 처할까 밤낮으로 근심하노라.

경은 충의지사를 규합해 조조를 제거하고 사직을 바로잡도록 하라. 이제 손가락을 깨물어 그 피로 조서를 쓰고 경에게 부탁하노니, 매사에 신중에 신중을 기하여 짐의 뜻을 저버리지 말라.

동승은 조서를 읽자 눈물이 절로 나와 그날 밤을 뜬눈으로 지새웠다. 새벽이 되도록 조조를 없앨 궁리를 하던 그는 서재의 탁상에 기대어 깜박 잠이 들었다. 이때 시랑 왕자복이 찾아왔다.

평소 동승과 친분이 두터웠던 왕자복은 거침없이 서재에 들어왔다. 그는 탁상에 기대어 잠이 든 동승을 깨우려다가 황제의 조서를 발견했다. 왕자복은 조서를 읽고 나서 소매 속에 감추고 동승을 깨웠다.

"국구께서는 참 태평하시오. 지금 어떻게 잠이 오시오?"

깜짝 놀라 잠을 깬 동승은 탁상 위의 조서부터 찾았으나, 왕자복이 숨긴 조서가 있을 리 만무했다.

동승의 얼굴은 순식간에 핏기를 잃고 창백해졌다. 왕자복은 소매에서 조서를 꺼내 동승의 눈앞에서 흔들며 말했다.

"국구께서는 진정 조 승상을 해치려 하시오? 내가 이 조서를 가져가서 승상부에 바쳐야겠소."

소스라치게 놀란 동승은 울상이 되었다.

"형님이 그렇게 하시면 한나라 황실은 끝장이오."

"농담이오. 우리 집안은 조상 대대로 한나라의 봉록을 받은 가문이오. 내 어찌 황실을 저버리고 역적에게 충성하겠소. 조조 그 역적을 없애는 데 나도 동참하겠소."

동승은 감격하여 왕자복의 손을 잡으며 말했다.

"형님의 말씀을 들으니 천군만마를 얻은 듯 힘이 납니다."

동승은 왕자복의 제안에 따라 황제에게 충성을 맹세하는 연판장[6]을 만들고 서명한 뒤 손가락을 깨물어 피로 지장을 찍었다.

두 사람은 뜻을 함께하는 동지를 모으기로 하고, 장수교위 충집과 의랑 오석, 장군 오자란, 서량 태수 마등을 동참시켰다. 여섯 사람이 함께 모이자 마등은 맹세의 표로 술잔 속에 피를 떨어뜨리며 말했다.

"우리는 모두 죽을 각오로 오늘의 맹세를 지키고, 동지가 열 사람이 되는 날 대사를 일으킵시다."

마등의 말에 동승이 입을 열었다.

"좋은 말씀이지만 충의지사를 찾기가 쉽지 않소. 자칫 사람을 잘못 선택하면 오히려 그로 인해 화를 당할 수도 있습니다."

그러자 마등은 유비를 추천했다.

"예주 목사 유현덕이 지금 허도에 와 있소. 그는 황실의 종친이니 반드시 우리와 뜻을 함께할 것입니다. 국구께서는 일단 그를 만나 의중을 떠보는 것이 좋겠습니다."

40

천하의 영웅

다음 날 밤, 동승은 황제의 밀서를 품고 은밀히 유비의 거처를 찾았다. 유비가 놀라 동승에게 물었다.

"야심한 밤에 어쩐 일이십니까?"

"대낮에 오면 조조의 의심을 사게 될 것 같아 일부러 밤에 왔습니다."

유비는 동승에게 자리를 권한 후 술과 안주를 준비하여 대접했다. 술이 몇 차례 돌자 동승이 조심스럽게 물었다.

"얼마 전 사냥터에서 관운장이 조조를 죽이려 할 때 귀공은 눈짓으로 그를 말리셨소. 그 까닭이 무엇이오?"

유비는 깜짝 놀라며 물었다.

"그것을 어떻게 아셨습니까?"

"다른 사람은 몰라도 저는 분명히 보았습니다. 공은 폐하의 숙부 뻘이며, 소생 또한 폐하의 장인이니 우리는 모두 황실의 인척이 아 니오? 귀공의 솔직한 마음을 알고 싶습니다."

이에 유비는 한숨을 쉬며 대답했다.

"내 아우는 조조가 폐하를 업신여기자 분노하여 그를 죽이려 한 것입니다. 하지만 그때 폐하의 곁에는 조조와 그의 심복들만 있었 소. 자칫 함부로 움직였다가 폐하께서 다칠까 염려되어 말렸던 것입 니다."

유비가 속마음을 털어놓자 동승은 품에서 황제의 밀서를 꺼내 보 여 주었다. 유비는 조서를 읽고 비분강개함을 금할 수가 없었다. 동 승이 연판장을 보여 주자 유비는 일곱 번째로 '좌장군 유비'라고 서 명했다. 동승이 말했다.

"세 사람을 채워서 열 명이 되면 조조를 칠 작정이오."

"큰일은 서두르면 실패할 수 있습니다. 되도록 천천히 진행하되, 무엇보다 비밀 유지에 각별히 신경을 쓰셔야 합니다."

동승은 유비와 밤을 지새우며 의논한 후 새벽에야 집으로 돌아 갔다.

그 후 유비는 외출을 삼간 채 텃밭을 가꾸기 시작했다. 조조의 의 심을 피하기 위해서였다. 그 사실을 모르는 관우와 장비는 채소밭을 가꾸며 두문불출하는 유비에게 불평을 늘어놓았다.

"천하의 중대한 일들은 모른 척하시고 왜 농사꾼 흉내나 내고 계 십니까?"

"아우들은 알 바 없네."

어느 날, 조조는 허저와 장료를 시켜 유비를 데려오게 했다. 때마침 관우와 장비는 출타 중이었다. 유비는 두 사람을 따라가는 내내 연판장 일로 내심 살얼음을 밟는 심정이었다. 유비가 승상부에 도착하자 조조가 웃으며 맞았다.

"요즈음 집에서 큰일을 하신다는 소식을 들었습니다."

유비는 속으로 뜨끔했다. 다행히 조조는 다정하게 유비의 손을 잡고 후원으로 이끌었다.

"요즘 채소밭을 가꾸신다지요? 어떠시오? 할 만하시오?"

유비는 그제야 마음을 놓았다.

"그저 소일거리일 뿐입니다."

"마침 매화나무에 매실이 탐스럽게 영근 것을 보다가 작년에 장수를 징벌하러 갔던 일이 생각났소. 당시 군사들은 행군 중에 마실 물이 없어서 심한 갈증에 시달렸소. 그래서 내가 한 가지 꾀를 내었소.

말채찍으로 앞을 가리키며 '저기 매화나무 숲이 있다'라고 했더니, 군사들은 시큼한 매실 생각에 침이 고여 갈증을 이겨 낼 수 있었소. 이제 저 매실을 보니 그때 생각도 나고, 마침 담가 둔 술도 잘 익어서 그대와 한잔하려고 청했소."

조조는 매화 숲에 자리한 작은 정자로 유비를 이끌었다. 정자에는 이미 술상이 차려져 있었다. 두 사람은 술상을 가운데 두고 마주 앉았다. 술이 거나해졌을 때 조조가 갑자기 유비에게 질문을 던졌다.

"공은 오랫동안 천하를 널리 돌아다녔으니 당대의 영웅이 누구인지 알고 계실 것이오. 그들이 누구인지 말해 주시오."

"제가 듣기로는 회남의 원술이 거느린 군사도 많고, 군량도 넉넉하여 세력이 막강하니 영웅이라 불릴 만하지 않습니까?"

"그는 무덤 속 마른 뼈다귀에 불과하오. 내 머지않아 그를 사로잡아 보이겠소."

"원술의 형 원소 역시 영웅이라 할 만합니다. 그는 4대에 걸쳐 삼공을 배출한 가문의 후예로 지금은 기주를 차지한 채 뛰어난 인재들을 휘하에 많이 거느리고 있지요."

"원소는 겉보기에 위풍당당하나 담력이 부족하오. 일을 도모하기 좋아해도 결단력이 없고, 큰일에 몸을 아끼고 사소한 일에 목숨을 거니 어찌 그를 영웅이라고 할 수 있소."

"그렇다면 유표나 유장, 장수, 장로 등은 어떻습니까?"

조조는 손사래를 치며 말했다.

"아니요. 그들은 입에 담을 가치도 없는 소인배들에 불과하오."

"강동의 손책은 어떻습니까?"

"그 어린 것이 무슨 영웅이라는 말이오? 그저 제 아비의 명성에 기댄 것뿐이오."

유비는 곤혹스러운 표정을 지으며 고개를 가로저었다.

"저는 그들 외에 영웅이라 할 만한 이를 알지 못합니다."

조조가 정색하며 말했다.

"무릇 영웅이란 가슴속에 큰 뜻을 품고 뱃속에는 뛰어난 계책을 숨기고, 우주를 포용하는 호기로움과 천지를 삼키겠다는 의지를 품고 있어야만 하오."

"제가 보기에 그런 영웅은 없는 것 같습니다만."

그러자 조조가 손가락으로 유비를 가리키더니 다시 자기 얼굴을 가리키며 말했다.

"내가 말한 영웅은 바로 그대와 나요."

조조의 말에 유비는 깜짝 놀라서 들고 있던 젓가락을 바닥에 떨어뜨렸다. 때마침 하늘에서 천지를 울리는 요란한 천둥소리와 함께 벼락이 치더니 소낙비가 쏟아지기 시작했다.

조조에게 속마음을 내비친 것 같아 가슴을 조였던 유비는 젓가락을 주우며 핑계를 댔다.

"제가 천둥소리와 벼락에 놀라 젓가락을 떨어뜨리는 추태를 부렸습니다."

유비는 짐짓 자신이 겁쟁이라는 고백을 하면서 조조의 판단에 혼란을 주고자 했다. 순간 조조는 경계의 눈빛을 풀고 껄껄 웃으며 말했다.

"대장부가 천둥소리를 두려워하시오?"

조조는 유비를 시험하고자 했으나, 유비는 때마침 울린 천둥소리를 이용하여 조조의 의심을 풀고 위기를 넘겼다. 이에 조조는 흐뭇한 마음으로 유비에게 술을 권했고, 유비 또한 조조에게 술잔을 권하며 화기애애[7]한 시간을 보냈다.

이때, 유비가 조조에게 불려 갔다는 소식을 듣고 관우와 장비가 승상부로 달려왔다. 조조는 관우와 장비에게도 자리에 앉기를 권한 후 수하들에게 명했다.

"저 두 장수에게도 술을 갖다 드려라."

얼마 후 술자리가 파하자 유비는 조조에게 작별을 고했다. 돌아오는 길에 유비는 관우와 장비에게 천둥소리에 놀라 젓가락을 떨어뜨린 일을 이야기했다. 관우와 장비는 의아한 표정을 지으며 유비에게 물었다.

"형님께서 천둥소리에 놀라실 분도 아닌데 젓가락을 떨어뜨린 이유가 무엇입니까?"

"내가 그동안 채소밭을 일군 것은 나에게 큰 야심이 없다는 것을 조조에게 증명하기 위해서였네. 그런데 조조는 나를 시험하기 위해 천하의 영웅은 자기와 나밖에 없다고 했어. 그 소리에 당황해서 그만 젓가락을 떨어뜨렸는데 마침 천둥소리와 번개가 쳐서 변명거리를 만들어 준 거지. 조조는 나를 겁쟁이라고 여겨 그제야 의심을 풀었다네."

유비의 말에 관우와 장비는 잠시나마 농사꾼 흉내를 낸다며 불평했던 것을 부끄러워했다.

41

원술 토벌

조조는 다음 날도 유비를 청하여 술을 마셨다. 그는 유비에 대한 경계를 완전히 풀고 자기 사람으로 여겼다. 이때 원소를 정탐하러 갔던 만총이 돌아와 보고했다.

"공손찬이 원소에게 패하여 스스로 목숨을 끊었습니다. 또한, 회남에서 민심을 잃은 원술이 황제의 칭호와 옥새를 원소에게 넘기려 한다는 소문이 자자합니다.

원소와 원술이 힘을 합치면 수습하기 어려우니, 승상께서는 한시 바삐 대책을 세우십시오."

공손찬이 죽었다는 소식을 듣고 유비는 가슴이 아팠다. 그는 노식의 문하에서 유비와 함께 공부하며 형제처럼 지냈었다. 지난날 유비를 맨 처음 조정에 천거해 준 이도 공손찬이었다. 유비는 공손찬 휘하에 있던 조운도 생각났다. 그의 소식이 궁금하기 그지없었다. 이런저런 생각에 빠져 있던 유비는 문득 한 가지 생각을 떠올렸다.

'지금 조조에게 벗어나지 못한다면 언제 벗어나겠는가?'

그는 즉시 일어나서 조조에게 말했다.

"원술이 원소에게 가려면 반드시 서주를 지나야 합니다. 저에게 군사를 주시면 중도에서 길을 끊고 원술을 사로잡겠습니다."

조조는 유비의 말을 믿고 흔쾌히 승낙했다.

"내일 황제께 아뢰고 즉시 떠나도록 하시오."

이튿날, 조조는 유비에게 군사 5만을 주고 주영과 노소 두 장수를 동행케 했다. 동승은 10리 밖까지 뒤쫓아 와서 전송했다. 유비가 말했다.

"국구께서는 조금만 참고 기다리십시오. 제가 이번 길에 반드시 좋은 소식을 전하겠습니다."

유비가 서주에 도착하자 서주 자사 차주가 맞이했다. 유비는 차주에게 원술의 동태와 회남의 정세를 살피도록 했다. 얼마 후 정탐꾼이 돌아와서 보고했다.

"원술이 부대와 재물을 수습하여 곧 이곳을 지날 것입니다."

유비는 관우, 장비와 함께 군사 5만을 이끌고 원술이 지나갈 만한 길목을 지켰다.

마침 원술의 선봉장 기령이 군사를 이끌고 오자, 장비가 나는 듯이 말을 몰아 곧장 쳐들어갔다. 이에 기령이 장비를 맞아 싸웠다. 하지만 채 10여 합도 겨루기 전에 장비가 기령을 말 아래로 거꾸러뜨렸다. 기령이 맥없이 무너지자 이번에는 원술이 몸소 군사를 이끌고 싸우러 나왔다.

원술을 본 유비가 꾸짖었다.

"이 대역무도한 놈! 내가 황제의 명을 받들어 너를 잡으러 왔다. 순순히 항복하면 목숨은 살려 주겠다."

"돗자리나 짜던 농사꾼 녀석이 감히 누구 앞에서 헛소릴 지껄이냐! 내 너를 사로잡아 직접 목을 칠 것이다."

원술이 크게 화를 내면서 군사를 내몰았다. 유비가 그 기세에 눌린 듯 잠시 뒤로 군사를 물리자 좌우에 있던 관우와 장비가 일제히 원술의 군사를 공격했다.

이때 유비도 군사를 돌려 협공을 하자 원술군은 버티지 못하고 무너지기 시작했다. 얼마 후 원술의 군사들이 흘린 피가 강을 이루고 시체는 들판을 덮었다.

원술은 간신히 패잔병을 수습한 후 하북행을 포기하고 다시 수춘성으로 향했다. 그러나 그 길도 순탄치 못했다. 지난날 원술을 배신했던 뇌박과 전란이 산적 무리를 이끌고 군량과 재물을 모두 약탈한 것이다.

원술이 남은 군사를 살펴보니 겨우 1천에 불과했다. 때는 더위가 기승을 부리는 6월인 데다 양식마저 떨어져 굶어 죽는 이가 많았고, 시간이 지날수록 군사의 수는 줄어 갔다.

원술 역시 지치고 허기지기는 마찬가지였다. 심한 갈증을 느낀 원술이 옆에 있던 시종에게 명했다.

"목이 마르다. 어서 꿀물을 가져오너라."

그러자 시종이 짜증을 내며 대답했다.

"여기 꿀물이 어디 있습니까? 있는 것이라고는 핏물과 말 오줌뿐이오!"

그 말에 화가 난 원술이 버럭 소리를 지르려다가 땅에 쓰러져 피를 한 말이나 토하고 죽었다. 한때 스스로 황제를 칭하며 천하 제패를 꿈꾸던 원술의 최후치고는 비참하기 그지없었다.

원술이 죽자 원술의 조카 원윤이 원술이 지닌 옥새를 거둔 후 유족들을 이끌고 여강군으로 가다가, 서구라는 자의 습격을 받고 한꺼번에 몰살당했다.

원윤의 몸에서 옥새를 발견한 서구는 즉시 허도로 가서 조조에게 바쳤다. 조조는 크게 기뻐하며 서구를 광릉 태수로 임명했다. 이때부터 옥새는 조조의 것이 되었다.

원소 거병하다

한편 유비는 원술이 죽은 것을 알자, 황제에게 표문을 올려 사실을 알리고, 조조에게 보내는 서신과 함께 주령과 노소를 돌려보냈다. 그러나 조조의 군사 5만 명은 서주를 지킨다는 명분을 내세워 돌려보내지 않았다.

이에 화가 난 조조는 서주 자사 차주에게 유비를 제거하라는 밀서를 보냈다. 차주는 진등을 불러 그 일을 의논했다. 유비를 따르는 진등은 내심 놀랐으나 시치미를 떼고 대답했다.

"지금 유비는 사방으로 흩어진 백성들의 환심을 사려고 성 밖에 나가 있습니다. 장군은 군사들을 매복시킨 후 그가 돌아오면 맞이하는 척하면서 그를 베십시오. 저는 성 위에서 궁수들을 대기시켜 활로 유비의 군사들을 공격하겠습니다."

차주는 기뻐하며 서둘러 군사들을 매복시켰다. 밤이 되자 진등은 성 밖으로 나가 관우와 장비에게 차주의 계획을 알려 주었다.

관우는 차주의 계획을 역으로 이용하기로 했다. 그는 군사들을 동원하여 조조의 깃발을 앞세우고 서주성으로 갔다.

차주는 관우의 군사를 조조가 보낸 군사들로 착각하여 성문을 열고 마중을 나왔다. 그러자 관우가 쏜살같이 말을 달려 단칼에 차주의 목을 베었다.

장비는 차주의 가족들을 찾아내 모두 죽였다. 뒤늦게 그 사실을 알게 된 유비는 장비의 무자비한 일 처리를 꾸짖었으나, 이미 엎질러진 물이었다.

유비는 조조가 자신을 죽이려 한다는 사실을 알고 두려움과 걱정에 휩싸였다. 그는 진등을 불러 조언을 구했다.

"조조가 두려워하는 것은 원소입니다. 그는 기주와 청주, 유주, 병주를 다스리면서 백만 대군을 거느리고 있습니다. 그의 휘하에는 유능한 인재들이 헤아릴 수 없이 많습니다. 원소에게 서신을 보내어 도움을 청하십시오."

"나는 평소 원소와 친분이 없고, 그의 아우 원술을 죽음으로 내몰았소. 그런 나를 원소가 돕겠소?"

"정현 선생이 도와주시면 가능합니다. 그분은 원소의 가문과 3대에 걸쳐 교분을 쌓아 왔으며, 원소도 그분의 청이라면 절대 거절하지 못할 것입니다."

유비는 정현을 스승으로 모신 적이 있었다. 그 뒤 서주 목사로 있을 때도 가끔 정현의 초당에 가서 가르침을 청하고 극진한 예로써 모셨었다.

유비는 진등의 의견을 받아들여 정현을 찾아가 원소에게 보낼 서신을 간곡하게 청했다. 정현은 옛 제자의 청을 흔쾌히 들어주었다. 유비는 정현의 서신을 손건에게 주어 원소에게 전하게 했다.

원소는 유비가 원술을 패망하게 한 일을 생각하여 유비를 돕는 일을 망설였다. 하지만 정현의 부탁을 거절할 수 없어서, 휘하의 문무백관을 한자리에 불러 모아 의견을 물었다.

저수와 전풍은 군사를 일으키는 것에 반대했지만, 심배와 곽도는 찬성했다. 원소는 네 사람의 의견이 나뉘자 마음의 결정을 내리지 못하고 주저했다. 이때 허유와 순심이 뒤늦게 나타나자 그들의 의견을 물었다.

"지금이야말로 한실의 역적을 쳐서 황실의 법통을 세워야 할 때입니다. 주공께서 당장 군사를 일으키시는 것이 마땅합니다."

원소는 두 사람의 의견을 듣고 마침내 군사를 일으키기로 했다. 원소는 곧 안량과 문추를 장군으로 삼아 기병 15만 명과 보병 15만 명을 일으켜서 조조 토벌에 나섰다. 출전에 앞서 모사 곽도가 건의했다.

"대의로써 조조를 치려면 먼저 조조의 모든 죄악을 낱낱이 적어 각 군에 격문을 돌리십시오."

원소는 곽도의 의견에 따라 서기 진림에게 격문을 작성하게 했다. 진림이 즉각 격문을 지으니 내용은 이러했다.

조조는 본래 흉악한 환관의 후예로 인덕이 없고, 교활하고 표독해서 난을 일으키길 좋아하며 재앙을 즐기는 자이다.

조조는 무엄하게도 황제를 협박하여 도읍을 옮긴 후 스스로 승상의 자리에 올랐고, 삼정승의 자리를 도둑질하여 정사를 쥐고 흔들며 나라의 기강을 어지럽혔다.

과거의 역사를 모두 살펴보아도 무도한 신하는 많았지만, 욕심 많고 잔인하고 가혹하기로는 일찍이 조조와 같은 자가 없었다.

조조의 악행으로 인하여 천하의 뜻있는 선비들은 원통해하고 백성들의 원망 소리는 하늘까지 닿았다. 이에 나는 역적 조조를 치기 위해 유주, 병주, 청주, 기주의 군사와 함께 진격하니 이 글이 형주에 이르거든, 유표는 즉시 군사를 이끌고 건충장군 장수와 힘을 합쳐 협력하도록 하라.

향후 조조의 수급을 가져오는 자는 5천 호의 제후로 봉하고 5천만 전의 상금을 줄 것이며, 조조의 장병 중 항복하는 자는 죄를 묻지 않을 것이다.

원소는 격문을 읽더니 기쁨을 감추지 못했다. 즉시 격문을 각 고을에 돌리고, 관문이나 나루터 등 사람들이 많이 다니는 곳에 붙이도록 명했다.

격문은 허도까지 전해졌다. 두통으로 누워 있던 조조는 격문을 읽고 모골이 송연해지면서 온몸에서 식은땀이 줄줄 흘렀다.

선비 예형

조조는 자리를 박차고 일어나 즉시 모사들을 불러 모았다. 이 자리에는 북해 태수 공융도 함께 했는데 그가 먼저 입을 열었다.

"원소는 기주, 청주, 유주, 병주 등 4주를 다스리면서 백만 대군을 거느리고 있습니다. 그의 휘하에는 지략이 뛰어난 참모와 용맹스러운 장수가 많습니다. 원소처럼 세력이 막강한 적을 상대로 싸우기보다 다투지 않는 것이 상책입니다."

그러자 순욱이 반박하고 나섰다.

"원소는 비록 군사가 많다 해도 질서가 없고, 휘하의 참모들 또한 서로 견해차가 커서 대립하는 판국이라 반드시 안에서 다툼이 생길 것이오.

또한, 안량과 문추 등 장수들 역시 그저 그런 평범한 자들에 불과하니 두려울 것이 없습니다. 그런데 군이 원소와 겨루지 않을 필요가 있겠습니까?"

공융이 대꾸하지 못하자 조조는 크게 웃으며 순욱의 의견을 따랐다. 조조는 즉시 유대와 왕충에게 군사 5만 명을 주어 유비를 치게 하고, 자신은 직접 20만 대군을 거느리고 여양으로 가서 원소를 치기로 했다.

그러나 유대와 왕충은 제대로 전투다운 전투도 치르지 못한 채 왕충은 관우에게, 유대는 장비에게 각각 사로잡혔다. 유비는 사로잡혀 온 유대와 왕충을 극진히 대접한 후 말했다.

"나는 승상의 큰 은혜를 입은 몸입니다. 그런데 어찌 승상을 배신할 수 있겠습니까? 두 분은 돌아가시거든 부디 제 뜻을 잘 전달해 주십시오."

"걱정하지 마십시오. 목숨을 살려 주셨으니 저희도 반드시 보답하겠습니다."

유비가 유대와 왕충을 돌려보내자 그들은 조조에게 가서 유비를 변호했다. 이에 화가 난 조조는 두 사람의 관직과 봉록을 박탈한 후 스스로 군사를 일으켜 유비를 치려고 했다.

이때 공융이 조조를 만류했다.

"지금은 추위가 혹독해서 군사를 움직이기 어렵습니다. 내년 봄까지 기다렸다가 공격해도 늦지 않습니다. 그보다 먼저 장수와 유표를 회유한 다음 서주성을 공격하십시오."

조조는 공융의 의견대로 유엽을 보내 장수를 회유하게 했다. 이때 원소 역시 조조와 같은 목적으로 장수에게 서신을 보냈다. 장수는 모사 가후를 불러 이 일을 의논했다.

"조조와 원소가 동시에 사람을 보내 나와 손잡기를 청하니 혼란스럽구려."

"원소보다는 조조와 손을 잡는 것이 유리합니다."

장수는 고개를 가로저었다.

"지난날 내가 조조와 원수가 되었거늘, 어찌 나를 용납하겠소."

"조조가 지난날의 원한을 품고 있다면, 어찌 사람을 보내 손을 잡자고 하겠습니까? 조조를 따라야 할 세 가지 이유가 있습니다.

첫째, 조조는 황제의 명을 받들어 천하를 평정하고자 하는 대의명분이 있습니다.

둘째, 원소는 강성하니 우리가 군사를 이끌고 가서 도와줘도 별로 고마움을 느끼지 못하겠지만, 조조는 군세가 약하여 우리가 따른다면 크게 환영할 것입니다.

셋째, 조조는 천하를 얻겠다는 큰 뜻을 품고 있어서 반드시 사사로운 원한을 버리고 덕을 세상에 널리 밝히려 할 것입니다.

이 세 가지가 장군이 원소보다 조조를 선택해야 할 이유입니다. 장군께서는 더는 주저하지 마십시오."

가후의 의견에 공감한 장수는 크게 기뻐하며 허도로 가서 조조 앞에 무릎을 꿇고 절을 올렸다. 조조는 황급히 장수를 부축하여 일으키며 말했다.

"사소한 허물은 마음에 담아 두지 마시오."

조조는 즉시 장수를 양무장군에 봉하고, 가후는 집금오사(지금의 경찰청장)로 삼았다. 그리고 장수에게 유표를 회유하라고 부탁하자 가후가 나서며 말했다.

"유표는 명사들과 사귀기를 좋아하니, 학식이 높은 명망가를 보내야만 설득할 수 있을 것입니다."

조조가 순유를 돌아보며 물었다.

"누가 가는 게 좋겠소?"

순유는 공융을 추천했다. 그러나 공융은 또 다른 사람을 추천했다.

"나에게 예형이란 절친한 친구가 있소. 그는 나보다 재주가 열 배는 더 뛰어난 사람이오. 이번 임무뿐만 아니라 앞으로 황제를 보필하기에도 적합한 인물이오. 내가 그를 황제께 추천하겠소."

공융은 곧 헌제에게 예형을 추천하는 표문을 올렸고, 헌제는 그 표문을 읽고 나서 조조에게 주었다. 조조는 곧 예형을 불렀다. 부름을 받고 예형이 찾아와 인사를 올렸지만, 조조는 그에게 자리도 권하지 않았다. 평소 예형이 안하무인에 남을 비판하기를 좋아하고, 조조를 비난했다는 소문을 들었기 때문이다. 이에 예형이 하늘을 올려다보며 탄식했다.

"천지가 드넓어도 사람은 하나도 없구나."

그 말을 듣고 조조가 의아해서 물었다.

"나의 휘하에 많은 영웅이 있거늘, 어찌 사람이 없다고 하는가?"

"대체 누가 영웅이란 말입니까?"

"잘 들어라! 순욱과 순유, 곽가와 정욱은 생각이 깊고 지혜가 많아서 옛날 소하와 진평[8]도 따르지 못할 인재다. 장료와 허저, 악진과 이전은 용맹이 뛰어나서 광무제 때의 명장 잠팽[9]과 마무[10]와 견줄 만하다.

어디 그뿐인가? 여건과 만총은 일 처리를 잘하고, 우금과 서황은 늘 선봉장으로 활약하며, 하후돈은 천하의 기재요, 조인은 복이 많은 장수다. 이들이야말로 진정한 영웅이 아닌가?"

예형은 조조의 말을 반박했다.

"승상의 말씀은 틀렸습니다. 먼저 순욱은 문상이나 병문안을 시키면 제격이고, 순유는 묘지기, 정욱은 문지기, 곽가는 글이나 읽고 풍월이나 읊게 하면 제격이지요.

장료는 북이나 징을 치게 하고, 허저는 소나 말을 기르면 제격이며, 악진은 문서나 읽게 하고 이전은 편지나 전하고 격문을 나르면 제격이지요.

여건은 칼을 만드는 대장장이, 만총은 술이나 지게미를 먹게 하면 제격이고, 서황은 개나 돼지를 잡는 백정, 우금은 등짐을 지고 담이나 쌓게 하면 어울릴 위인이며, 하후돈은 독불장군[11]이고, 조인은 돈을 긁어모으는 재주만 있을 뿐이지요. 그 나머지는 허우대만 멀쩡한 술통이나 고기 주머니일 뿐입니다."

조조는 노기를 띤 채 예형에게 반문했다.

"그럼 너는 어떤 재주가 있느냐?"

"나는 천문과 지리에 밝고, 삼교구류[12]에 대해 모르는 게 없습니다. 위로는 임금을 보좌하여 요, 순 임금처럼 만들 수 있으며, 아랫

사람들은 공자나 안연[13]처럼 덕을 갖추게 할 수 있으니, 어찌 나를 속된 무리와 비교할 수 있겠습니까?"

그러자 곁에서 듣고 있던 장료가 발끈하여 예형을 베려고 했다. 조조가 장료를 제지하며 말했다.

"마침 북 치는 관리 하나가 부족하니, 앞으로 조회나 잔치 때 예형에게 북을 치게 하라!"

예형은 사양하지 않고 선뜻 대답하고 물러갔다. 장료가 조조에게 물었다.

"저런 불손한 자를 왜 죽이지 않습니까?"

"그자는 일찍이 천하에 헛된 명성으로 알려져 있네. 오늘 내가 그를 죽였으면 세상 사람들이 나를 도량이 좁다고 비웃었을 것이네. 그는 스스로 능력이 뛰어나다고 자부하니 일부러 북 치는 일을 맡겨 모욕을 준 것이네."

이튿날 조조는 크게 연회를 베풀어 손님을 대접하면서 예형에게 북을 치라고 명했다. 예형이 북을 치러 가는데 고참 관리가 귀띔했다.

"북을 치러 갈 때는 반드시 새 옷으로 갈아입어야 하오."

그러나 예형은 대꾸 없이 헌 옷을 입은 채 들어가서 북을 쳤는데, 그 음색이 오묘하고 은은해서 사람들은 모두 감격하여 눈물을 흘렸다. 이때 조조 휘하의 장수들이 예형을 향해 큰 소리로 꾸짖었다.

"왜 새 옷으로 갈아입지 않느냐?"

그 말이 떨어지기 무섭게 예형은 헌 옷을 벗고 벌거숭이로 섰다. 뜻하지 않은 상황에 놀란 사람들은 모두 손으로 얼굴을 가렸다. 그러나 예형은 사람들의 반응에 아랑곳하지 않고 천천히 바지를 입었다. 이에 조조가 화가 나서 큰 소리로 예형을 꾸짖었다.

"감히 여기가 어딘 줄 알고 이토록 무례한 것이냐?"

예형이 조조의 말을 받았다.

"임금을 속이는 짓이야말로 무례한 짓이오. 나는 단지 부모님께서 물려주신 청백한 몸(희고 깨끗한 몸)을 드러냈을 뿐이오."

"네가 청백하다면, 그럼 혼탁한 것은 누구냐?"

예형이 목소리를 가다듬어 마주 꾸짖었다.

"그대가 현명한 사람과 어리석은 자를 분간하지 못하는 것은 눈이 혼탁한 것이요, 시경과 서경[14]을 읽지 않았으니 바로 입이 혼탁한 것이요, 또한, 충언을 받아들이지 않으니 이는 귀가 혼탁한 탓이요.

고금의 역사를 통달하지 못했으니 바로 몸이 혼탁한 것이요, 제후들을 용납하지 못하니 그대의 배가 혼탁한 탓이요, 늘 황제의 지위를 탐하고 있으니 바로 마음이 혼탁한 탓이다!

나는 천하의 명사인데 그대는 나에게 북이나 치게 했으니, 이는 곧 양화[15]가 공자를 업신여기고, 장창[16]이 맹자를 욕하는 것과 다름없다. 명색이 천하를 얻으려는 자가 어찌 사람을 이토록 깔본단 말인가?"

조조의 안색이 굳어졌다. 그 모습을 본 공융은 혹시 조조가 예형을 죽일까 걱정되어 조용히 말했다.

"예형의 죄를 물어 당장 귀양을 보내십시오."

하지만 조조는 공융의 말을 듣는 둥 마는 둥 손가락으로 예형을 가리키며 말했다.

"지금 당장 형주로 가서 유표에게 항복을 받아 내라! 성공하면 높은 관직을 주겠다."

예형은 사양했지만, 조조는 억지로 그에게 임무를 떠맡겼다. 예형이 떠날 때 조조는 문무백관에게 명령을 내려 동문 밖까지 가서 배웅하게 했다. 순욱이 사람들을 돌아보며 말했다.

"예형이 오면 다들 아는 체하지 말고 잠자코 있도록 합시다."

얼마 후 예형이 말에서 내려 동문으로 나왔다. 그러나 아무도 그를 아는 체하지 않고 외면했다. 그러자 예형이 갑자기 목을 놓아 통곡했다. 이에 순욱이 물었다.

"무엇 때문에 곡을 하느냐?"

"관 무더기를 지나가는데 어찌 곡을 하지 않을 수 있단 말인가?"

예형이 비웃자 사람들이 화가 나서 소리쳤다.

"지금 그 말은 우리가 관 속에 누운 시체들이라는 말이냐? 우리가 시체면 너는 머리 없는 미친 귀신이다!"

"나는 한나라 신하로서 조조의 패거리가 아니거늘, 어찌 머리가 없겠느냐?"

장료와 허저 등 장수들이 분노하여 예형을 죽이려고 하자 순욱이 만류했다.

"참으시오. 쥐새끼 같은 놈으로 어찌 칼을 더럽히려 하시오."

"내가 쥐새끼 같다고 해도 아직 인성은 남아 있다. 너희야말로 벌레 같은 무리다!"

사람들은 분노를 삭이지 못하고 돌아갔다.

예형은 형주로 가서 유표를 만났다. 그는 겉으로는 유표를 칭찬했지만 실제로는 말속에 조롱이 가득 담겨 있었다.

유표는 심히 불쾌했지만, 화를 누르고 예형을 강하에 있는 황조에게 보냈다. 유표의 측근 중 하나가 물었다.

"예형이 무엄하게도 주공을 조롱했는데 어찌하여 그를 내버려 두십니까?"

"예형이 여러 차례 조조의 얼굴 앞에서 욕을 했다고 들었다. 조조가 왜 그를 죽이지 않고 나에게 보냈겠느냐? 아마도 세상인심을 잃게 될 것이 두려웠을 것이다. 그는 내 손을 빌려서 예형을 죽이려는 속셈인데, 내가 조조에게 놀아날 필요가 있겠는가?

내가 예형을 황조에게 보낸 것은 조조의 흉계를 꿰뚫고 있다는 것을 보여 주기 위해서다."

그 말에 측근들은 고개를 끄덕이며 감탄해 마지않았다.

한편 황조는 예형이 오자 연회를 베풀어 대접했다. 예형도 황조에게 보답하기 위해 시문을 지어 주었다. 황조는 그 글을 읽고 감탄하여 입에 침이 마르도록 칭찬했다. 그러나 칭찬은 오래가지 못했다. 어느 날 황조는 평소처럼 예형과 함께 술자리를 가졌다. 황조는 술기운이 오르자 예형에게 슬며시 물었다.

"그대가 있던 허도에는 어떤 인물이 있소?"

"어른이라면 공융, 아이라면 양수가 있으며, 이 둘을 제외하면 별다른 인물이 없습니다."

"그럼 나는 어떤 인물 같소?"

"그대는 사당에서 제사를 받아먹는 귀신이오. 비록 제사는 받아먹지만, 영험한 힘이 전혀 없으니 귀신 중에도 하급 귀신이라 할 수 있소."

"뭐야? 이놈아! 지금 나를 산송장 취급하는 것이냐?"

"하하하, 제사상이나 넘보는 산송장 주제에 화를 다 내다니, 참으로 우습구나."

예형의 말이 끝나기가 무섭게 황조는 칼을 뽑아 단칼에 예형의 목을 쳤다. 그 소식은 조조의 귀에도 들어갔다.

"썩어 빠진 유생이 세 치 혀를 잘못 놀려서 스스로 화를 불러왔구나."

조조는 이미 예측했던 결과라서 예형의 죽음에 별다른 반응을 보이지 않았다. 그리고 유표가 끝내 항복하지 않자 군사를 일으켜 징벌하려고 했다. 이때 순욱이 반대하고 나섰다.

"원소와 유비가 건재한데 지금 유표를 친다면, 이는 심장은 버려둔 채 팔다리만 돌보는 것과 다름없습니다. 먼저 원소를 멸한 뒤 유비를 없앤다면, 유표 따위를 제거하는 것은 그야말로 손바닥을 뒤집듯이 쉽습니다."

조조는 고개를 끄덕이며 순욱의 말을 따르기로 했다.

독약 한 첩

한편, 동승은 유비가 떠난 후 왕자복 등과 함께 조조를 없앨 궁리를 했지만 뾰족한 방법을 찾지 못했다.

건안 5년(200년) 정월 초하루, 조정의 신년 하례에 참석한 동승은 조조의 오만방자[17]한 태도에 울분을 참지 못해 그만 병이 나 드러눕고 말았다.

헌제는 그 소식을 듣고 당대의 명의로 이름 높은 길평을 보내 병을 치료하게 했다. 길평은 밤낮으로 동승의 곁을 지키며 병을 살폈다. 그는 동승이 늘 한숨을 쉬는 것을 보았지만 그 까닭을 묻지는 못했다.

어느 날, 동승은 꿈속에서 조조를 향해 '조조, 이 역적아!'라고 꾸짖었는데, 곁에 있던 길평이 그의 잠꼬대 소리를 들었다. 그제야 길평은 동승이 병에 걸린 것이 조조 때문임을 알게 되었다. 길평이 동 승에게 물었다.

"국구께서는 혹시 조조를 해치려는 것입니까?"

깜짝 놀란 동승은 길평의 갑작스러운 질문에 당황하여 아무 말도 하지 못했다. 그러자 길평이 말했다.

"염려하지 마십시오. 제가 비록 의원에 불과하지만, 저 역시 한 나라 백성입니다. 이제 국구의 뜻을 알았으니 저도 미력하나마 힘 이 되어 드리겠습니다. 저를 쓰실 일이 있으면 언제든지 말씀하십 시오."

동승이 반신반의[18]하자 길평은 손가락을 깨물어 맹세의 뜻을 보 였다. 그제야 동승은 감격의 눈물을 흘리며 길평에게 황제의 밀서를 보여 주었다. 길평은 비분강개하여 눈물을 흘리며 말했다.

"국구께서는 염려하지 마십시오. 조조의 목숨은 제 손안에 있습 니다."

동승이 의아해하며 물었다.

"그게 무슨 소린가?"

"조조는 평소 두통 때문에 수시로 저를 불러 약을 씁니다. 그때 독약 한 첩만 쓰면 죽일 수 있는데, 구태여 군사를 동원할 필요가 있 겠습니까?"

길평의 말에 동승은 무릎을 치며 기쁨을 감추지 못했다. 그런데 길평을 배웅하고 들어가던 동승은 자신의 첩이 젊은 하인과 밀회를 즐기는 모습을 목격하게 되었다.

화가 난 동승은 하인에게 곤장 40대를 친 후 쇠사슬에 묶어 광에 가뒀다. 이에 원한을 품은 하인이 밤에 쇠사슬을 끊고 담을 넘어 도 망쳤다.

하인은 그 길로 조조에게 찾아가 동승과 왕자복 등 다섯 사람의 맹세, 길평과 동승이 나눈 이야기를 고해바쳤다.

이튿날 조조는 두통을 호소하며 길평을 승상부로 불러들였다. 길 평은 독약 한 첩을 숨겨서 승상부에 들어가 조조 앞에서 독약을 넣 은 탕약을 끓였다. 그리고 두 손으로 약을 바쳤다.

"이 약을 드시면 두통이 금방 사라질 것입니다. 따뜻할 때 드시 지요."

조조가 침상에 앉아 말했다.

"그대도 책을 읽었으니 예절을 알고 있겠지? 임금이 병이 나서 약 을 마실 때 신하가 먼저 맛을 보고, 아비가 병이 나서 약을 마실 때 그 자식이 먼저 맛을 보는 것이 예절이라고 했네. 그대는 나의 심복 이거늘 어찌 맛을 보지 않고 권하는가?"

조조의 말에 길평은 가슴이 섬뜩했다. 계획이 탄로 난 것을 눈치 챈 길평은 한 손으로 조조의 귀를 잡고, 귓속에 독약을 들이부으려 했다. 그러나 조조가 밀치는 바람에 약사발이 바닥에 떨어져 박살 이 나고 말았다. 매복해 있던 조조의 군사들이 달려와서 길평을 포 박했다.

조조는 길평을 후원으로 끌고 가서 고문할 준비를 마친 후 추궁 했다.

"누가 너를 사주했느냐? 사실대로 말하면 목숨만은 살려 주겠다."

그러나 길평은 조금도 두려워하지 않고 태연자약[19]하게 웃으며 말했다.

"하하하, 황제를 능멸하는 가증스러운 역적 놈아! 이 나라 백성이면 누구나 너를 죽이려고 한다. 내 어찌 그런 사람들의 이름을 일일이 다 댈 수 있겠느냐?"

조조는 화가 나서 부하들에게 고문하게 했다. 길평은 살이 찢기고 피가 흘러넘치도록 매질을 당했지만 끝내 입을 열지 않았다. 조조는 이미 반송장이 된 길평을 감옥에 가두게 했다.

이튿날, 조조는 연회를 베풀어 모든 대신을 초대했다. 동승은 병을 핑계로 참석하지 않았지만, 왕자복 등 네 명은 조조의 의심을 살까 두려워 모두 연회에 참석했다. 그 자리에서 조조는 옥졸들에게 길평을 끌고 와서 고문하게 했다.

길평은 얼마 버티지 못하고 기절했으나, 옥졸이 차가운 물을 끼얹자 다시 깨어났다. 길평은 두 눈을 부릅뜨고 이를 갈면서 조조를 꾸짖었다.

"조조, 이 역적 놈아! 어째서 나를 죽이지 않느냐?"

"공모자가 여섯이라고 하던데, 너를 포함해서 모두 일곱이냐?"

길평은 질문에는 대답하지 않고 조조를 꾸짖기만 했다. 다시 매질이 시작되었고, 길평은 정신을 잃었다가 깨어나기를 여러 차례 거듭했으나 조금도 굽히지 않았다.

조조는 옥졸에게 길평을 다시 가두라고 지시한 후 왕자복 등 네

명과 밀고한 동승의 하인을 대질시켜 추궁했다. 그러나 네 사람은 끝까지 모르는 일이라며 잡아뗐다. 조조는 그들도 모두 감옥에 가두게 했다.

이튿날, 조조는 동승의 집으로 찾아가서 물었다.

"국구께서는 어제 연회에 어찌하여 나오지 않았소이까?"

"몸이 불편하여 가지 못했소이다."

"혹시 길평의 일을 아십니까?"

"잘 모르오."

그러자 조조가 옥졸을 시켜 길평을 끌고 오게 했다. 잠시 후 옥졸들이 길평을 끌어다가 섬돌 아래 세웠다. 조조가 길평에게 물었다.

"누가 너더러 나를 독살하라고 시켰느냐? 어서 사실대로 밝히지 못할까!"

"하늘이 나에게 역적을 죽이라고 하셨다!"

조조가 다시 옥졸을 시켜 매질하자 길평의 몸은 어느 한 곳 성한 데가 없었다. 그 모습을 본 동승의 가슴은 칼로 에는 듯 아팠다. 조조가 다시 길평에게 물었다.

"손가락은 본래 열 개이거늘, 너는 어찌하여 아홉 개밖에 없느냐?"

"손가락을 끊어 역적을 죽이기로 맹세했기 때문이다!"

조조는 칼을 가져오게 하더니 길평의 손가락을 모두 잘라 낸 뒤 말했다.

"자, 손가락을 모두 잘랐으니 어디 다시 한 번 맹세해 보아라!"

그러나 길평은 고통을 참으며 굴복하지 않았다.

"나에게는 아직 입이 남아 있으니 역적을 삼킬 수 있고, 혀가 있으니 역적을 욕할 수 있다!"

조조는 더욱 화가 나서 옥졸에게 분부했다.

"당장 저놈의 혀를 뽑아라!"

조조의 명을 받은 옥졸이 덤벼들자, 길평이 황급히 소리쳤다.

"멈춰라! 혀를 뽑으면 나도 견딜 수 없다. 잠시 결박을 풀어 주면 모두 실토하겠다."

조조의 명령으로 결박이 풀리자 길평은 황제가 있는 궁궐을 향해 큰절을 올렸다.

"신이 나라를 위해 역적을 죽이지 못했으니, 이것도 하늘의 뜻인가 합니다."

그러고는 섬돌에 힘껏 머리를 부딪쳐 자결했다. 길평이 죽자 조조는 측근에게 동승의 하인을 데려오게 했다.

"국구는 이자를 알아보시겠소?"

동승이 그 하인을 보고 크게 화를 냈다.

"도망친 종놈이 여기 있었구나. 내 당장 너를 쳐 죽이겠다!"

그러나 조조는 동승을 끌어낸 뒤 군사들에게 집 안을 샅샅이 뒤지게 했다. 마침내 동승의 방에서 비단 도포와 옥대, 헌제의 조서, 연판장이 발견되었다. 조조가 그것들을 자세히 살펴본 후 싸늘한 웃음을 흘리며 말했다.

"쥐새끼 같은 무리가 감히 나를 해치려고 작당을 하다니, 도저히 용서할 수 없다."

조조는 곧 동승의 식솔들을 모두 잡아다가 감금했다. 승상부로 돌아온 조조는 책사들을 불러 모아 조서와 옥대, 연판장 등을 내보이며 헌제를 폐위시키고, 새로운 황제를 세울 일을 의논했다. 정욱이 말했다.

"주공께서 천하를 호령하실 수 있는 것은 한나라 황실을 받들고 있기 때문입니다. 아직 지방의 제후들을 평정하지 못했는데 갑자기 황제를 폐위시키면, 이 일을 핑계로 제후들이 전쟁을 일으킬 것입니다."

조조는 정욱의 말을 듣고 생각을 바꿨다. 그 대신 동승의 무리 다섯 사람과 그 집안사람들을 압송하여 참수하니 죽은 자가 700명이 넘었다. 그 참혹한 모습에 관리나 백성 중에 눈물을 흘리지 않은 자가 없었다.

조조는 동승의 무리를 처형하고도 분이 풀리지 않았다. 그는 동승의 딸인 동귀비를 죽이기 위해 궁궐로 쳐들어갔다. 이때 동귀비는 잉태한 지 5개월째였다. 조조가 헌제에게 말했다.

"동승이 모반한 일을 알고 계십니까?"

헌제는 조조의 질문을 받고 내심 크게 당황했다. 그러나 내색하지 않고 시치미를 떼며 되물었다.

"동탁은 이미 죽지 않았소?"

순간 조조가 소리를 버럭 질렀다.

"동탁이 아니라 동승 말입니다!"

헌제는 온몸이 떨려 어찌할 바를 몰랐다.

"짐은 모르는 일이오."

"폐하는 손가락을 깨물어 밀서를 쓴 일을 벌써 잊으셨습니까?"

헌제는 말문이 막혀 더는 대답하지 못했다. 그러자 조조는 군사들에게 동귀비를 잡아 오라고 명령을 내렸다. 헌제는 놀라서 황급히 조조에게 사정했다.

"동귀비는 임신한 지 5개월이 되었소. 부디 가엽게 여겨 목숨만은 살려 주시오."

복황후도 간절히 청했다.

"냉궁에 가둬 두었다가 출산 후 죽이셔도 늦지 않을 것입니다."

조조가 차갑게 말했다.

"반역의 종자를 남겨 두었다가 훗날 제 어미의 원수를 갚게 하란 말이오?"

조조는 군사들에게 동귀비를 끌어내 목을 졸라 죽이게 했다. 그러고 나서 궐문을 지키는 책임자를 불러 엄명을 내렸다.

"앞으로 황제의 친인척이라고 해도 내 허락 없이 궁궐을 드나드는 자가 있으면 즉시 참수하라! 경비를 소홀히 하는 자 역시 똑같이 처벌하라!"

조조는 그러고도 마음이 놓이지 않아 심복 부하 3천 명을 어림군으로 삼아 궁궐의 출입을 통제했다. 그리고 정욱을 불러 말했다.

"동승 일당은 제거했지만, 아직 마등과 유비가 남아 있네. 이들을 마저 제거해야겠는데 어찌하면 좋겠는가?"

정욱이 고개를 저으며 말했다.

"마등은 서량에 주둔하고 있어서 공격이 쉽지 않습니다. 더구나 그의 군사들은 용맹하기로 유명합니다. 유비 또한, 서주의 요지를 차지하고 있습니다. 그 세력은 크지 않으나 가볍게 볼 수 없습니다.

마등과 유비보다는 관도에서 군사를 늘리며 허도를 노리고 있는 원소가 더 큰 문제입니다."

"그렇지 않아. 유비는 마등과 달리 뛰어난 인물이네. 지금 치지 않으면 인재들이 그 밑으로 모여들어 날개를 달게 될 거야. 그때는 제거하고 싶어도 손을 쓸 수 없어."

마침 곽가가 들어오자 조조는 그에게도 의견을 물었다. 곽가가 말했다.

"먼저 유비를 제거해야 합니다. 그는 서주를 다스린 지 얼마 되지 않아 아직 군사들의 마음을 잡지 못하고 있습니다. 지금 유비를 공격한다면 단숨에 서주를 평정할 수 있을 것입니다."

45

흩어진 삼 형제

마침내 조조는 20만 대군을 다섯 갈래로 나누어 서주를 공격하게 했다. 이 소식을 들은 유비는 원소에게 구원을 요청했다. 하지만 원소는 자식의 병을 핑계로 군사를 보내지 않았다. 유비가 상심하자 장비가 계책을 올렸다.

"조조의 군사는 멀리 있는 길을 온 탓에 몹시 지쳤을 테니, 이 기회에 놈들을 기습한다면 틀림없이 격파할 수 있습니다."

하지만 조조는 유비의 기습을 예상하고 군사를 아홉 갈래로 나눈 뒤, 한 부대만 거짓으로 주둔지를 세우게 한 다음 나머지 여덟 부대는 매복시켰다.

유비는 손건에게 성을 지키게 한 후 장비와 함께 조조군을 기습하기 위해 성을 나섰다. 유비는 군사를 두 갈래로 나누어 왼쪽은 자신이 맡고 오른쪽은 장비에게 지휘를 맡겼다.

이에 장비는 곧장 군사를 이끌고 조조의 진영으로 쳐들어갔다. 그러나 조조의 진영에는 군막과 화톳불만 보일 뿐 군사와 말은 보이지 않았다. 순간 장비는 직감적으로 함정에 빠졌다는 것을 깨달았다. 아니나 다를까, 갑자기 사방에서 불빛이 번쩍이며 함성이 터져 나왔다.

장료와 허저, 우금, 이전, 서황, 악진, 하후돈, 하후연 등 조조의 장수들이 여덟 방향에서 동시에 공격해 오고 있었다. 장비는 당황하여 후퇴 명령을 내렸다. 그러나 퇴로가 보이지 않았다.

장비는 미친 듯이 장팔사모를 휘두르며 닥치는 대로 적군을 쓰러뜨렸다. 하지만 중과부적이었다. 더구나 과거 조조의 군사였던 장비의 부하들은 모두 항복했다.

장비는 겨우 포위망을 뚫고 망탕산 방면으로 도망쳤는데, 이때 그의 뒤를 따른 부하는 수십여 명에 불과했다.

유비의 상황 역시 다르지 않았다. 조조군에게 크게 패한 유비는 부하를 모두 잃고 홀로 원소에게 향했다. 원소는 그 소식을 듣고 직접 기주성 30여 리 밖까지 나와서 유비를 맞이했다.

소패를 점령한 조조는 즉시 서주를 공격했다. 미축과 간옹은 도저히 조조의 대군을 막아 낼 수 없자 달아났고, 진등이 남아서 조조에게 서주성을 바쳤다. 성에 입성한 조조는 관우가 지키고 있는 하비성을 무너뜨리기 위해 책사들을 불러 의논했다. 순욱이 먼저 의견을 냈다.

"관운장은 유현덕의 가족을 보호하고 있어서 죽음을 각오하고 하비성을 지킬 것입니다. 조속히 함락시키지 못하면 원소에게 빼앗길 수 있습니다."

"나는 평소 관운장의 뛰어난 무용과 유비, 장비와 맺은 의형제 간의 신의에 깊은 감명을 받아 왔소. 이 기회에 그를 어떻게 해서든지 내 휘하에 두고 싶은데 좋은 방법이 없겠소?"

조조의 말에 장료가 나섰다.

"제가 가서 항복을 권해 보겠습니다."

정욱이 만류했다.

"관운장은 몇 마디 말로 설득할 수 있는 장수가 아닙니다. 그를 먼저 진퇴양난의 상황으로 몰아넣어야 합니다. 그 후에 문원이 가서 설득한다면 주공의 뜻을 이룰 수 있을 것입니다."

조조는 정욱의 계획에 따라 유비의 군사 중 투항해 온 자들을 선발하여 하비성으로 보냈다. 그들은 관우에게 가서 조조군과의 전투에서 패하여 도망쳐 왔다고 보고했다. 관우는 그들이 서주의 병사들이라 아무런 의심 없이 성안에 받아들였다.

이튿날 하후돈이 군사 5천 명을 이끌고 싸움을 걸어오자 관우는 3천 명의 군사를 이끌고 성을 나와서 응전했다.

하후돈은 관우와 10여 합을 겨루었으나 버티지 못하고 말 머리를 돌려 달아났다. 이에 관우는 하후돈의 뒤를 쫓았다. 약 20여 리를 추격하던 관우는 문득 하비성이 염려되어 추격을 멈추고 돌아가려고 했다.

이때 왼쪽에서 서황, 오른쪽에서 허저의 군사가 달려 나와 길을 막아섰다. 관우는 길을 뚫고 나아가려고 했지만, 양쪽에서 화살이 비 오듯 쏟아지자 하비성으로 돌아가는 것을 단념했다.

관우는 하는 수 없이 작은 흙산을 하나 찾아서 군사들을 주둔시켰다. 그러자 조조의 군사들은 사방에서 흙산을 포위했다.

한편 관우가 성을 비운 사이 조조에게 투항했다가 성안으로 들어간 군사들은 몰래 성문을 열어 주었다. 대기하고 있던 조조의 군사들은 성난 파도처럼 밀고 들어가 단숨에 하비성을 점령했다.

산 위에서 하비성을 바라보던 관우는 성안에서 불길이 치솟자 모든 상황을 짐작했다. 관우는 성안에 있는 유비의 가족들이 걱정되어 몇 번이나 포위를 뚫으려고 시도했다. 하지만 그때마다 화살이 비 오듯이 쏟아져 결국 포기할 수밖에 없었다.

날이 밝아 오자 관우는 다시 산에서 내려가려고 했다. 이때 한 사람이 말을 타고 산 위로 올라왔다. 관우를 설득하기 위해 온 장료였다. 관우가 물었다.

"문원은 나와 싸우러 온 것이오?"

"아니요. 지난날의 정을 생각해서 공을 뵈러 온 것입니다."

장료는 칼을 버린 후 말에서 내려 관우에게 다가갔다. 두 사람은 예를 갖추어 인사를 나눈 후 산등성이에 앉았다. 관우가 물었다.

"그대는 나에게 항복을 권하러 온 것이오?"

장료가 대답했다.

"아닙니다. 지금 현덕 공과 익덕의 생사를 알 수 없고, 하비성은 이미 우리에게 함락되었습니다. 그러나 군사와 백성은 한 명도 해치지 않았고, 현덕 공의 가족도 모두 안전하게 보호하고 있습니다. 제가 온 것은 바로 이 소식을 전하기 위해섭니다."

장료가 말을 마치자 관우가 화를 버럭 냈다.

"그게 투항을 권유하는 말과 무엇이 다른가? 당장 돌아가시오. 나는 죽기를 각오하고 싸우겠소!"

"공이 여기서 죽는다면 천하의 웃음거리가 될 뿐 아니라 세 가지 죄를 짓게 되오."

"세 가지 죄라니, 그게 무슨 소리요?"

"첫째, 지난날 공께서는 현덕 공, 익덕과 더불어 생사를 함께하기로 도원결의를 맺지 않았습니까? 그런데 오늘 공께서 목숨을 잃는다면 그 맹세를 어기게 됩니다.

둘째, 현덕 공은 그대에게 자신의 가족들을 돌보라고 부탁했소. 공이 죽는다면 이는 곧 현덕 공의 믿음을 저버리는 것입니다.

셋째, 공께서는 무예가 출중하고 학문과 역사에도 통달했습니다. 그런데 현덕 공을 도와 황실의 사직을 바로 세울 생각은 하지 않고, 막무가내로 끓는 물과 불 속으로 뛰어들어 무모한 용기나 자랑한다면, 이 어찌 의리에 맞는 행동이라고 할 수 있겠소."

장료가 말을 마치자 듣고 있던 관우는 잠시 생각에 잠겼다. 침묵하던 관우가 마침내 입을 열었다.

"그렇다면 나도 세 가지 조건이 있소. 첫째, 나는 한나라 황실에 항복하는 것이지 조조에게 항복하는 것이 아니오. 둘째, 두 분 형수에게 유황숙의 봉록을 내려야 하고, 그 누구도 두 분의 거처에 출입을 삼가야 하오. 세 번째, 유황숙이 계신 곳을 알게 되면, 나는 그곳이 어디든지 즉시 달려갈 것이오. 이 세 가지 조건 중 어느 하나라도 받아들여지지 않으면 나는 결단코 항복하지 않을 것이오."

장료는 돌아가서 조조에게 관우의 말을 전했다. 조조는 세 번째 조건이 마음에 걸려 망설였지만 결국 관우의 조건을 수락했다.

관우는 성에 들어가 유비의 가족을 만난 후 두 형수와 함께 가족들을 데리고 조조에게 갔다. 조조는 몸소 주둔지 밖까지 나와 관우를 맞이했다. 관우가 말에서 내려 절하자 조조도 황급히 예를 갖추어 답례했다.

"패장의 목숨을 살려 주셨으니 그 은혜에 깊이 감사 드립니다."

"내 평소 관운장의 충의를 사모해 왔소. 오늘 이렇게 공을 뵙게 되니 평생의 소원을 이룬 것 같소."

관우가 다시 예를 갖추어 인사하자 조조는 연회를 베풀어 대접했다.

며칠 후, 허도로 돌아온 조조는 관우에게 큰 저택을 주고, 관우의 마음을 사로잡기 위해 비단과 금은보화를 보냈다. 그러나 관우는 그 집의 안채에 두 부인을 모시고, 자신은 바깥채에 머물렀다. 또한, 금은보화를 모두 두 부인께 바쳤다. 조조가 미녀 열 명을 뽑아서 보내자 그녀들을 안채로 보내 두 부인을 시중들게 했다. 조조는 그 소식을 듣고 관우의 곧은 마음에 더욱 감복했다.

어느 날, 조조는 관우가 입은 녹색 비단 전포가 해진 것을 보고 좋은 비단으로 새 전포를 만들어 선물했다. 관우는 그것을 받아 입고는 그 위에 다시 해진 전포를 걸쳤다. 그것을 보고 조조가 말했다.

"운장은 너무 검소하시구려."

"검소해서가 아닙니다. 유황숙이 준 것이기 때문입니다. 저는 이 전포를 입으면 형님의 얼굴을 보는 듯합니다."

조조는 감탄했다.

"운장은 참으로 의리 있는 사람이오."

그러나 내심 즐거울 수만은 없었다. 조조는 또 관우의 수염이 멋지다고 칭찬하면서 비단으로 수염 주머니를 만들어 주었다.

이튿날 아침, 조회 때 헌제가 관우의 가슴에 길게 드리운 비단 주머니를 보고 물었다.

"그게 무엇이오?"

"신의 수염을 보호하라고 승상께서 주머니를 만들어 주셨습니다."

헌제가 그 자리에서 주머니를 풀어 보게 하자 관우의 수염이 배 아래까지 치렁치렁 길게 늘어졌다.

"참으로 미염공(수염이 아름다운 사람)이로다."

황제가 감탄해 마지않자, 이때부터 사람들은 관우를 미염공으로 부르기 시작했다.

어느 날 연회가 끝난 후 조조가 몸소 관우를 배웅했다. 그때 문득 관우의 늙고 야윈 말이 조조의 눈에 들어왔다.

"그대의 말이 왜 이렇게 늙고 야위었소?"

"제 몸이 워낙 무거워서 말이 힘에 겨운가 봅니다."

조조는 그 말을 듣고 시종을 시켜 말 한 마리를 끌어오게 했다. 잠시 후 시종이 온몸이 불덩이처럼 붉은 데다가 체구가 크고 힘차 보이는 준마를 끌고 왔다. 관우는 그 말을 보자 감탄하며 물었다.

"이 말은 여포가 타던 적토마가 아닙니까?"

"그렇소."

조조가 말안장과 고삐를 갖추어 관우에게 넘겨주었다. 이에 관우가 거듭 고마움을 표하는데 그의 얼굴에 기쁜 기색이 가득했다. 조조는 일찍이 그가 이처럼 기뻐하는 것을 본 적이 없었다.

"내가 그대에게 미인과 비단, 금은보화를 주었지만 한 번도 이렇게 기뻐하는 모습을 본 적이 없소. 그런데 어찌하여 사람도 아닌 말한 마리에 그토록 기뻐하시오?"

"이 말은 하루에 천 리를 간다고 들었습니다. 오늘 이 말을 얻었으니 이제 형님이 계신 곳만 알면 하루 만에 달려가서 뵐 수 있지 않겠습니까?"

조조는 깜짝 놀라서 적토마를 준 것을 후회했다.

'관우의 마음을 얻기 위해 내 그토록 정성을 들였건만, 그의 마음은 오직 유비를 향하고 있구나.'

46

안량과 문추

한편 원소에게 의탁한 유비는 밤낮으로 시름에 잠겨 있었다. 그 모습을 본 원소가 물었다.

"공은 어찌하여 얼굴에 수심이 가득하오?"

"두 아우의 소식도 모르고 가족도 조조에게 잡혀 있으니 어찌 근심에 잠기지 않겠습니까?"

"내가 오랫동안 허도를 공격할 준비를 해 왔소. 이제 따뜻한 봄이 왔으니 공격할 때가 되었소."

원소는 마침내 안량을 선봉으로 삼아 조조를 공격했다. 이에 조조는 여포의 옛 부하인 송헌에게 안량을 맞아 싸우게 했다. 그러나 안량은 싸운 지 채 3합도 지나지 않아 송헌의 목을 벴다. 그러자 조조는 위속을 보내 안량과 맞서 싸우게 했다.

위속은 말을 달려 나가 안량을 큰 소리로 꾸짖었다. 그러나 안량은 대꾸하지 않고 단칼에 위속을 베었다. 조조가 실망하여 휘하의 장수들을 둘러보며 말했다.

"이번엔 누가 안량을 대적하겠는가?"

그러자 서황이 나서며 말했다.

"제가 나가 싸우겠습니다."

서황은 말을 달려 나가 안량과 20여 합을 싸웠다. 그러나 허도 제일의 용장인 서황도 안량을 당해 내지 못하고 패하여 돌아왔다. 그러자 더는 안량과 맞서 싸우겠다는 장수가 없었다. 조조는 두 장수를 잃고 서황까지 패하여 돌아오자 고민에 빠졌다. 이때 정욱이 나서며 말했다.

"안량과 대적할 장수가 한 명 있습니다."

"그게 누군가?"

"관운장입니다."

"나는 운장이 공을 세우고 떠나 버릴까 걱정이오."

"유비가 아직 살아 있다면 분명 원소에게 의탁했을 겁니다. 지금 관운장이 원소를 격파하면 원소는 반드시 유비를 의심하여 죽일 것입니다. 그러면 운장은 갈 데가 없어지는 것이지요."

조조는 크게 기뻐하며 사람을 허도로 보내 관우를 불렀다. 관우는 두 형수에게 하직 인사를 한 후 말을 몰아 조조에게 갔다. 조조는 관우를 반갑게 맞았다.

"안량이 연달아 두 장수를 죽였소. 도무지 안량을 당해 낼 자가 없어서 공을 청하였소."

"제가 적진을 한번 살펴보겠습니다."

조조는 관우를 데리고 흙산에 올라갔다. 하후돈, 하후연, 장료, 서황, 허저, 이전, 악진 등 조조 휘하의 장수들이 그 뒤를 따랐다. 조조는 원소의 진영을 가리키며 말했다.

"저것이 원소의 대군이요. 군세가 대단하지 않소?"

"제 눈에는 들개 떼로 보입니다."

"저기 대장기 아래 황금 갑옷을 입고 말에 탄 자가 바로 안량이오."

"제가 놈의 머리를 베어 승상께 바치겠습니다."

관우는 적토마에 올라 청룡언월도를 비껴들고 산 아래로 달려 내려갔다. 그 모습을 본 안량은 입을 열어 무언가 말을 하려고 했다. 그러나 관우가 탄 적토마가 번개처럼 달리더니 어느새 안량을 향해 청룡언월도를 휘둘렀다. 마치 전광석화처럼 빠른 공격에 안량은 미처 피할 사이도 없이 그대로 목숨을 잃고 말았다.

관우는 훌쩍 말에서 뛰어내려 안량을 목을 벤 후 다시 말에 올라탔다. 그러고는 청룡언월도를 휘둘러 적진을 뚫고 나왔다. 안량의 군사들은 너무 놀라서 얼이 빠졌다. 조조의 군사들은 이 틈에 공격을 펼쳐 대승을 거두었다. 관우가 안량의 머리를 바치자 조조는 감탄해 마지않았다.

"공의 무예는 참으로 신의 경지요."

"저의 재주는 제 아우 장비에 비하면 별것 아닙니다. 장비는 백만의 적진 속에서도 적장의 목을 베는 것을 제 주머니 속의 물건 꺼내

듯 합니다."

관우의 말에 놀란 조조는 휘하의 장수들을 둘러보며 말했다.

"앞으로 장비를 만나거든 함부로 대적하지 말라."

한편, 싸움에 패하여 달아난 안량의 부하들은 원소에게 가서 그일을 보고했다. 원소가 놀라서 물었다.

"대체 안량을 벤 장수가 누구인가?"

원소의 모사 저수가 말했다.

"조조의 장수 중 안량을 단숨에 벨 수 있는 자는 없습니다. 아마도 그는 유현덕의 아우 관우일 것입니다."

원소는 크게 노하여 유비를 가리키며 말했다.

"네 아우 운장이 내가 아끼는 장수를 죽였다. 이는 필시 네놈과 내통한 것이 분명하다. 너 같은 배신자를 살려 두어 무엇에 쓰겠느냐? 이놈을 당장 끌어내어 목을 베도록 해라!"

그러자 유비가 침착하게 말했다.

"진정하십시오. 저는 지금 운장의 생사도 모르는데 어찌 아우와 내통할 수 있겠습니까? 또한, 추측만으로 어찌 그 장수가 관우라고 단정하십니까? 명공(상대를 높여 부르는 말)께서는 정녕 사실 관계를 확인하기도 전에 저와의 인연을 끊으려 하십니까?"

원소는 주관이 뚜렷하지 않아서 유비의 말을 듣고는 이내 저수를 꾸짖었다.

"네 말만 듣고 하마터면 좋은 사람을 죽일 뻔했다!"

원소는 다시 유비와 함께 안량의 원수를 갚을 계책을 세웠다. 이 때 원소 휘하의 명장 문추가 나섰다.

"안량은 저에게 형제와 같은 사이입니다. 그가 역적 조조에게 죽임을 당했으니 제가 어찌 원한을 갚지 않을 수 있겠습니까?"

원소는 크게 기뻐하며 말했다.

"오, 문추인가. 그대가 아니면 누가 안량의 원수를 갚겠는가? 그대에게 군사 10만을 줄 테니 당장 황하를 건너서 역적 조조를 무찔러라!"

이때 유비가 말했다.

"저도 문추 장군과 동행하겠습니다. 먼저 명공의 은혜를 갚고, 안량 장군의 목숨을 앗아간 장수가 제 아우인지 알아보겠습니다."

원소는 기뻐하며 유비의 출전을 승낙했다. 이렇게 하여 문추는 7만의 군사를 이끌고 앞서 나갔고, 유비는 3만의 군사를 이끌고 그 뒤를 따랐다.

문추는 황하를 건너 조조의 진영으로 쳐들어갔다. 그러자 조조는 군량과 마초를 일부러 내주며 교란책을 썼다. 문추의 군사들은 군량과 마초를 얻고 나자 이번에는 말을 빼앗느라 혈안이 되어 제멋대로 대오를 이탈했다. 그제야 조조는 총공격을 명했고, 대오를 이탈해 통제 불능이 된 문추의 군사들은 불의의 습격을 받고 큰 혼란에 빠졌다.

문추는 군사들을 수습하려고 했으나 이미 때는 늦었다. 문추는 그제야 조조의 계략에 빠진 것을 깨닫고 급히 말 머리를 돌렸다. 그 모습을 본 조조가 큰 소리로 외쳤다.

"적장 문추가 도망친다! 누가 가서 사로잡아 오겠느냐?"

장료와 서황이 달려가며 큰 소리로 외쳤다.

"이놈 문추야! 어딜 도망치느냐? 당장 멈춰라!"

그러자 문추는 달리는 말 위에서 장료를 향해 활을 쏘았다. 장료는 급히 고개를 숙여 피했지만, 날아든 화살은 장료의 투구 끈을 끊었다.

문추는 다시 두 번째 화살을 날렸는데 이번에는 장료의 얼굴에 명중했다. 장료가 말에서 떨어져 땅바닥에 나뒹굴자 문추는 말 머리를 돌려 쓰러진 장료를 공격하려고 했다. 그러자 서황이 도끼를 휘두르며 재빨리 문추의 앞을 막아섰다.

서황이 문추를 맞아 싸우는데 갑자기 큰 함성이 울리며 문추의 부하들이 몰려왔다. 서황은 상황이 불리해지자 급히 장료를 말에 태워 도망쳤다.

문추가 기세등등[20]하게 그 뒤를 쫓아 황하 기슭에 이르렀을 때 홀연히 기병 10여 명이 깃발을 펄럭이며 나타났다. 앞장서서 달려오는 장수는 바로 관우였다.

"적장 문추는 도망치지 마라!"

관우는 호령과 함께 청룡언월도를 치켜들고 문추에게 달려들었다. 문추는 관우와 싸운 지 채 3합을 버티지 못하고 말 머리를 돌려 황하를 따라 달아났다.

관우는 그 뒤를 쫓아가 청룡언월도를 휘둘러 문추의 목을 떨어뜨렸다. 조조는 이 기세를 몰아 총공세를 펼쳐 문추의 진영을 초토화했다.

한편 유비는 군사를 이끌고 황하를 건너기 위해 강기슭에 도착했다. 이때 정찰병이 돌아와 보고했다.

"지난번 안량 장군을 해쳤던 장수가 문추 장군의 목숨마저 **빼앗았습니다.**"

유비가 놀라서 황하 건너편을 바라보니 멀리 '한수정후 관운장'이라는 깃발이 보였다.

'아! 내 아우 운장이 죽지 않고 살아 있구나.'

유비는 당장 달려가서 관우를 만나고 싶었지만, 조조의 대군이 몰려오자 하는 수 없이 군사를 수습하여 퇴각했다. 이때 원소는 문추를 지원하기 위해 관도에 도착하여 진을 쳤다. 곽도와 심배가 와서 원소에게 보고했다.

"이번에도 관운장이 문추 장군의 목을 베었지만, 유현덕은 모른 체하고 있습니다."

원소는 화가 머리끝까지 치밀어 좌우에 명했다.

"당장 저 귀 큰 도적놈을 참수하라!"

원소의 명을 받은 군사들이 달려들자 유비가 다급하게 소리쳤다.

"잠깐만 기다려 주시오. 명공도 잘 아시겠지만, 조조는 본래 저를 몹시 싫어합니다. 조조는 제가 명공께 의탁하여 명공을 돕는 것을 두려워하고 있습니다.

조조가 운장을 시켜 안량과 문추 두 장군을 죽인 것은 명공의 화를 돋워 저를 죽이게 하려는 계책입니다. 바라건대, 깊이 헤아려 주시기 바랍니다."

원소가 생각해 보니 과연 일리가 있는 말이었다. 그래서 곽도와 심배를 꾸짖은 후 유비를 윗자리로 불렀다. 유비가 거듭 감사하며 말했다.

"제가 운장에게 밀서를 보내겠습니다. 제 소식을 알면 운장은 밤낮을 가리지 않고 달려올 것입니다. 그때 운장이 명공을 도와 함께 조조를 물리쳐 안량과 문추 두 장군의 원수를 갚으면 어떻겠습니까?"

유비의 말에 원소는 매우 기뻐했다.

"좋소. 운장만 얻는다면 그가 안량과 문추를 벤 죄는 불문에 부치겠소. 어서 편지를 보내시오."

유비는 그날 밤, 관우에게 보내는 편지를 썼다. 그러나 그 편지를 적진에 있는 관우에게 전하는 일이 쉽지 않았다.

47

결 집하는 유비군

한편 조조는 하후돈에게 관도의 요충지를 지키게 하고, 자신은 대군을 거느리고 허도로 돌아갔다. 조조는 그동안 전투에 지친 군사들을 위로하며 잔치를 베풀었다.

조조는 여러 참모와 장수들이 모인 자리에서 관우의 공로를 치하했다. 한창 연회가 무르익어 갈 무렵 갑자기 여남에서 보고가 들어왔다. 유벽과 공도가 이끄는 황건의 잔당을 토벌하기 위해 여남에 파견했던 조홍이 크게 패하여 퇴각 중이라고 했다. 그러자 옆에 있던 관우가 출정을 자원했다.

조조는 마음 한구석에 불안한 마음도 있었지만, 흔쾌히 응낙했다. 조조는 관우에게 군사 5만을 붙이고 우금과 악진을 부장으로 삼게 했다.

관우는 군사를 이끌고 여남 근처에 진을 쳤다. 그런데 그날 밤 보초를 섰던 군사들이 두 명의 염탐꾼을 붙잡아 왔다. 관우가 붙잡혀 온 두 사람을 보니 그중 한 명은 손건이었다. 관우는 깜짝 놀라서 즉시 좌우를 물리친 다음 다급히 물었다.

"서주를 잃고 공과 헤어진 후 소식을 알 수 없었는데 어찌하여 여기에 와 있소?"

"그때 서주에서 겨우 목숨을 건져 여남으로 와서 유벽에게 의탁하고 있었습니다. 그런데 장군께서는 어찌하여 조조의 휘하에 들어가셨소? 감부인과 미부인은 무사하신지요?"

손건이 질문하자 관우는 그동안 있었던 일을 자세하게 들려주었다. 관우의 이야기를 듣고 난 손건은 유비의 소식을 전했다.

"현덕 공께서는 요즈음 원소에게 의탁하고 있는데, 저도 기회가 없어서 아직 찾아뵙지는 못했습니다. 그러던 중 이번에 유벽과 공도 두 사람이 원소와 동맹을 맺고 조조를 치기로 했습니다. 마침 장군께서 이곳에 오신다기에 염탐꾼이 되어 만나러 온 것입니다.

내일 전투가 벌어지면 유벽과 공도 두 사람은 일부러 패한 체하며 달아날 것입니다. 장군께서는 속히 두 부인을 모시고 원소에게 가서 현덕 공을 뵙도록 하십시오."

"형님의 소식을 듣고 나니 당장 달려가서 뵙고 싶소. 하지만 원소가 아끼는 장수 안량과 문추를 죽였으니, 그 일로 형님께서 무슨 변이나 당하지 않으셨을지 걱정이구려."

"안심하십시오. 최근에도 무탈하시다는 소식을 들었습니다. 하지만 만약을 위해 제가 다시 소식을 알아보도록 하겠습니다."

"부탁하오. 형님을 한 번이라도 다시 뵐 수 있다면 이 목숨을 잃어도 아까울 것이 없소. 이번에 허도로 돌아가면 즉시 조조에게 인사를 고하겠소."

그날 밤, 관우는 손건을 몰래 돌려보냈다.

이튿날 관우는 군사를 이끌고 전투에 나섰다. 유벽과 공도도 군사를 이끌고 맞섰다. 관우가 청룡언월도를 휘두르며 공격해 들어가자 유벽과 공도는 싸우는 시늉만 하다가 달아났다. 관우가 추격에 나선 후 군사들과 멀어지자 갑자기 공도가 고개를 돌리며 말했다.

"공은 속히 진군하십시오. 우리는 여남을 버리고 떠나겠소."

관우는 공도에게 고개를 끄덕여 보인 후 군사를 이끌고 공격을 펼쳤다. 유벽과 공도는 약속대로 거짓으로 패한 체하며 부하들을 사방으로 흩어져 달아나게 했다.

여남 땅을 탈환한 관우는 즉시 허도로 돌아왔다. 조조는 크게 기뻐하며 잔치를 베풀어 그 공을 치하했다. 관우의 부장이 되어 여남에 갔던 우금도 유비가 원소에게 의탁하고 있다는 사실을 알고 있었다. 잔치가 끝난 후 우금은 은밀하게 조조를 찾아가 그 사실을 알렸다.

조조는 장료를 불러 관우의 속마음을 떠보게 했다. 장료가 관우를 찾아가자 관우는 유비를 찾아갈 방도만 궁리하고 있었다. 장료에게 그 사실을 보고받은 조조는 관우를 붙잡아 둘 방법을 찾기 위해 고심했다.

관우는 마침내 유비를 찾아 떠날 결심을 하고, 조조에게 하직 인사를 하기 위해 찾아갔다. 하지만 조조는 이미 관우가 찾아올 줄 알고 문에 면회를 사절한다는 팻말을 걸어 놓았다. 방문객은 이 팻말을 보면 어떤 용무가 있어도 잠자코 돌아가는 것이 예의였다.

관우는 잠시 문 앞에 서성이다가 하는 수 없이 발길을 돌렸다. 이튿날엔 아침 일찍 찾아갔는데 여전히 그 팻말이 걸려 있었다. 다음날은 일부러 저녁에 찾아갔으나 역시 그대로였다.

'이는 필시 조 승상이 나를 떠나지 못하게 하려는 것이다.'

관우는 무거운 마음으로 숙소에 돌아와 자신이 데리고 온 부하들에게 명했다.

"수레와 말을 준비해라. 그리고 조 승상에게 받은 물건은 그대로 두고 하나도 가져가지 마라."

관우는 조조에게 하직을 고하는 글을 써서 사람을 시켜 승상부에 보냈다. 그리고 한 대의 수레에 두 부인을 태우고 기병 20여 명에게 수레를 호위하게 한 후, 자신은 적토마를 타고서 북문을 향했다.

한편 조조는 회의 중 관우의 서신을 받고 매우 놀랐다.

"운장이 기어이 떠났구려!"

평소 관우를 못마땅하게 여기던 채양이 나서며 말했다.

"저에게 철기병 3천 명만 주십시오. 당장 가서 관운장을 잡아 오겠습니다."

조조는 고개를 가로저었다.

"그럴 필요 없네. 옛 주인을 잊지 않고 찾아간 것이니 관운장은 진정한 대장부다. 그대들도 운장을 본받아야 한다."

그러자 이번엔 정욱이 정색을 하고 나섰다.

"관운장이 원소에게 가는 것을 그냥 둔다면 호랑이에게 날개를 달아 주는 격입니다. 지금 죽여 화근을 없애야 합니다."

그러나 조조는 정욱의 말도 듣지 않았다. 그는 장료를 돌아보며 탄식하듯이 말했다.

"운장은 나에게 받은 재물을 곳간에 넣어 봉하고 한수정후의 도장도 걸어 놓고 떠났네. 이는 재물이나 벼슬로도 그의 마음을 바꿀 수 없다는 의미네. 이런 사람을 나는 진심으로 존경하네. 그가 아직 멀리 가지는 못했을 것이네. 그대는 먼저 가서 운장을 잠시 잡아 두게. 내가 그에게 노잣돈과 전포를 주어 훗날의 기념으로 삼고자 하네."

장료가 명을 받고 떠난 후 조조는 황금과 비단 전포를 준비하여 허저, 서황, 우금, 이전 등과 함께 장료의 뒤를 따랐다. 관우는 먼저 온 장료의 부탁을 받고 조조를 기다렸다. 마침내 도착한 조조가 관우에게 다가가서 물었다.

"운장은 어찌하여 이리 급하게 떠나시오?"

관우는 말 위에서 예를 표하며 대답했다.

"옛 주인이 하북에 있어서 급히 떠나게 되었습니다. 승상께서는 지난날의 약속을 잊지 마십시오."

"나도 명색이 재상인데 어찌 신의를 저버릴 수 있겠소. 다만 장군에게 노잣돈이라도 드리며 작별의 아쉬움을 달래고자 함이오."

조조의 말이 끝나자 한 장수가 관우에게 황금이 가득 담긴 쟁반을 건넸다. 하지만 관우는 사양했다. 그러자 조조는 다시 비단 전포를 건네면서 말했다.

"운장과 같은 영웅을 내가 복이 없어서 붙잡지 못하는구려. 이 비단 전포를 나의 정표로 여기고 부디 사양하지 마시오."

조조의 말에 관우도 차마 이번에는 거절하지 못했다. 하지만 만약을 대비하여 말에 탄 채 청룡언월도 끝으로 전포를 받아 어깨에 걸쳤다.

"승상께서 주신, 이 전포를 잊지 않겠습니다. 다음에 뵐 날을 기약하며 오늘은 이만 물러가겠습니다."

관우는 인사를 마치고 말 머리를 돌려 황급히 수레를 쫓아 북쪽으로 떠났다. 그 후 관우는 낙양으로 향하는 다섯 관문을 지나면서 여섯 장수를 벤 끝에 마침내 황하를 건너 원소의 영토에 도착했다. 이때 관우는 여남에서 헤어진 손건과 마주쳤다.

손건은 유비가 원소를 떠나 여남으로 갔다는 소식을 전했다. 관우 일행은 즉시 방향을 바꾸어 여남으로 향했다. 일행이 와우산 산기슭을 지나던 중 황건적 출신 산적 두목 배원소와 주창을 만났다. 두 사람은 부하들과 함께 관우의 휘하에 거두어 줄 것을 청했다.

관우는 일단 주창만 데려가기로 한 뒤 배원소와 부하들은 와우산에 남겨 두고 훗날을 기약했다. 관우와 손건은 다시 여남으로 가던 중 장비를 만나게 되었다. 이때 장비는 고성을 차지하고 세력을 키워 수천의 군사를 거느리고 있었다. 장비는 관우를 보자 대뜸 욕설을 퍼부으며 장팔사모를 휘둘렀다.

"이 역적 놈아. 내 칼을 받아라!"

장비의 갑작스러운 공격에 깜짝 놀란 관우는 급히 몸을 피했다.

"아우, 이게 무슨 짓이냐?"

"형님을 배반하고 조조에게 투항하여 벼슬까지 받은 놈이 무슨 염치로 나를 보러 왔느냐? 내 오늘 너와 죽기를 작정하고 싸우겠다."

"네가 뭔가 오해한 것 같구나. 여기 두 분 형수님이 계시니 여쭈어 보거라."

수레 안에 있던 두 부인은 관우와 장비의 다툼을 듣고, 장비를 말리며 그동안 있었던 일을 설명했다. 하지만 장비는 듣지 않았다.

이때, 한 떼의 군사가 관우의 등 뒤에서 먼지를 일으키며 달려왔다. 바람에 나부끼는 깃발을 보니 조조의 군대였다.

"이래도 나를 속일 테냐! 저 군사들은 틀림없이 너를 따라 나를 잡으러 온 것이 아니냐?"

"그건 네가 오해한 것이다. 저들은 네가 아니라 나를 잡으러 온 것이다. 잠시 기다리면 적장을 베어 나의 진심을 보여 주겠다."

"좋다. 네 말이 사실이라면 내가 북을 세 번 칠 때까지 적장의 목을 베어 와라!"

관우는 장비가 말을 마치자마자 곧장 적토마를 타고 적장을 향해 달려갔다. 적장은 바로 채양이었다. 관우는 황하를 건너기 전 길을 가로막는 하후돈 휘하의 장수를 죽였는데, 그의 이름은 진기였다.

진기는 바로 채양의 조카였는데, 진기의 죽음을 알게 된 채양이 조카의 복수를 하기 위해 달려온 것이었다.

관우가 채양을 공격해 가자 채양도 관우와 맞섰다. 그러나 채양은 애초부터 관우의 상대가 되지 못했다. 관우의 청룡도가 바람을 가르자 어느새 채양의 목이 땅 위로 떨어졌다. 순간 채양의 부하들은 사방으로 흩어져 달아났다.

관우가 채양의 목을 가지고 장비에게 이르렀을 때 장비는 세 번째 북을 울렸다. 장비는 그제야 관우에게 품었던 의심을 풀었다.

관우는 그동안 있었던 일들을 장비에게 자세하게 설명했다. 그러자 장비는 관우 앞에 엎드려 목 놓아 울며 사죄했다. 관우는 장비의 손을 잡아 일으키며 감격에 겨운 재회를 했다.

이튿날, 관우는 장비에게 고성을 지키게 한 후 손건과 함께 유비를 찾아 여남으로 갔다. 그러나 관우가 도착했을 때 유비는 이미 여남을 떠난 뒤였다.

유비는 원소를 떠나 여남으로 왔으나 막상 유벽과 공도의 군사가 생각보다 그 수가 적어, 큰일을 도모하기 어렵다고 판단하여 다시 원소에게 돌아간 것이다.

관우는 유비가 있는 하북으로 돌아가기 전 주창에게 말했다.

"우리는 지름길을 통해 하북으로 가겠네. 자네는 와우산에 가서 배원소와 함께 부하들을 거느리고 돌아오는 길목에서 나를 기다려 주게."

주창이 와우산으로 떠나자 관우와 손건은 20여 명의 기병을 거느리고 하북으로 향했다. 가는 도중에 어둠이 내리자 관우는 한 정원에 신세를 지게 되었는데, 그 집의 주인은 관정이라는 노인이었다.

이때 손건은 관우와 헤어져 기주로 가서 유비를 만났다. 손건이 관우와 장비의 소식을 전하자 유비는 감격하여 한동안 말을 잇지 못했다.

손건이 관우에게 돌아간 후 유비는 평소 자신을 따르던 간옹을 은밀히 불렀다. 간옹은 유비를 따라 원소에게 임시로 의탁하고 있던 처지였다. 두 사람은 원소의 곁을 떠날 방법을 의논했다.

이튿날, 유비는 원소를 찾아가 자신을 유표에게 보내 달라고 청했다. 조조를 치기 위해 유표와 동맹을 맺고 오겠다는 말에 원소는 기뻐하며 즉석에서 허락했다.

유비가 물러가자 간옹이 원소에게 말했다.

"유비를 혼자 보내면 변심할지 모릅니다. 제가 함께 가서 유비가 딴마음을 품지 못하도록 감시하겠습니다."

원소가 허락하자 그 사실을 알게 된 모사 곽도가 찾아와 말렸다. 그러나 원소는 곽도의 말을 듣지 않았다.

간옹은 유비와 함께 무사히 기주의 경계를 넘었다. 그들을 기다리고 있던 손건이 두 사람을 관우가 묵고 있는 관정의 집으로 안내했다. 이때 관우는 소식을 듣고 문밖에 나와서 그들을 기다리고 있었다.

유비가 다가오자 관우는 엎드려 절을 했다. 유비와 관우는 서로 손을 맞잡고 눈물을 흘리며 한동안 말을 잇지 못했다.

집주인 관정은 그런 두 사람을 집 안으로 맞아들인 후 두 아들과 함께 절을 했다. 관우가 유비에게 그들을 소개했다.

"이 노인장은 저와 같은 관씨 성을 가진 분인데 저 둘은 이분의 아드님입니다. 큰아들 관녕은 글을 배웠고, 둘째 아들 관평은 무예를 익혔다고 합니다."

그날 밤 조촐한 잔칫상이 차려졌다. 몇 차례 술잔이 오간 뒤 관정이 둘째 아들 관평을 관우의 휘하에 거두어 달라고 청했다. 그러자 유비가 말했다.

"내 아우는 아직 슬하에 자식이 없소. 둘째 자제를 양자로 삼게 하고 싶은데 어르신의 뜻은 어떠십니까?"

관정은 크게 기뻐하며, 관평에게 관우를 아버지로 받들고, 유비를 큰아버지로 섬기게 했다.

이튿날, 유비와 관우 일행은 원소의 추격을 염려하여 서둘러 길을 나서자 관평도 따라나섰다. 그들이 와우산 근처에 도착했을 때 주창이 수십 명의 부하를 이끌고 말을 달려 왔다. 관우가 보니 주창의 온몸이 상처투성이였다. 관우는 주창을 데리고 가서 먼저 유비에게 인사를 올리게 한 뒤 물었다.

"온몸의 상처는 무엇이며, 부하들은 다 어딜 가고 저들만 데리고 온 것인가?"

주창이 울상을 지으며 말했다.

"장군의 명을 받고 제가 와우산에 왔더니 한 장수가 배원소를 죽이고 부하들의 항복을 받아 낸 뒤 산채를 점거하고 있지 뭡니까?

화가 나서 그 장수와 여러 차례 싸움을 벌였는데 번번이 패하여 이렇게 상처를 입고 말았습니다. 부하들 또한 겁을 집어먹고 저들 외에는 따라나서는 이가 없었습니다."

관우는 주창을 따라 앞장서고 유비는 뒤를 따라 와우산으로 달려갔다. 주창이 산채 근처 산기슭에 도착하여 큰 소리로 욕설을 퍼부었다. 이때 유비도 그곳에 막 도착했다.

잠시 후 한 장수가 창을 거머쥔 채 부하들을 거느리고 산기슭으로 내려왔다. 그 장수를 유심히 살펴보던 유비가 말을 몰고 앞으로 나서며 큰 소리로 물었다.

"혹시 자룡이 아닌가?"

유비가 외치자 달려오던 장수는 흠칫 놀라더니 얼른 말에서 뛰어내려 엎드려 절했다. 그 장수는 조운이었다.

유비와 관우도 말에서 뛰어내려 서로 부둥켜안으며 기쁨을 나누었다.

"그동안 어떻게 지냈는가? 공손찬 형님이 돌아가셨다는 소식을 듣고 자네의 소식을 알 수 없어 걱정했었다네."

"공손찬 장군은 원소와의 싸움에 패하여 스스로 불을 질러 목숨을 끊었습니다. 제가 급히 달려갔을 때는 이미 늦었습니다. 그 뒤 하북의 원소가 여러 차례 사람을 보내 부르더군요. 하지만 저는 응하지 않고 주공께 의지하기 위해 서주로 갔습니다. 그런데 제가 도착하기도 전에 서주가 조조에게 넘어갔다는 소식을 듣게 되었는데, 주공은 원소에게 가 계시고 운장께서는 조조에게 항복했다는 것입니다. 저는 그동안 수차례 주공을 찾아가려고 마음먹었다가도 원소의 부름을 거부한 적이 있어서 포기했습니다.

이후 정처 없이 떠돌다가 이곳을 지나가게 되었는데, 배원소란 자가 부하들을 이끌고 제 말을 빼앗으려고 했습니다. 그래서 그자를 죽이고 내친김에 산채를 빼앗아 근거로 삼았던 것입니다."

조운이 끝내 자기를 잊지 않고 있었다는 말을 듣자 유비는 감격했다. 조운은 그날로 산채를 불태운 후 산적들을 이끌고 유비의 뒤를 따랐다.

유비의 행렬은 관우와 조운의 호위를 받게 되자 비록 병마의 수는 적었으나 사기는 하늘을 찔렀다. 이윽고 유비 일행은 장비의 근거지인 고성에 도착했다.

장비는 유비를 보자 격정을 누르지 못하고 소리 내어 울었다. 모두 서로 절을 하며 예를 차린 다음 그동안 있었던 일들을 털어놓았다. 또한, 두 부인이 지난날 관우가 겪었던 고초들을 이야기하자 유비는 감탄을 금치 못했다. 이어 삼 형제는 소와 말을 잡고 제단을 만들어 하늘에 감사를 드리고 큰 잔치를 벌였다.

유비는 형제가 다시 모인 데다가 조자룡을 얻었고, 관우 역시 아들 관평을 얻고 수하에 주창을 얻었으니 그 기쁨이 더욱 컸다.

이제 유비는 관우, 장비, 조운, 손건, 간옹, 미축, 미방, 주창과 같은 장수에다 군사 4~5천 명을 거느리게 되었다.

유비가 고성을 버리고 여남으로 떠나려 하는데, 마침 유벽과 공도가 사람을 보내 그곳으로 오기를 청했다. 유비는 즉시 여남으로 가서 유벽과 공도와 힘을 합쳐 새로 군사를 모으고 말을 사들이며 서서히 세력을 키워 나갔다.

48

강동의 새 군주

원소는 유비가 여남에 정착하자 크게 진노했다.

"내 당장 군사를 일으켜 놈을 응징하겠다!"

그러자 곽도가 만류했다.

"유비 따위는 걱정하실 것 없습니다. 오히려 강한 적은 조조이니 그를 먼저 없애야 합니다. 유표 또한 형주 땅을 지배하고 있다지만 그 힘은 미약합니다. 반면 강동의 손책은 그 위세가 세 개의 강을 뒤흔들고 여섯 고을이나 되는 넓은 땅과 많은 인재를 휘하에 두고 있습니다. 지금은 그와 동맹을 맺고 조조를 치는 것이 시급합니다."

원소는 곽도의 의견을 받아들여 손책에게 사람을 보냈다. 손책은 강동에 정착한 이후 풍족한 식량과 강한 군사들까지 거느리고 안정된 나날을 보내고 있었다.

건안 4년(199년) 겨울, 손책은 여강을 공략하여 태수 유훈을 몰아내고, 예장 태수 화흠의 항복을 받아 냈다. 이로써 손책은 명성과 위세를 크게 떨쳤다.

손책의 신하 장굉은 황제에게 승리의 소식을 알리는 표문을 올렸다. 손책은 은근히 대사마의 관직을 기대했다. 그러나 조정을 장악한 조조는 그것을 허락하지 않았다. 조조는 손책의 강성함을 탄식했다.

"실로 사자의 새끼로구나. 손책을 견제하면서 될 수 있는 대로 다툼은 피해야겠다."

손책은 조조의 속셈을 깨닫고 이를 갈면서 허도를 칠 기회만을 노렸다. 이를 눈치챈 오군 태수 허공은 은밀히 조조에게 밀서를 보냈다. 그런데 밀서를 전하러 가던 허공의 부하가 강을 건너다가 강변을 지키던 손책의 군사들에게 붙잡혔다.

손책은 허공이 쓴 밀서를 읽고 크게 노하여 허공의 부하를 죽인 뒤, 논의할 일이 있다는 핑계로 허공을 불러들여 목을 베었다. 그리고 허공의 가족과 그를 따르는 관리들까지 모두 처형했다. 그 와중에 가까스로 목숨을 구한 허공의 손님 세 명이 있었다. 그들은 평소 허공의 은혜에 깊이 감사하고 있었다.

"무슨 방법이든 찾아서 은인의 원수를 갚아 줍시다."

세 사람은 이렇게 뜻을 모으고 호시탐탐[21] 기회를 노렸다.

어느 날, 손책은 군사를 인솔해 단도라는 부락의 서쪽에 있는 깊은 산으로 사냥을 나갔다. 그가 큰 사슴 한 마리를 발견하고 말을 달려 숲속으로 들어갔을 때 창과 활을 들고 서 있는 세 사람을 발견했다.

"너희들은 누구냐?"

"저희는 한당 장군의 수하들입니다. 이곳에서 사냥하던 중이었습니다."

손책은 그 말을 듣고 안심하고 돌아서는데 그들 중 한 명이 번개같이 창으로 손책의 왼쪽 넓적다리를 찔렀다.

손책은 외마디 비명을 지르며 고통을 참은 채 칼을 빼 들고 상대를 공격하려고 했다. 그러나 급히 서두르다 보니 칼이 칼집에서 나오지 않았다. 이때 기회를 놓치지 않고 또 한 사람이 활을 쏘았다. 그 화살은 날아가 손책의 뺨에 꽂혔다.

손책은 그 화살을 뽑아 자기 활에 메겨서는 재빨리 상대방을 향해 되쏘았다. 활을 쏜 그 사내는 손책의 화살을 맞고 그대로 땅에 쓰러졌다. 그러자 남은 두 사람이 손책의 좌우에서 달려들더니 거칠게 창을 휘두르며 소리쳤다.

"우리는 허 태수댁 문객으로 은인의 원수를 갚으러 왔다!"

손책은 사냥을 나온 터여서 몸에 지닌 병장기가 따로 없었다. 어쩔 수 없이 활로 겨우 막아 내며 달아나는데, 두 사람은 결사적으로 공격하며 따라붙었다.

손책의 온몸은 상처투성이가 되었고, 타고 있던 말도 여러 곳에 상처를 입었다. 바로 이때 정보가 군사들을 거느리고 나타났다. 손책은 정보를 향해 소리쳤다.

"이놈들을 죽여라!"

정보와 군사들은 일제히 달려들어 허공의 문객들을 도륙했다. 손책은 겨우 위기에서 벗어났지만, 얼굴은 피투성이가 되었고, 온몸의 상처도 깊었다.

손책은 급히 오군으로 돌아와 명의 화타를 청했다. 이때 화타는 중원에 가 있어서 대신 그의 제자가 와서 치료했다.

"화살촉의 독이 이미 뼛속까지 침투하여 백 일 동안 안정을 취해야 뒤탈이 없습니다. 만일 화를 내시거나 하여 충격을 받는다면 상처가 덧나니 조심하십시오."

손책은 사흘 동안 혼수상태에 빠져 신음했다. 성미가 급하고 매사에 열정적인 손책도 목숨이 달린 일이어서 의원의 말을 따르지 않을 수 없었다. 20여 일이 지나자 과연 치료 효과가 나타나기 시작했다.

그러던 어느 날 허도에 머물던 장굉이 사자를 보내 소식을 전해 왔다.

"조조와 수하들이 모두 주공을 두려워하는데 곽가만은 예외입니다."

"그래 곽가가 뭐라고 하더냐?"

사자가 주저하며 말을 하지 못하자 손책은 화를 내며 다그쳤다. 이에 사자는 어쩔 수 없이 들었던 이야기를 전했다.

"곽가가 주공에 대해 말하기를 '천성이 급하고 경솔하며, 용맹하지만 그 용기에는 지혜가 부족하여 반드시 대수롭지 않은 평범한 자의 손에 비참한 최후를 맞게 될 것'이라고 했답니다."

이 말을 들은 손책은 크게 노했다.

"그런 하찮은 놈이 나를 평가하고 내 운명에 대해 논했단 말이냐! 내 맹세코 허도를 쳐서 그놈의 방자한 혀를 뽑아 버리고 말겠다."

격분한 손책은 상처가 낫기도 전에 휘하의 장수와 모사들을 불러 출병할 일을 의논했다. 이에 장소가 나서며 만류했다.

"백 일 동안 안정을 취하라고 의원이 간곡히 당부했는데 어찌 한때의 분노를 이기지 못해 귀한 몸을 함부로 하십니까?"

이때 원소의 사신인 진진이 도착했다는 보고가 들어왔다. 손책은 진진을 불러들여 찾아온 이유를 물었다. 진진은 두 세력이 동맹을 맺어 함께 조조를 치자는 원소의 편지를 바쳤다.

손책은 크게 기뻐하며 모든 장수를 성루로 불러 모은 후 잔치를 베풀고 진진을 대접했다. 술잔이 몇 차례 돌 무렵 갑자기 장수들이 수군대더니 하나둘 자리에서 일어나 누대를 내려갔다. 손책은 이상한 생각이 들어 곁에 있던 측근에게 물었다.

"무슨 일인가?"

"우길 선인께서 오셨기 때문입니다. 장수들이 모두 그분께 절을 하려고 내려간 것입니다."

손책은 자리에서 일어나 난간을 의지한 채 아래를 내려다보았다. 거리는 사람들로 가득 붐비고 있었다. 그 가운데 학의 깃털로 짠 옷을 입은 한 도인이 명아주 지팡이를 짚고 길 한복판에 서 있었다. 사람들이 그 도인에게 앞을 다투어 절하는데, 그중에는 황급히 자리를 뜬 장수들의 모습도 보였다.

손책은 그 모습을 보고 화가 치솟아 군사들에게 소리쳤다.

"웬 요사스러운 자냐? 당장 저자를 잡아들여라!"

그러자 군사들은 곤란하다는 듯 한목소리로 말했다.

"저 어른은 부적을 태워 수많은 병자를 고쳐 왔는데, 어찌나 영험한지 낫지 않은 질병이 없습니다. 그래서 백성들은 저분을 살아 있는 신선으로 받들어 모시고 있습니다."

"어리석은 놈들, 너희까지 저런 요망한 늙은이에게 현혹된 것이냐? 내 명을 거역하면 너희의 목부터 벨 것이다!"

손책이 호통하자 군사들은 마지못해 내려가서 우길을 묶지도 않은 채 데려왔다.

손책은 우길을 큰 소리로 꾸짖었다.

"보아하니 미친놈 같은데, 어찌하여 선량한 백성들을 현혹하느냐?"

그러자 우길은 조금의 동요도 없이 차분하게 대답했다.

"빈도(승려나 도사가 자기를 낮추어 이르는 말)는 낭야궁의 도인이외다. 산속에서 약초를 캐던 중 양곡천 근처에서 귀한 책을 얻게 되었습니다. 그 책은 태평청령도라는 책인데, 무려 백여 권이나 되었습니다. 책에는 세상의 모든 질병을 치료할 방법이 적혀 있었소이다.

이 책을 얻은 후 빈도는 오직 하늘을 대신하여 덕을 베풀어 널리 만민을 구제했을 뿐 털끝만치도 백성의 재물을 취한 적이 없소. 그런데 어찌 빈도에게 백성들을 현혹했다고 하시오?"

"닥쳐라! 네가 추호도 남의 것을 취한 적이 없다면 의복과 음식은 어디서 얻은 것이냐? 네놈이 하는 짓거리를 보니 지난날 황건적의 괴수 장각처럼 요사하고 간교하다. 내 오늘 너를 죽이지 못한다면 반드시 큰 후환이 될 것이다."

손책은 좌우의 군사에게 명하여 우길의 목을 베게 했다. 그러나 아무도 그 명령에 따르는 자가 없었다. 장소도 나서서 손책을 말렸다.

"우 도인은 10년 동안 강동에 살아왔지만 한 번도 죄를 범한 적이 없는데 무슨 까닭으로 죽이려 하십니까? 이는 정녕 법도에 맞지 않는 처사입니다."

그러나 손책은 측근들의 만류를 물리치고 기어이 우길을 옥에 가두었다. 이 일은 손책의 모친 오태부인의 귀에도 들어갔다. 그녀는 깜짝 놀라 손책을 불러들여 타일렀다.

"네가 우 신선을 감옥에 가두었다는 소식을 들었다. 그분은 많은 백성의 병을 고쳐 주어 장수들과 백성들의 존경과 추앙을 받는 분이니 절대 무례를 범해서는 안 된다."

손책은 어머니의 간곡한 당부에도 우길을 죽이려는 결심을 포기하지 않았다. 또한, 여러 장수와 책사, 관원들까지 명을 어기면서 우길의 처벌을 만류하고 나서자 더욱 분개했다. 이에 여범이 손책에게 한 가지 제안을 했다.

"제가 듣기로 우 도인은 능히 기도로써 비바람을 부르는 능력이 있다고 합니다. 지금 백성들이 극심한 가뭄으로 고통을 받고 있으니 우 도인에게 비를 내리게 하여 속죄토록 하면 어떻겠습니까?"

손책이 듣고 보니 묘안이었다. 우길에게 그 같은 능력이 없다고 판단한 손책은 백성들의 동요를 막으면서 우길을 죽일 수 있는 명분을 얻게 된 셈이었다. 손책은 쾌히 승낙했다.

"당장 기우제 제단을 만들어라!"

손책의 명을 받은 군사들은 즉시 거리의 광장에 제단을 세웠다. 우길은 목욕하고 새 옷으로 갈아입은 뒤 제단 위에 앉았다. 백성들이 소문을 듣고 제단이 세워진 거리로 구름처럼 모여들었다. 그들은 모두 우길의 신통력을 보고 싶어 했다. 우길은 자신을 따르는 이들을 지그시 바라본 후 담담하게 말했다.

"내가 대지에 단비를 내려 만백성을 구한다 해도 결국엔 죽음을 면할 수 없겠구나."

사람들이 이구동성으로 말했다.

"비를 내리게 하시면 주공께서도 감복하셔서 반드시 목숨을 살려주실 것입니다."

우길은 고개를 가로저으며 조용히 탄식했다.

"내 천명도 여기까지다. 이번에는 나도 어쩔 수 없다."

우길은 밧줄을 찾아 스스로 자신의 몸을 결박했다.

이때 손책이 몸소 단 앞에 나와서 큰 소리로 외쳤다.

"만약에 오시(낮 12시)까지 비를 내리지 못하면 즉시 우길을 화형에 처할 것이다."

그러고는 군사들을 시켜 제단 아래 장작더미를 쌓게 했다. 시간이 흘러 어느덧 오시가 가까워졌다. 난데없이 광풍이 일더니 사방에서 검은 구름이 모여들었다. 그러나 비는 오지 않았다.

우길을 따르는 수만에 이르는 신도들은 비가 오지 않자 당황하여 소리 높여 울었다. 이에 손책은 신경이 날카롭게 곤두섰다. 그에게 우길은 진짜 신선이든 아니든 상관이 없었고, 무조건 죽여야 할 대상일 뿐이었다. 손책이 형을 집행하는 관리를 향해 크게 소리쳤다.

"보아라! 약속한 시각이 되었어도 비가 오지 않는다. 도사니 신선이니 하는 자들은 모두 백성을 미혹하는 사기꾼에 불과하다. 당장 불을 질러라!"

관리는 명령을 받고 주저했지만, 손책이 성난 목소리로 재차 독촉하자 마지못해 장작에 불을 붙였다. 시뻘건 불길이 바람을 따라 빠른 속도로 번져 갔다.

잠시 후 우길의 모습은 화염에 덮이고 말았다. 이때 화염 속에서 한 줄기 검은 연기가 하늘로 치솟아 한곳에 이르자 갑자기 천지를 진동하는 우렛소리와 함께 비가 쏟아지기 시작했다. 이윽고 그 비는 억수같이 퍼붓는 장대비로 변했다.

대지는 삽시간에 온통 물바다가 되었다. 족히 세 길이 넘게 내린 장대비였다. 장작더미에 타오르던 불길도 순식간에 꺼져 버렸다.

이때 제단 위의 우길이 느닷없이 하늘을 우러러 크게 외쳤다. 그러자 놀랍게도 먹구름이 걷히고 비가 멎더니 다시 해가 나왔다.

관리가 놀라 제단 위를 살펴보니 우길이 반듯이 누워 있었다. 모여든 백성들이 서로 앞을 다투어 우길에게 달려가 그를 부축하여 땅에 내려서게 했다. 그곳에 있던 백성과 관원들이 모두 우길의 앞에

꿇어 엎드려 절하며 칭송을 아끼지 않았다.

손책도 놀라기는 마찬가지였다. 그는 설마 했던 일이 눈앞에 현실로 나타나자 놀라움과 감탄으로 한동안 말을 잇지 못했다. 그러나 장수들이 의복이 젖는 것도 아랑곳하지 않고 백성들과 함께 우길 앞에 엎드린 모습을 보자 또다시 심사가 뒤틀렸다.

"비를 내리는 것도 가뭄이 계속되는 것도 모두 하늘이 정한 이치이다. 이 요사스러운 늙은이가 비가 올 때를 맞춰 사기를 친 것인데 너희들은 어찌하여 이렇듯 쉽게 속아 넘어가는 것이냐? 당장 저 요사스러운 늙은이를 참하라!"

그러나 손책의 불호령에도 신하들은 누구 하나 명령을 따르지 않았다. 오히려 그들은 우길을 처형해서는 안 된다며 손책을 만류했다. 그럴수록 손책의 분노는 더욱더 커져 하늘을 찌를 듯했다.

"너희들이 우길을 도와 나에게 모반할 작정이냐!"

손책의 서슬 퍼런 질책에 압도된 한 군사가 엉겁결에 그만 칼을 들어 우길의 목을 내리쳤다. 베인 머리가 땅바닥에 떨어져 뒹굴었다. 그런데 끊어진 우길의 목에서 한 줄기 푸른 기운이 일더니 천천히 동북쪽으로 사라져 갔다. 우길이 참수당하자 그곳에 모여 있던 백성과 관원들은 모두 큰 충격을 받고 두려워 어찌할 바를 몰랐다. 그 모습을 본 손책이 고함을 내질렀다.

"모두 정신을 차려라! 요망한 짓거리로 나라를 어지럽힌 우길의 목을 거리에 높이 매달아 본보기로 삼게 하라!"

사람들은 그런 손책의 모습에서 마치 악귀를 보는 듯 섬찟함을 느꼈다.

그날 밤, 검은 구름이 일더니 난데없이 세찬 비바람이 몰아쳤다. 새벽녘이 되자 우길의 시체와 머리가 감쪽같이 사라져 버렸다. 시체를 지키던 군사는 매우 놀라서 손책에게 이 사실을 보고했다.

손책이 화가 나서 그 군사를 죽이려 하는데, 문득 한 노인이 자신을 향해 천천히 걸어오는 모습이 보였다. 그 노인이 가까이 다가오자 손책은 소스라치게 놀랐다. 그는 바로 자신이 죽였던 우길이 아닌가.

"이 요망한 늙은이! 어찌 귀신이 되어 내 앞에 다시 나타났느냐?"

손책은 장검을 빼 들고 우길을 베려고 했다. 그러나 검을 채 휘두르기도 전에 갑자기 정신을 잃고 땅에 쓰러졌다.

이 일이 있고 나서 손책은 밤마다 우길의 환영과 환청에 시달리더니 결국 온몸의 상처가 도져 피를 토했다.

손책은 자신의 목숨이 다했음을 직감하고 길게 탄식했다.

"내 이제 더는 살기 힘들 것 같구나."

손책은 곧 사람을 시켜 장소와 동생 손권을 비롯한 측근들을 불렀다.

"천하가 혼란스러운 지금, 우리 오월 땅은 세 강의 요충지를 끼고 있어서 큰 뜻을 펼치기에 매우 유리하오. 그대들은 부디 내 아우를 도와 대업을 이루어 주시오."

그러고는 손권에게 장군의 도장과 끈을 넘겨주며 당부했다.

"강동의 대군을 인솔하여 적과 싸워서 승리를 얻는 일은 네가 나보다 힘에 부칠 것이다. 하지만 충직한 신하를 쓰고 뛰어난 통솔력을 발휘하여 국력을 키워 나가는 일은 네가 나보다 낫다. 그러니 너는 아버지께서 동오 땅에서 군사를 일으키셨을 때의 어려움과 고통을 잊지 말고 그 뜻을 기려 스스로 도모하도록 하여라!"

손권은 목 놓아 울며 절한 뒤 도장과 끈을 받았다. 손책은 다시 어머니 오태부인에게 작별을 고했다.

"이 아들의 천명이 다하여 더는 어머니를 모실 수 없게 되었습니다. 먼저 이승을 떠나는 불효자를 용서하십시오. 이제 강동의 인수를 아우에게 넘겼으니, 어머니께서는 부디 아침저녁으로 아우를 깨우쳐 주십시오. 그리고 결정하기 어려운 문제가 생기거든 내부의 일은 장소에게 묻고, 외부의 일은 주유에게 물으십시오."

손책은 다시 여러 동생을 불러서 일일이 작별 인사를 나누며 당부했다.

"내가 죽거든 너희는 형 중모(손권)를 도와 대업을 이루도록 해라. 만약 집안에 딴마음을 품는 자가 있거든 힘을 합쳐 그를 죽여야 한다."

동생들이 그러겠다고 맹세하자, 손책은 아내 교부인에게 손권을 돕는 것이 곧 자신의 믿음을 저버리지 않는 것이라고 당부했다. 말을 마친 손책이 눈을 감으니, 이때 그의 나이 겨우 스물여섯 살이었다.

손권은 손책의 뒤를 이어 동오의 주인이 되었다. 이때 그의 나이는 열여덟이었다. 손권은 얼굴이 네모나고 입이 크며 눈이 푸르고 수염은 자색이었다. 사람들은 손책의 형제 중 손권은 어린 시절부터 제왕이 될 상이라고 칭찬했다. 장소는 손권을 정전으로 청하여 문무 백관의 하례를 받게 했다. 이때 파구를 지키던 주유가 손책의 사망 소식을 듣고 달려왔다. 주유는 손권에게 노숙을 추천했다.

"예로부터 사람을 얻은 나라는 번창하고 사람을 잃은 나라는 멸망한다고 했습니다. 청컨대 저보다 나은 사람을 추천하여 주공을 보필토록 하고 싶습니다. 그의 이름은 노숙이며, 가슴에 큰 책략을 품었고, 병법에도 밝으니 주공께서 그를 불러서 귀히 쓰시기 바랍니다."

손권은 기뻐하며 즉시 노숙을 청했다. 과연 주유의 말처럼 노숙은 지혜가 뛰어나며 덕이 높아 손권은 그를 마음으로 존경하게 되었다. 이후 손권은 노숙과 더불어 종일토록 천하 대사를 이야기하며 그를 의지하였다. 그러던 어느 날, 손권은 노숙과 술자리를 함께하며 물었다.

"지금 한나라 황실은 기울고 천하가 혼란스러운데 나는 부친과 형의 대업을 이어받아 제나라의 환공[22]이나 진나라의 문공[23]처럼 패업을 이루고자 하오. 그대는 무엇으로 날 가르치겠소?"

노숙이 대답했다.

"한나라 황실은 부흥할 수 없고, 조조도 일거에 제거하기 어렵습니다. 주공은 오직 강동을 차지하고 천하의 정세를 관망하며 때를 기다려야 합니다. 또 북방이 어지러운 틈을 타서 먼저 황조를 토벌하고 나아가 유표를 정벌해 장강 유역을 차지하십시오. 이후 황제의 이름을 내걸고 천하를 손에 넣는다면 이는 한나라 고조의 업적에 필적할 것입니다."

손권은 크게 기뻐하며 자리에서 일어나 옷을 여미고 노숙에게 감사를 표했다.

노숙은 손권에게 한 사람을 천거했는데, 그는 남양 땅에 사는 제갈근으로 학문이 깊고 인품이 훌륭했다.

손권은 제갈근을 청하여 대접한 후 물었다.

"공께서는 제가 동오를 어떻게 경영하면 좋겠습니까?"

"장군께서는 하북의 원소와는 손을 끊으십시오. 그는 머지않아 조조에게 패망할 것이니 장군께서는 조조를 따르는 척하며 기회를 엿보는 것이 좋겠습니다."

때마침 조조는 손책이 죽었다는 소식을 듣고 황제에게 청하여 손권이 토로장군 겸 회계 태수를 맡게 했다. 그리고 장굉을 회계군의 군사를 거느리는 도위로 임명했다.

손권은 기뻐하며 제갈근의 조언대로 원소와 관계를 끊고, 조조와 손을 잡았다. 또한, 장굉의 추천에 따라 고옹을 재상으로 삼았다. 이 때부터 손권은 강동에서 민심을 얻으며 인재를 모아 기반을 착실히 다져 나갔다.

49

관도대전

손권이 조조와 손을 잡고 세력을 키워 나가자 원소는 내심 불안했다.

'조조가 손권을 키워 주는 것은 나를 고립시켜 망하게 하려는 속셈이다. 이대로 당할 수만은 없지. 먼저 조조를 쳐야겠다.'

원소는 서둘러 기주, 청주, 유주, 병주 등에서 70만 대군을 일으켰다. 이때 감옥에 갇혀 있던 원소의 참모 전풍은 그 소식을 듣고 놀라서 편지를 보내 출정을 만류했다.

지금은 전쟁할 때가 아닙니다. 조용히 하늘이 도와주는 때를 기다려야 합니다. 지금 대군을 일으켰다가는 반드시 큰 곤경에 처할 수 있습니다.

전풍은 때와 형세의 변화를 읽고 대책을 세우는 뛰어난 전략가였다. 그는 감옥에 갇혀서도 충성을 다했지만, 원소는 고맙게 여기기는커녕 화를 내며 오히려 전풍의 목을 베려 했다. 그러자 전풍의 충성심을 잘 아는 많은 관원이 원소를 말렸다. 이에 원소는 전쟁을 마치고 돌아온 뒤에 전풍의 죄를 다스리기로 했다.

원소군이 허도로 진격하자 조조는 순욱에게 허도를 지키게 한 후 7만의 군사를 이끌고 관도로 나아갔다.

원소도 관도에 이르러 진영을 구축하고 전투 준비에 나섰다. 이때 저수가 원소에게 조언했다.

"우리 군사는 많고 적의 수는 적습니다. 또한, 저들은 군사가 먹을 식량과 말의 먹이가 우리보다 적습니다. 적은 속전속결[24]이 유리하고, 우리는 시간을 끌수록 유리합니다. 만약 우리가 수비에만 치중하고 시간을 끌면 적은 제풀에 지쳐 물러가게 될 것입니다."

그러자 원소는 화를 벌컥 냈다.

"전풍이 재수 없는 말을 지껄여 처형하기로 했거늘, 이젠 너까지 군사의 사기를 떨어뜨리려는 것이냐?"

원소는 한참 욕을 퍼부은 후 병사들에게 명령했다.

"저수를 가두고 자물쇠를 단단히 잠가라! 전쟁이 끝난 후 전풍과 함께 처형하겠다."

원소의 분노한 모습을 본 장수들은 아무도 저수를 돕기 위해 나서지 못했다.

한편 조조는 참모들과 전략 회의를 열었다. 순유가 의견을 냈다.

"원소의 군사는 그 수가 많지만 오합지졸입니다. 반면 우리는 모두 정예 군사라 혼자서 충분히 열 명을 상대할 수 있습니다. 다만 식량이 충분하지 못하니 속전속결로 전쟁을 끝내야 합니다."

"내 생각과 같소."

조조는 장료와 허저를 보내 원소군을 공격하게 했다. 원소는 장합과 고람을 보내 맞서게 했다. 네 장수는 두 패로 나누어서 전투를 벌였지만, 쉽사리 승부가 나지 않았다. 그러자 조조는 하후돈과 조홍에게 각각 3천 명의 군사를 거느리고 적진을 돌파하라고 명했다.

원소의 모사 심배는 조조의 군사들이 쳐들어오는 것을 보고 즉시 신호를 보냈다. 그러자 1만의 궁노수들이 조조군을 향해 일제히 활을 쏘았다. 조조의 군사들은 소나기처럼 쏟아지는 화살을 감당해 내지 못하고 갈팡질팡하기 시작했다. 그러자 하후돈과 조홍은 군사를 돌려 남쪽으로 달아나기 시작했다.

"적들이 도망친다. 한 놈도 남기지 말고 사로잡아라!"

원소는 기세등등하여 도망치는 조조군을 추격하기 시작했다. 선두가 무너진 조조군의 후진은 원소군의 창검 아래 맥없이 쓰러져 갔다.

원소의 대군에 비해 병력이 절대적으로 부족했던 조조군은 제대로 전투를 치르지도 못한 채 수십 리를 쫓겨 가서야 군사를 수습했다. 이에 원소도 군사를 관도 땅 가까운 곳으로 이동시키고 진영을 구축했다. 이때 심배가 원소에게 계책을 올렸다.

"조조의 진영 앞에 흙으로 산을 쌓은 뒤 그 위에서 조조의 진영 안으로 활을 쏘게 하십시오. 조조가 관도 땅을 버리고 달아난 후 우리가 이곳을 차지하면 허도를 쉽게 격파할 수 있습니다."

원소는 군사들을 선발하여 조조의 진영 앞에 흙산을 만들게 했다. 조조의 군사들은 원소군의 작업을 막으려 했지만 심배가 궁수들을 이끌고 길목을 막으며 활과 쇠뇌(여러 개의 화살을 한꺼번에 쏘는 활의 한 종류)를 쏘아 대자 손을 쓸 수 없었다.

열흘이 지나자 원소군은 조조의 진영 앞에 50여 개의 흙산을 쌓았다. 흙산 위에서 궁수들이 조조의 진영을 향해 화살을 쏘아 대자 조조의 군사들은 방패로 몸을 가린 채 다녀야 했다. 조조는 점점 초조해지기 시작했다. 그러자 책사 유엽이 계책을 내놓았다.

"바위를 쏘아 보내는 발석차를 만들어서 흙산을 무너뜨려야 합니다."

조조가 허락하자 유엽은 며칠도 되지 않아 발석차 수백 대를 만들었다. 원소의 궁수 부대가 다시 흙산에서 활을 쏘아 대자 조조군은 발석차로 일제히 바위를 쏘았다. 커다란 바위들이 동시에 날아가 흙산을 무너뜨리자 궁수들은 산 아래로 떨어져 목숨을 잃었다. 이렇게 되자 원소군은 더는 흙산에 올라가 활을 쏠 엄두를 내지 못했다.

심배가 다시 계책을 올려 몰래 땅굴을 파서 조조의 진영을 습격하도록 했지만, 유엽이 이를 간파하고 진영 둘레에 긴 참호를 파고 대비하자 원소의 진영은 헛수고만 한 꼴이 되고 말았다.

이렇게 서로 대치하는 가운데 조조군은 후방 보급이 제대로 되지 않아 군사의 식량과 말의 먹이가 부족하게 되었다. 허도에 남은 순욱이 항상 식량의 보급을 신경 쓰고 있었지만, 기다리는 조조에게 늦게 전달될 때도 많았다.

시간이 흐를수록 상황이 불리해지자 조조는 관도를 버리고 허도로 돌아가 그곳을 근거로 원소와 전투를 벌일 생각까지 하게 되었다. 조조는 고민 끝에 허도로 서신을 보내 순욱의 의견을 물었다.

허도로 철군하여 그곳에서 원소와 승부를 가리려고 하는데 그대의 의견은 어떤가?

조조의 서신을 받은 순욱은 상황이 심각함을 깨닫고 바로 회신을 보냈다. 조조는 순욱의 서신을 받자마자 급히 뜯어 읽었다.

원소가 모든 병력을 이끌고 관도로 출정한 것은 주공과 더불어 승부를 매듭지으려는 의도입니다. 주공께서는 7만의 적은 병력으로 70만 대군을 상대하고 계시니, 만일 이번에 적군을 꺾지 못한다면 그가 천하를 품을 수 있는 결정적인 기회를 주게 됩니다. 이는 천하의 향방을 가늠하게 되는 중요한 계기가 될 것이니 부디 이 점을 깊이 헤아려 주십시오.

원소는 비록 대군을 거느리고 있지만, 인재를 알아보는 안목과 사람을 쓰는 능력이 부족합니다. 반면 주공께서는 무예와 용맹이 뛰어나시고, 명철하시니 원소를 능히 격파하고도 남으실 것입니다. 비록 우리 군사의 수가 적다고 하지만, 그 옛날 한고조가 형양, 성고 땅에서 항우와 싸웠던 때와 비교한다면 형편이 나은 편입니다. 주공께서는 굳게 진을 쳐서 적의 목덜미를 움켜잡고 숨통을 조인다면 반드시 승리를 거머쥘 기회가 올 것입니다. 그때야말로 원소를 무너뜨릴 때입니다. 결코, 관도 땅을 내어 주어서는 아니 됩니다. 주공께서는 이 점을 깊이 헤아려 주십시오.

순욱이 적극적으로 만류하자 마음이 흔들리던 조조는 관도를 사수하기로 했다. 조조는 휘하의 장수들을 불러 철군을 포기하고 죽기를 각오하고 싸울 것을 명했다.

조조가 진영을 굳게 지키면서 철수할 움직임을 보이지 않자 원소는 군사를 30리나 물렸다.

어느 날, 서황이 원소의 염탐꾼을 붙잡아 원소의 군량이 운반된다는 정보를 확보했다. 그 사실을 보고받은 조조는 서황과 사환에게 명령을 내려 군량의 보급로를 끊게 하고, 허저와 장료에게 그들을 돕게 했다.

이때 원소의 장수 한맹은 군량을 가득 실은 수천 대의 수레를 호송하고 있었다. 그는 산골짜기를 지나던 중 서황과 사환이 이끄는 조조군과 마주쳤다. 한맹과 서황 두 장수는 즉시 어우러져 한바탕 싸움을 벌였다. 사환은 그 틈을 타서 원소의 군사들을 물리치고 군량과 마초를 실은 수레에 불을 질렀다. 당황한 한맹은 수레를 남겨 둔 채 도망쳤다.

그 사실을 알게 된 원소가 크게 노하여 한맹을 처형하려고 하자 측근들이 만류했다. 이에 원소는 한맹을 일개 군졸로 강등시키고 목숨은 살려 두었다. 원소의 분노가 누그러지자 심배가 말했다.

"군사들이 전쟁을 수행하는 데 있어 가장 중요한 요소는 식량의 보급입니다. 그런데 오소는 우리 군사가 먹을 양식을 쌓아 둔 곳입니다. 믿을 만한 장수를 보내 반드시 굳게 지켜야 합니다."

원소는 오소 방어의 책임자로 순우경을 임명하고, 그에게 2만여 군사를 거느리고 지키게 했다. 그런데 순우경은 술을 좋아하고 성격이 거칠었다. 그런 이유로 순우경의 부장이 되어 그를 보좌하던 목원진과 한거자 등은 내심 불안했다. 그들의 염려대로 순우경은 오소가 매우 험난한 요새라는 것을 믿고 매일 술타령만 하며 지냈다.

한편 조조는 군량미가 바닥나자 후방의 순욱에게 군량과 건초를 보급하라는 서신을 적어 전령을 보냈는데, 채 30리도 못 가서 원소의 모사인 허유에게 붙잡히고 말았다.

조조의 어린 시절 친구였다는 이유로 평소 원소에게 신뢰받지 못했던 허유는 공을 세울 절호의 기회로 여겼다. 허유는 즉시 원소에게 허도를 야습하는 계책을 올렸다.

"조조는 지금 전 병력을 동원하여 우리와 맞서고 있습니다. 분명 허도는 텅 비어 있을 것입니다. 제게 군사 5천을 주시면 야습을 감행하여 허도를 점령하겠습니다. 그렇게 되면 조조는 관도를 포기하고 서둘러 허도로 돌아갈 것입니다. 그때 주공께서 조조의 뒤를 친다면 반드시 그를 사로잡을 수 있습니다."

그러나 원소는 허유의 계책을 신뢰하지 않았다. 오히려 순욱에게 보내는 서신이 조조의 계략일 것으로 의심했다. 허유가 어린 시절 조조의 친구였으며, 과거 탐관오리였다는 전력도 문제 삼았다. 때마침 허유를 믿으면 안 된다는 심배의 서신까지 도착하자 허유를 향한 원소의 불신은 더욱 커졌다.

"너는 필시 조조에게 뇌물을 받아먹고 그를 위해 첩자 노릇을 하고 있을 것이다. 지금 네가 올린 계책도 분명 나를 속여 조조에게 승리를 안기려는 수작이 분명하다. 당장 너를 처형해야 마땅하지만, 목숨만은 살려 주겠다. 앞으로 두 번 다시 내 앞에 나타나지 마라!"

원소를 위해 공을 세우려다가 오히려 누명만 쓰게 된 허유는 속으로 깊이 탄식했다.

"충성스러운 말은 귀에 거슬린다고 하더니 과연 그 말이 맞는구나. 저런 인간하고 어찌 천하를 논할 수 있으랴."

허유는 그 길로 조조에게 찾아가 투항했다. 조조는 크게 기뻐하며 맨발로 나가 허유를 맞이했다. 조조는 허유의 손을 잡고 자기 군막으로 맞아들인 후 허유에게 엎드려 절을 했다. 허유가 놀라서 조조를 부축해 일으키며 말했다.

"공은 한나라의 승상이고 저는 일개 선비에 불과한데 어찌 이러십니까?”

그러자 조조가 더욱 겸허하게 말했다.

“자네는 이 조조의 옛 친구가 아닌가? 친구 사이에 어찌 지위의 높고 낮음을 따지겠는가?”

허유는 기대와 우려 속에서 찾아온 조조에게 진심 어린 환대를 받자 몹시 감격하여 자신이 찾아온 까닭을 밝혔다.

“내가 사람을 보는 눈이 없어서 그동안 원소 같은 놈을 주인으로 섬기며 의탁했었소. 하지만 그는 나를 불신하며 계책을 말해도 써 주지 않고 어떤 충언을 해도 듣지 않았소. 이제 그를 버리고 옛 친구를 찾아왔으니 부디 거두어 주십시오.”

“자네가 이렇게 나를 찾아왔으니 천군만마를 얻은 것과 다름없네. 바라건대, 원소를 격파할 계책을 일러 주게.”

“사실 내 계획은 원소가 기병 5천을 내어 주면 그들을 이끌고 허도를 공격하는 것이었소. 만약 승상이 그 사실을 알고 관도를 버린 채 허도로 돌아가면 원소에게 그 뒤를 치라고 했소. 하지만 원소는 내 계책을 듣지 않고 오히려 누명을 씌워 날 내쫓았소.”

조조는 그 말을 듣고 매우 놀라며 감탄했다.

“원소가 자네의 계책을 실행에 옮겼다면 나는 분명 크게 패하고 말았을 것이네. 생각만 해도 소름이 돋네. 만약 자네가 원소를 공격한다면 어떤 계책을 세우겠는가?”

“그 계략을 세우기 전에 묻고 싶은 말이 있소. 지금 승상의 군영에 남은 식량이 어느 정도입니까?”

"1년은 버틸 수 있네."

조조가 대답하자 허유는 미간을 찌푸렸다.

"거짓말하지 마시오. 승상께서 나를 속이는데 어찌 내가 승상을 위해 좋은 계책을 낼 수 있겠소?"

허유의 말에 조조는 뜨끔했다. 그는 얼른 말을 바꾸었다.

"사실은 반년 정도일세."

조조가 말하자 허유는 자리를 박차고 일어나더니 한탄했다.

"나는 진심으로 옛 친구를 찾아왔건만 이렇게 사람을 속이니, 여기서 내가 무엇을 바라겠소."

허유가 군막 밖으로 나가려 하자 조조는 황급히 그의 소매를 붙들었다.

"지금 한 말은 농담일세. 솔직히 말하면 3개월 정도라네."

허유가 웃으면서 말했다.

"사람들이 승상을 간웅이라고 하더니 과연 틀린 말이 아니오."

조조도 웃으며 허유의 말을 받았다.

"자네는 병불염사[25]라는 말을 듣지 못했는가? 사실은 식량이 한 달치밖에 남지 않았네."

허유는 조조의 말에 실소를 머금지 못했다. 그는 조조가 순욱에게 보냈던 서신을 조조의 코앞에 내밀었다.

"나에게 더는 거짓말하지 마시오. 군량이 이미 거덜 나지 않았소?"

그제야 조조는 경계심을 풀고 허유의 손을 잡으며 말했다.

"서운하게 했다면 너그러이 용서하게. 지난날의 우정을 생각해서 나를 찾아왔으니 부디 가르침을 주기 바라네."

"내 계책대로 하면 원소의 100만 대군을 싸우지 않고도 무너뜨릴 수 있습니다. 원소의 보급 창고인 오소를 공격하십시오. 그곳의 식량과 보급품을 불태우면 원소군은 사흘 안에 자멸하게 될 것입니다."

허유는 또 조조에게 용맹스러운 군사들을 선발하여, 그들을 적군으로 변장시킨 후 오소를 공격하라고 조언했다. 조조는 그 의견을 받아들여 야간에 군사를 이끌고 오소로 갔다. 조조군은 몇 차례 원소군의 초소를 지나갔지만, 원소의 군사로 변장한 덕에 전혀 의심을 받지 않았다.

오소에 도착한 조조군은 먼저 보급 창고에 불부터 질렀다. 이때 오소의 수비대장 순우경은 술에 취해 있었다. 조조의 군사들은 그를 붙잡아 코와 귀를 자른 후 말에 태워 원소에게 보냈다.

오소가 불에 타자 장합은 먼저 오소를 구원하자고 건의했는데, 곽도는 위위구조[26]의 계략을 생각하여 관도의 조조 진영을 습격하자고 제안했다.

이에 원소는 장기에게 군사 1만 명을 주어 오소를 구원하도록 하고, 장합과 고람에게는 군사 5천 명을 이끌고 조조의 본진을 공격하도록 명했다. 그러나 장기는 조조의 장수 장료에게 기습을 당해 목숨을 잃었고, 그가 이끌던 1만의 군사는 전멸하고 말았다.

조조는 군사 한 명을 장기의 부하로 변장시킨 후 원소의 진영에 보냈다. 그 군사는 장기가 오소에서 조조군을 크게 무찔렀다고 보고했다. 거짓 보고에 속아 안심한 원소는 관도 쪽에만 응원군을 보냈다.

한편 관도로 쳐들어간 장합과 고람도 하후돈과 조인, 조홍의 군사들에게 삼면에서 포위되어 크게 패했다. 그들은 패잔병을 이끌고 도망치던 중 때마침 원소가 보낸 응원군을 만났다. 이에 장합과 고람은 군사를 수습하여 다시 조조의 진영으로 쳐들어갔다. 그러나 전투를 치르기도 전에 오소에서 돌아온 조조군이 그들의 뒤를 기습했다. 앞에서는 하후돈과 조인, 조홍의 군사들이 원소군을 에워싸고 사방에서 들이쳤다.

졸지에 사면초가[27]가 된 장합과 고람은 군사를 모두 잃고 간신히 포위에서 벗어나 도망쳤다.

한편 원소의 진영에서는 한바탕 소란이 벌어졌다. 귀와 코를 베이고 손가락이 잘린 순우경이 패잔병과 함께 본진으로 돌아온 것이다. 오소에서 장기가 조조군을 섬멸했다는 거짓 보고에 안심했던 원소는 매우 놀랐다.

패잔병 중 하나가 원소에게 순우경이 술에 취한 상태에서 조조군의 기습 공격을 받고 패했다고 보고했다. 이에 화가 난 원소는 그 자리에서 순우경의 목을 베어 버렸다. 그 모습을 목격한 원소의 장수들은 모두 불안에 떨었다. 원소는 패배를 용납하지 않았고, 자신들도 언제 순우경과 같은 처지가 될지 알 수 없었기 때문이었다.

이때 다시 관도로 출정했던 군사들의 소식이 들어왔다. 장합과 고람이 조조군에게 패하여 전멸당했다는 소식이었다. 원소는 그 소식을 듣자마자 불같이 화를 냈다. 곁에 있던 곽도는 좌불안석[28]이 되었다. 자신이 건의했던 계책이 실패했기 때문이다. 원소가 언제 돌변하여 자신을 추궁할지 모를 일이었다. 불안해진 곽도는 자신이 살기 위해 장합과 고람을 모함했다.

"장합과 고람은 평소 조조에게 투항할 생각을 하고 있었습니다. 그래서 전력을 다하지 않고 싸워 일부러 패한 것입니다. 그렇지 않다면 적은 수의 적군에게 어찌 쉽게 패할 수 있겠습니까?"

곽도의 말에 원소는 전후 사정을 알아볼 생각도 않고 화부터 냈다. 이미 그는 평정심을 잃고 있었다.

"내 이놈들을 가만두지 않겠다. 어디 돌아오기만 해 봐라."

원소가 장합과 고람이 돌아오기를 벼르자 곽도는 은밀히 사람을 보내 이 사실을 알렸다. 그 소식을 들은 두 사람은 원소의 본진을 향하던 말 머리를 돌려 조조에게 투항했다. 조조는 부대의 문을 활짝 열어 두 사람을 맞아들였다.

장합과 고람은 무기를 버리고 갑옷을 벗은 뒤 땅에 엎드려 조조에게 절했다. 그들이 투항하게 된 경위를 듣고 조조는 그들을 위로했다.

"만약 원소가 두 장군의 말을 들었다면 오늘처럼 패하지는 않았을 것이오."

조조는 장합을 편장군 도정후에, 고람은 편장군 동래후에 봉했다. 그 소식은 원소의 진영에도 전해졌다.

오소의 보급 창고를 잃고 허유에 이어 장합과 고람까지 조조에게 투항하자 원소군의 사기는 땅에 떨어졌다. 반대로 조조군의 사기는 드높았다.

오소를 쳐서 군량미까지 넉넉히 확보하자 조조군의 내부에서는 원소군을 단숨에 쳐야 한다는 의견이 쏟아졌다. 특히 허유는 자신의 전략이 성공하자 조조를 재촉했다.

장합과 고람도 조조의 환대에 보답하고자 선봉을 맡겠다고 자청했다. 조조는 허유의 의견을 받아들여 장합과 고람을 선봉에 세워 원소의 진영을 공격하게 했다. 원소군의 사정을 잘 아는 장합과 고람은 밤이 되기를 기다려 야습을 감행했다. 원소의 군대는 대군이었지만 불시에 기습 공격을 받자 큰 혼란에 빠졌다.

어둠 속에서 서로 구분조차 할 수 없는 전투는 새벽이 되도록 이어졌다. 장합과 고람이 군사를 수습해 물러났을 때 70만 대군을 자랑하던 원소의 병력은 태반이 줄어 있었다.

장합과 고람이 승리를 거두고 돌아오자 조조는 모사들에게 원소를 무너뜨릴 전략을 세우게 했다.

순유가 계책을 내자 조조는 자신의 부대를 둘로 나누어 한편으로는 산조를 취해 업군을 공략하고, 다른 한편으로는 여양을 취해 원소의 퇴로를 끊겠다는 헛소문을 퍼뜨렸다. 이 소문을 들은 원소는 즉시 자신의 부대를 양쪽으로 나누어 여양과 업도로 급파했다. 그러자 원소의 본진은 눈에 띄게 병력이 줄었고, 조조는 그 틈을 노려 일시에 원소의 본진을 공격했다.

조조군이 쳐들어오자 열 배의 병력으로도 번번이 패했던 원소군은 겁을 집어먹고 뿔뿔이 흩어져 달아나기에 바빴다. 결국, 조조에게 대패한 원소는 겨우 8백여 군사를 거느린 채 기주로 도망치고 말았다. 조조군의 완전한 승리였다.

조조는 원소가 미처 챙겨 가지 못했던 금은보화와 비단을 군사들에게 골고루 나눠 주었다. 그리고 다시 원소의 막사를 뒤지다가 편지 한 묶음을 찾아냈다. 조조가 살펴보니 허도에 있는 대신들과 자신의 휘하 장수들이 원소와 몰래 주고받은 내용이었다.

조조의 측근들이 매우 놀라며 말했다.

"원소와 내통한 자들을 모두 처형해야 합니다."

그러나 조조는 껄껄 웃으며 고개를 가로저었다.

"원소가 강성하여 천하를 뒤흔들 때 나도 생명의 위협을 느꼈었다. 내가 그랬는데 하물며 다른 사람들이야 어떻겠는가?"

조조는 군사들을 시켜 그 서신들을 모두 불태워 버린 후 더는 거론하지 않았다. 이 일로 원소와 내통하던 자들은 가슴을 쓸어내리며 마음속 깊이 조조를 향한 충성을 다짐했다.

50

십면매복

한편 원소의 모사 저수는 옥에 갇혀 있던 탓에 도망치지 못하고 조조 앞에 끌려왔다. 조조는 손수 오랏줄을 풀어 주며 저수를 회유하기 위해 주둔지 내부에 머물게 하고 후히 대접했다. 그러나 저수는 마음을 돌리지 않고 기회를 엿보아 달아나다가 조조의 군사에게 붙잡혔다.

조조는 그의 마음을 돌리기 어렵다는 것을 깨닫고 결국 처형했다. 그러나 조조는 저수를 처형하고 나서 곧 후회하며 그의 죽음을 안타까워했다.

조조는 저수의 장례식을 성대하게 치러 주고 무덤에 '충렬저군지묘[29]'라는 묘비까지 세워 주었다.

한편 도망친 원소는 여산 기슭에서 하룻밤을 지내고 새벽을 맞았다. 그는 출병하지 말라는 전풍의 건의를 듣지 않은 것을 후회했지만, 이미 엎질러진 물이었다. 원소가 자책하고 있을 때 대장군 장의거와 봉기가 패잔병을 수습하여 원소를 찾아왔다. 그때쯤 뿔뿔이 흩어졌던 원소의 군사들도 소식을 듣고 개미 떼처럼 모여들기 시작했다. 원소는 얼마 있지 않아 상당한 병력을 확보하게 되었다.

원소는 기주로 돌아가 다시 기회를 엿보기로 했다. 길을 가는 도중에 원소는 무심코 봉기에게 푸념을 늘어놓았다.

"내가 전풍의 말을 들었더라면 지금 같은 처지가 되지 않았을 걸세. 이제 돌아가면 그를 무슨 면목으로 봐야 할지 모르겠네."

그런데 봉기는 평소 전풍과 사이가 나빴다. 그는 원소가 기주로 돌아가서 전풍을 중요한 자리에 앉힐 것이 두려웠다. 그래서 전풍을 헐뜯기 시작했다.

"전풍이 감옥 안에서 주공이 패했다는 소식을 듣고 자신의 말대로 되었다고 뽐내더랍니다."

참담한 패배로 속을 끓이던 원소는 봉기의 말에 이성을 잃었다. 그는 사실 관계를 확인하지도 않고 분노하며 이를 갈았다.

"그놈이 죽으려고 실성했구나. 내 당장 그놈을 처형하겠다."

이때 전풍은 원소가 관도 전투에서 대패했다는 소식을 듣고 식음을 전폐했다.

'원소는 겉으로 관대한 척해도 속이 좁아서 충신과 간신을 구분할 줄 모른다. 이번에 원소가 내 말을 듣지 않고 관도에서 크게 패했으

니 반드시 나를 죽이려 할 것이다.'

그의 예감은 적중했다. 봉기의 모함인지도 모르고 원소는 사자를 앞서 보내 전풍을 죽이라고 명한 것이다. 이 사실을 알게 된 전풍은 스스로 자결하고 말았다.

원소는 기주로 돌아온 후 한동안 정사를 제쳐 둔 채 분노와 번뇌로 밤을 지새웠다. 그런 와중에 원소의 후처 유씨가 자신이 낳은 원상을 후계자로 세울 것을 재촉하고 나섰다.

원래 원소에게는 세 아들이 있었다. 큰아들인 원담은 청주 지방을, 둘째 아들인 원희는 유주를 다스렸다. 그러나 원소는 셋째 원상만은 늘 곁에 두고 아꼈다. 세 아들 중 가장 용모가 준수하고 늠름한 원상을 자신의 후계자로 내정해 두었기 때문이었다. 그런 원소의 마음을 잘 아는 유씨는 관도에서의 패배 후 후계 구도에 변화가 올 것을 두려워했다. 그래서 원소에게 서둘러 원상을 후계자로 삼아 달라고 조른 것이다. 그러나 원소는 장남과 차남을 제쳐 두고 막상 막내아들을 후사로 내세우자니 망설여졌다.

고민하던 원소는 심배, 봉기, 신평, 곽도 네 사람을 불러 후계자 선정 문제를 의논했다. 그런데 네 사람은 서로 의견이 달랐다. 심배와 봉기는 원상을 옹립하려고 했고, 곽도와 신평은 원소의 장남인 원담을 지지했다.

원소가 넌지시 원상을 후계자로 내정한 뜻을 비치자 곽도가 만류하고 나섰다.

"지금 후사를 논한다면 필시 형제 간에 다툼을 초래하게 될 것입니다. 관도에서의 패전으로 군사의 사기는 땅에 떨어졌고, 조조군은 우리 영토를 넘보고 있습니다. 지금은 후사를 세우는 일보다 적을 막을 계책을 세우는 일이 급선무입니다."

곽도가 한 말은 원담이 돌아온 후 후사를 의논하기 위해 시간을 벌려는 의도였지만 틀린 말도 아니었다. 그래서 원소는 쉽게 결정을 내리지 못했다.

이때 병주에 있던 원소의 조카 고간이 군사 5만을 이끌고 기주성으로 왔다. 원소가 관도에서 패했다는 소식을 듣고 달려온 것이다. 이어 장남 원담도 청주에서 군사 5만을, 차남 원희도 질세라 군사 6만을 이끌고 왔다. 이에 원소는 크게 기뻐하며 후사를 세우는 일을 뒤로 미루고 조조를 물리칠 궁리부터 했다.

원소는 아들들과 함께 군사를 재편성한 후 다시 한 번 조조와 자웅을 겨루기 위해 출정했다. 원소군이 창정에 이르러 진을 치자, 그 소식을 들은 조조도 군사를 모두 이끌고 창정으로 갔다. 이렇게 해서 양측은 창정에서 맞서게 되었다.

양쪽 군사가 전투 태세를 갖추자 원소는 세 아들과 휘하의 장수들을 거느리고 진 앞으로 나섰다. 조조도 휘하의 장수들을 이끌고 진 밖으로 나서며 원소를 꾸짖었다.

"너는 패하여 도망치고도 어찌 항복하지 않고 다시 싸우려 드는 것이냐! 이 조조의 칼이 네 목을 벤 후에는 후회해도 소용없을 것이다!"

그러자 원소가 좌우를 돌아보며 성난 목소리로 물었다.

"누가 나가서 저 역적 놈의 목을 가져오겠느냐?"

이에 원상이 마치 기다렸다는 듯 쌍칼을 휘두르며 조조를 향해 말을 달려 갔다. 그는 아버지가 보는 앞에서 자신의 용맹을 자랑하고 싶었다. 그 모습을 본 조조가 좌우를 향해 물었다.

"저 장수는 누구냐?"

그러자 원상을 알아본 사람이 대답했다.

"원소의 막내아들 원상인 것 같습니다."

그 말이 채 끝나기도 전에 조조의 진영에서 한 장수가 창을 휘두르며 말을 달려 나갔다. 서황의 부장인 사환이었다.

두 장수는 곧 맞붙어서 싸우기 시작했다. 그러나 불과 3합을 겨루고 원상은 말 머리를 돌려서 달아났다. 이에 사환은 원상을 사로잡아 공을 세울 생각에 급히 원상을 추격했다. 그러자 원상은 몸을 돌려 사환을 겨누고 화살을 쏘았다.

화살은 바람을 가르고 날아가 사환의 왼쪽 눈에 명중했다. 사환이 말에서 떨어져 목숨을 잃자 원소의 진영에서 군사들이 일제히 함성을 질렀다.

원소는 아들의 승리에 힘을 얻어 조조군을 향해 돌진했다. 양군은 서로 죽고 죽이며 혼전을 벌였다. 그러나 쉽게 승부가 나지 않자 양군은 북을 울려 군사를 거두었다.

조조는 원소군의 만만치 않은 전투력에 내심 놀라며 정면 승부는 힘들다고 판단했다. 이때 정욱이 십면매복[30]의 계책을 권했다.

"군사를 황하 강변으로 퇴각시켜 열 개 부대로 나누어 매복하고 원소를 그곳으로 유인하십시오. 우리 군사는 후퇴할 길이 없으므로 죽을 각오로 싸울 것이고, 결국 원소에게 승리하게 됩니다."

조조는 고개를 끄덕이며 만족했다.

이튿날, 조조는 정욱의 의견대로 군사를 모두 열 개 부대로 나누어 강변에 매복시켰다. 밤이 되자 허저는 원소의 진영을 야습했다. 원소의 군사들이 나와서 맞서자 허저는 슬며시 말 머리를 돌려 달아났다. 유인책인 줄 알 리 없는 원소군은 그 뒤를 맹렬한 기세로 추격했다.

허저는 원소의 군사들을 황하의 강변까지 유인했다. 앞에는 시퍼런 강물이요, 뒤에는 원소의 군사들이 추격해 오고 있었다. 원소는 그들을 독 안에 든 쥐라고 여겼다. 이때 그곳에 대기하고 있던 조조가 큰 소리로 외쳤다.

"앞은 강이다. 이제 더는 도망갈 수 없다. 모든 군사는 죽기를 각오하고 싸워라."

조조는 군사들에게 배수의 진을 치고 결사 항전하도록 독려했다. 조조의 외침을 신호로 허저는 달리던 말의 방향을 되돌려 원소군을 향해 마주 달려갔다. 군사들도 일제히 돌아서서 그 뒤를 따랐다.

허저는 기세등등하게 추격해 오던 원소의 장수 10여 명의 목을 단숨에 베었다. 사기가 오른 조조군은 죽을힘을 다해 싸웠다. 조조군이 갑작스럽게 반격하자 원소군의 선봉은 순식간에 무너졌다.

원소군이 조조군의 공격을 감당하지 못하고 퇴각할 때였다. 좌우에 매복해 있던 하후연과 고람이 군사들을 거느리고 달려 나와 원소의 군사들을 공격하기 시작했다.

갑작스러운 매복 공격에 놀란 원소의 군사들은 앞다퉈 달아나기에 바빴다. 원소는 세 아들과 겨우 포위망을 뚫고 빠져나와 한참을 달려가는데 이번에는 악진과 우금이 군사들을 거느리고 나타났다.

악진과 우금의 공격에 원소의 군사들은 추풍낙엽처럼 쓰러졌다. 들판은 곧 원소군의 시체로 뒤덮였고, 흐르는 피는 도랑을 이룰 지경이었다.

원소는 이번에도 간신히 포위망을 뚫었으나 그것으로 끝이 아니었다. 이번에는 서황과 이전이 나타나 원소군을 공격했고, 그들의 공격을 겨우 벗어났을 때 한 떼의 매복을 다시 만났다. 장료와 장합이 이끄는 군사들이었다. 원소군은 그들의 공격을 피해 창정이라는 곳까지 달아났다.

하지만 그곳엔 십면매복의 마지막 부대인 하후돈과 조홍이 그들을 기다리고 있었다. 또다시 조조군의 공격을 받게 된 원소는 이번엔 도망치지 않고 결사 항전을 택했다. 원소는 칼을 뽑아 들고 앞장서 나가며 외쳤다.

"모두 들어라! 앞에도 적, 뒤에도 적, 사방이 적이다. 우리에겐 이제 싸우는 길 외에 선택의 여지가 없다. 죽기를 각오하고 적을 물리치면 살겠지만, 그렇지 않으면 죽음이 있을 뿐이다!"

이에 군사들도 용기를 내서 하후돈과 조홍의 군사들과 맞서 싸웠다. 원소군의 맹렬한 기세에 밀려 하후돈과 조홍의 군사들이 물러나자, 원소는 비로소 조조군의 추격을 벗어났다. 하지만 차남인 원희와 조카 고간은 부상을 당했고, 군사는 태반이 줄어 있었다.

관도에서의 패배를 설욕하려던 원소는 창정 전투에서 또다시 참패하자 비통한 마음을 가눌 길 없었다. 휘하 장수인 순우경, 장기, 장합, 고람, 모사인 저수와 전풍, 허유는 목숨을 잃거나 조조에게 투항했다.

원소는 망연자실하여 세 아들을 끌어안고 통곡하다가 피를 토하며 정신을 잃었다. 잠시 후 정신이 든 원소가 탄식했다.

"내 평생 수많은 전투를 치르면서 오늘처럼 참담한 패배를 당해본 적이 없었다. 이는 하늘이 나를 저버린 것이다."

원소는 장남인 원담을 불러 곽도와 신평을 데리고 청주로 돌아가서 조조의 침범에 대비하라고 당부했다. 이어 차남인 원희와 조카 고간도 각자 그들이 다스리던 유주와 병주로 돌려보냈다. 그리고 자신은 막내 원상과 함께 기주로 향했다.

51

유표에게 의지한 유비

조조의 참모들은 기주로 쳐들어가자고 제안했으나 조조는 추수철이 지난 후 공격한다고 결정했다. 때마침 허도에서 순욱이 보낸 연락병이 달려와서 보고했다.

"유비가 허도를 공격해 오고 있습니다."

"뭣이 유비가 감히……."

조조는 깜짝 놀라 조홍에게 군사를 이끌고 황하 일대에 주둔하게 한 뒤, 자신은 대군을 이끌고 여남으로 갔다. 이때 유비도 허도로 진군하고 있었다. 양쪽 군대는 양산에서 마주쳤다.

조조가 유비를 꾸짖었다.

"나는 너를 귀한 손님으로 정성껏 대접했다. 그런데 어째서 의리를 저버리고 나를 공격하려는 것이냐?"

"너는 한나라의 승상이지만 사실은 나라의 도적이다! 나는 황제 폐하의 명을 받들어 역적을 치러 왔다."

유비도 황제의 비밀 편지를 읽어 가며 역적 토벌의 명분을 밝혔다. 조조는 화가 나서 허저에게 명을 내려 나가 싸우게 했다. 그러자 유비 측에서 조운이 나와서 맞섰다. 두 장수가 한참을 어우러져 싸웠지만 승부가 쉽게 나지 않았다. 이에 관우와 장비가 달려 나와 조조군을 공격했다.

원소군과의 전투에서 지친 몸으로 먼 길을 달려온 조조의 군대는 맥없이 무너졌다. 조조는 후퇴를 명령했다.

승리한 유비는 기분이 좋아져서 장수들을 둘러보며 말했다.

"조조의 대군과 싸워서 쉽게 승리할 줄은 생각도 못 했소."

관우가 말했다.

"조조를 얕잡아 보시면 안 됩니다. 그는 꾀가 많고 영리해서 무슨 일을 꾸밀지 두렵습니다."

유비는 다음 날부터 조운과 장비를 보내 계속 싸움을 걸었다. 하지만 조조는 응하지 않았다. 대치 상태는 열흘간 계속되었다. 유비는 싸움을 피하는 조조의 의도를 몰라 불안했다.

"대체 무슨 꿍꿍이지?"

유비의 불안감은 현실이 됐다. 군량미를 나르던 공도가 조조군에게 포위당했고, 하후돈이 여남을 공격한다는 소식이 들어왔다. 유비는 깜짝 놀랐다.

"관우의 말이 옳았다. 조조는 우리를 이곳에 잡아 두고 뒤로는 우리의 근거지를 치러 갔구나. 잘못하다간 우리가 돌아갈 곳이 없어지게 된다."

유비는 급히 관우와 장비에게 명했다.

"장비는 공도를 구하고 관우는 여남으로 가서 하후돈을 막게."

그런데 다음 날 믿었던 유벽이 여남을 버리고 도망갔고, 관우와 장비는 포위됐다는 보고가 들어왔다.

"조조를 만만하게 본 내 실수로구나."

유비는 밤이 되기를 기다려 몰래 군사들에게 후퇴 명령을 내렸다. 그러나 얼마 못 가서 허저와 우금, 이전, 장합, 고람 등 조조의 장수들이 유비를 추격해 왔다.

"유비를 놓치지 마라!"

유비가 놀라서 화급히 달아날 길을 찾자 조운이 앞장서며 말했다.

"주공께서는 걱정하지 마십시오. 제가 길을 열겠습니다."

조운이 창을 꼬나들고 말을 달려 길을 뚫자, 허저가 달려와 앞을 막아섰다. 조운과 허저가 맞붙어 싸우는데 이번에는 우금과 이전이 달려왔다.

형세가 위급해지자 유비는 방향을 잃고 허둥지둥 달아났다. 고함과 무기가 맞부딪치는 소리가 점점 멀어지고 있었다. 유비는 비로소 숨을 돌리며 뒤를 돌아보았다. 뒤따르던 부하가 하나도 없었다. 유비는 홀로 말을 몰아 계속 앞으로 나아갔다. 날이 밝아 올 무렵 갑자기 옆에서 한 떼의 군사가 불쑥 나타났다. 유비가 깜짝 놀라 살펴보니 군사를 이끄는 장수는 유벽이었다.

유벽은 손건, 미방과 함께 여남에서 군사 1000여 명을 이끌고 유비의 가족들을 보호하며 오는 길이었다. 손건과 미방이 유비에게 말했다.

"하후돈의 공격을 버티지 못하고 성을 버리고 탈출했는데 다시 조조의 군사에게 쫓기게 되었습니다. 때마침 관우 공이 막아 주어 피할 수 있게 되었습니다."

유비는 유벽 일행을 뒤따르게 하고 앞장서 길을 나섰다. 그러나 얼마 가지 못해서 장합이 이끄는 조조의 군대와 마주쳤다. 장합이 소리쳤다.

"유비는 당장 말에서 내려 항복하라!"

유비가 뒤로 물러서려는데 이번엔 고람이 군사를 이끌고 나타나 유비의 뒤를 막았다. 앞뒤로 포위당한 유비는 절망했다.

"하늘이 나를 돕지 않는구나. 사로잡힐 바엔 차라리 죽음을 택하겠다."

유비가 검을 뽑아 자신의 목을 베려 하자 뒤에서 유벽이 말을 몰아 달려오며 소리쳤다.

"제가 퇴로를 열겠습니다."

유벽은 고람을 공격했으나 그의 상대가 되지 못했다. 세 차례 공격을 주고받더니 이내 고람의 칼에 찔려 말 아래로 떨어지고 말았다. 유비가 당황해서 직접 고람과 싸우려는데 별안간 고람의 군사들 사이에서 소란이 일어났다. 곧이어 한 장수가 나타나 고람을 창으로 찔러 말에서 떨어뜨렸다. 유비가 놀라서 보니 조운이었다.

조운은 고람의 군사들을 모두 쫓아 버린 후 유비의 앞을 가로막은 장합과 홀로 싸웠다. 두 장수는 30여 차례 서로 공격을 주고받았고, 조금씩 밀리기 시작하던 장합은 말 머리를 돌려 물러났다.

조운이 기세를 몰아 공격해 가자 장합의 군사들은 좁은 길목을 지키며 맞섰다. 조운이 그들과 치열한 전투를 벌일 때였다. 때마침 관우가 관평과 주창을 데리고 300명의 군사와 함께 장합의 군사들을 뒤에서 공격했다. 조운과 관우의 협공에 장합의 군대는 버티지 못하고 달아났다.

위기를 벗어난 유비가 관우에게 말했다.

"장비가 조조군에 포위당해 어려움을 겪고 있다는 소식을 들었네. 자네가 달려가서 장비를 구해 오게."

한편 장비는 공도를 구하기 위해 달려갔으나 이미 공도는 하후연에게 목숨을 잃은 후였다. 장비는 하후연의 부대를 물리쳤으나 악진의 군사들에게 포위당해 고전하고 있었다. 이때 관우가 장비를 구하러 달려왔다.

"아우, 내가 왔다."

관우는 악진의 군사들을 물리치고 장비와 함께 유비에게 돌아왔다. 그러나 조조가 곧 대군을 이끌고 쫓아와 유비를 공격했다. 유비는 손건에게 명하여 자신의 가족을 데리고 먼저 길을 떠나게 했다. 그리고 관우와 장비, 조운과 함께 군사들을 이끌고 조조의 공격에 맞섰다. 그러나 적은 수로 대군과 맞서는 것은 자살 행위나 다름없었다. 결국 유비는 크게 패하여 달아났다.

조조는 유비를 추격했으나 거리가 멀어지자 쫓기를 포기했다. 살아남은 유비의 군사는 겨우 1000여 명에 불과했다. 유비는 한강에 이르러 패장이 된 자신의 처지를 생각하고 길게 탄식했다.

"나는 능력이 부족하여 그대들과 같은 훌륭한 장수들을 거느릴 자격이 없네. 이제 나를 버리고 각자 새 주인을 찾아 공을 세우게."

유비의 말에 장수들은 모두가 눈물을 흘리며 그를 위로했다. 이때 손건이 형주의 유표에게 몸을 의탁할 것을 권했다.

"유표는 황숙과 종친이시니 우리를 받아 줄 것입니다. 그분에게 몸을 의탁한 후 때를 기다리는 것이 좋겠습니다."

유비는 속으로 생각했다.

'유표는 나와 종친이기는 해도 왕래가 없었다. 그런데 날 받아 줄까?'

유표가 자신을 받아 줄지 확신할 수 없었지만, 유비에게 다른 선택지는 없었다. 그래서 일단 손건을 유표에게 보내 자신의 의사를 전하게 했다.

손건이 유표에게 유비를 받아 줄 것을 청하자 유표는 몹시 기뻐했다

"현덕은 황실 친척으로 촌수로 따지면 내 아우가 되오. 그동안 만나고 싶었지만, 기회가 없었소. 아우가 이곳으로 오겠다니 참으로 기쁘오."

이때 부하 장수인 채모가 반대하고 나섰다.

"안 됩니다. 유비는 먼저 여포를 따르다가 나중에 조조를 섬겼고, 최근에는 원소에게 의지했는데, 모두 끝이 좋지 않습니다. 지금 그를 받아들이면 언젠가 우리에게 창칼을 겨눌지도 모릅니다. 그를 믿을 수 없으니 손건의 목을 베어 조조에게 바치는 것이 좋습니다. 조조는 반드시 주공을 후하게 대우할 것입니다."

그러자 손건이 나서서 채모를 나무랐다.

"나는 죽음이 두렵지 않소. 유황숙의 나라를 위한 충성심은 이미 세상이 다 아는 사실이오. 그분은 조조나 원소, 여포 따위와 비교할 수 없소. 그들과의 인연은 모두 어쩔 수 없는 상황에서 맺어진 것이오. 그대는 더는 유황숙을 헐뜯지 마시오."

손건의 말을 듣고 유표는 채모를 꾸짖었다.

"내 뜻은 이미 정해졌네. 자네는 더는 말하지 말게."

유표는 곧 손건을 돌려보내 유비에게 자신의 뜻을 전하고 친히 형주성 밖으로 나가 유비를 맞이했다.

그 소식은 곧 조조에게 전해졌다. 조조는 형주로 쳐들어가 유비를 받아 준 유표를 응징하려고 했다. 그러자 정욱이 말리며 의견을 냈다.

"원소를 아직 응징하지 못했는데 갑자기 형주를 치면 그 틈을 노리고 원소가 쳐들어올 수 있습니다. 일단 허도로 돌아가셨다가 내년 봄에 날씨가 따뜻해지면 먼저 원소를 치십시오. 이후 형주를 차지하면 남과 북의 지리적 장점을 모두 얻을 수 있습니다."

정욱의 의견이 옳다고 여긴 조조는 군사를 돌려 허도로 돌아갔다.

52

형제의 분열

건안 7년(202년) 봄이 되자 조조는 하후돈과 만총을 여남으로 보내 유표를 막게 했다. 그리고 순욱과 조인을 허도에 남겨 지키게 하고는 자신은 친히 대군을 거느리고 관도로 나아가 진을 쳤다. 원소는 조조가 공격해 온다는 보고를 받고 직접 대군을 이끌고 조조와 맞서 싸우려 했다. 그러자 곁에 있던 원상이 말렸다.

"아버님은 몸이 아직 회복되지 않았습니다. 제가 군사를 이끌고 나아가 적을 막겠습니다."

원소는 허락하고, 사람을 보내 청주의 원담, 유주의 원희, 병주의 고간을 불러 조조군을 협공하게 했다.

그런데 원소의 셋째 아들 원상은 조조군을 만만하게 보고 형들이 오기 전에 단독으로 공격해 들어갔다. 조조는 장료를 보내 맞서게 했다.

원상은 호기롭게 장료를 맞아 싸웠으나 오래지 않아 승패가 드러났다. 원상은 장료의 상대가 되지 못했다. 원상은 패하여 기주성으로 달아났다.

원상의 패전 소식은 곧 원소에게 전해졌다. 원소는 충격을 받고 많은 피를 토해 내더니 곧 정신을 잃었다.

원소의 부인 유씨는 원소의 목숨이 다했다는 것을 느끼고 봉기를 불렀다. 그녀는 봉기와 함께 원소에게 후계자를 누구로 정할지 물었다. 그러자 원소는 대답하기도 힘든 듯 고갯짓으로 원상을 가리켰다. 그러고는 곧 피를 한 말 남짓 토하고 숨을 거두었다.

원소의 장례를 치른 후 심배와 봉기는 원상을 대사마장군으로 추대하고 기주, 청주, 유주, 병주의 자사를 겸하게 했다. 원상이 원소의 후계자가 되자 장남인 원담은 병을 핑계로 곽도를 대신 보내 정세를 살피게 했다.

곽도가 기주성에 가서 원상에게 인사하자 원상이 말했다.

"아버님께서 나를 후계자로 삼으시고 형님을 거기장군으로 임명하셨소. 지금 조조의 군사가 국경을 넘었으니 형님이 선봉을 맡아 주기 바라오. 내가 군사를 일으켜 곧 합류하겠소."

곽도가 얼른 말했다.

"저희에게 계책을 세울 사람이 없으니 심배와 봉기 두 사람을 보내 도와주십시오."

원상이 곤란한 듯 말했다.

"나도 그 두 사람을 믿고 의지하는데 어찌 떠나보내겠소."

"그렇다면 두 사람 중 한 사람만 보내 주시면 어떻습니까?"

곽도가 다시 간곡히 부탁하자 이번엔 원상도 거절할 수 없었다. 그래서 제비뽑기를 통해 봉기가 가는 것으로 정해졌다.

원상은 봉기에게 거기장군의 도장과 끈을 주어 곽도와 함께 떠나게 했다. 원담의 주둔지에 도착한 봉기는 병이 걸렸다던 원담이 건강한 것을 보자 내심 불안해하며 도장과 끈을 바쳤다.

원담은 동생의 일 처리에 화가 났지만 일단 눈앞의 적인 조조와 싸워야 했다.

원담은 여양으로 나아가 조조의 군대와 맞섰다. 원담이 대장 왕소를 나아가 싸우게 하자 조조는 서황을 내보내 맞서게 했다. 그러나 왕소는 서황의 상대가 되지 못했다. 겨우 서너 차례 공격을 받아 내고는 결국 서황의 칼을 맞고 땅에 굴러떨어졌다.

사기가 오른 조조의 군사가 맹렬한 기세로 공격을 퍼붓자 원담은 크게 패하여 여양성으로 달아났다.

원담은 전령을 보내 원상에게 구원병을 요청했다. 이에 원상은 군사 5000명을 보냈는데 이들은 도중에 이전과 악진의 기습을 받고 전멸했다.

원담이 화가 나서 조조에게 투항하려 하자 원상은 급히 여광과 여상이 이끄는 3만 군사를 보냈다. 이에 원담은 마음을 바꿔 다시 조조와 맞섰다.

원담은 여양성에 주둔하고 원상은 성 밖에 진을 쳤다. 곧 원희와 고간도 군사를 이끌고 합세했다. 그러나 원소의 세 아들은 조조에게 번번이 패했고, 결국 기주성으로 달아났다.

조조는 그들을 추격하여 기주성을 총공격했으나 원상과 원희는 강하게 저항하면서 버텼다. 그러자 곽가가 말했다.

"원소가 큰아들과 둘째를 제쳐 두고 셋째인 원상을 후계자로 세웠으니 분명 형제끼리 다툼이 있을 것입니다. 위기 때는 서로 힘을 합치지만 살 만하면 서로 싸울 것이 분명합니다.

그러니 기주를 잠시 버려두고 형주의 유표를 먼저 공격하는 것이 좋겠습니다."

조조는 곽가의 계책에 따라 공격 대상을 형주의 유표로 바꿨다. 조조군이 물러가자 원희와 고간은 각자 자신들의 근거지로 돌아갔다. 원담은 곽도와 신평을 불러 의논했다.

"내가 장남인데 계모가 낳은 상이 아버님의 후계자가 된 사실을 받아들이기 어렵소."

곽도가 꾀를 냈다.

"주공께서 현보(원상)와 심배를 초청해서 술을 대접하면서 자객을 시켜 그들을 죽이십시오. 그 후에는 모든 것이 주공의 뜻대로 이뤄질 것입니다."

이때 원상의 부하 장수 왕소가 마침 그 말을 듣고 만류했다.

"형제는 왼손과 오른손과 같습니다. 적과 싸울 때 오른손을 자르고 왼손만으로 싸워 이길 수 있겠습니까? 곽도는 형제 간을 이간시키려는 것이니 듣지 마십시오."

원담은 화가 나서 왕소를 꾸짖어 물리친 후 원상을 잔치에 초청했다. 그러자 원상은 심배를 불러 의논했다.

"이 일은 곽도가 꾸민 일입니다. 주공께서 가시면 화를 당하실 수 있습니다. 차라리 우리가 먼저 치는 편이 낫습니다."

원상은 심배의 의견대로 군사 5만 명을 이끌고 성을 나갔다. 원상이 군사를 이끌고 오는 것을 본 원담은 계획이 틀어졌음을 깨닫고 역시 군사를 이끌고 원상과 맞섰다. 원상이 욕설을 퍼붓자 원담도 질세라 욕했다.

"이 패륜아야! 네가 아버님을 독살하고 후계자를 자처하더니 이젠 이 형까지 죽이려 하느냐?"

원소의 두 아들은 악에 받쳐 서로를 죽이기 위해 치열한 싸움을 벌였다. 그 결과 원담이 크게 패하여 청주의 평원 땅으로 달아나고, 원상은 군사를 거두어 기주로 돌아갔다.

그러자 전열을 가다듬은 원담은 다시 기주를 공격했다. 원상도 군사를 이끌고 나오면서 형제 간의 치열한 전투가 다시 벌어졌다. 그러나 이번에도 원담이 패하여 평원으로 달아났다.

원상이 원담을 제거할 결심으로 끝까지 추격하자 원담은 성안으로 들어가 굳게 지키면서 나오지 않았다. 원상은 삼면에서 성을 포위하고 맹공을 퍼부었다. 그러자 곽도가 원담에게 말했다.

"이대로 가다간 머지않아 성이 함락될 것입니다. 차라리 조조에게 사람을 보내 항복하고 그에게 기주를 치게 하십시오. 그러면 원상은 기주를 구하기 위해 돌아갈 것입니다. 주공께서 조조와 협공하면 원상을 잡을 수 있습니다. 원상이 만약 잡히면 우리가 기주를 차지한 후 조조에게 대항할 수 있습니다."

"그럼 누구를 보내면 좋겠소."

곽도가 대답했다.

"신평의 동생 신비는 지금 평원의 현령으로 있습니다. 그의 말솜씨가 좋으니 이 일의 적임자입니다."

원담은 즉시 신비에게 편지를 주고 조조에게 보냈다. 이때 조조는 유표를 치기 위해 여남에 진을 쳤는데, 유표는 유비를 보내 맞서 싸우게 했다. 양쪽 군사가 전투에 막 돌입하려던 찰나에 신비가 찾아왔다. 신비는 조조에게 원담의 편지를 전달하고 항복의 뜻을 전했다. 그러자 조조의 참모 정욱이 말했다.

"원담이 다급한 상황에서 벗어나기 위해 거짓 항복하는 것이니 믿으시면 안 됩니다."

여건과 만총도 정욱의 의견을 지지했다. 그러나 순유의 생각은 달랐다.

"제 생각은 다릅니다. 유표는 야심이 없어 허도로 쳐들어올 위험이 없지만, 원씨 형제는 원소의 기질을 물려받아 천하를 도모할 뜻을 품고 있으니 만약 그들이 화해하고 손을 잡으면 우리에게 위협적인 대상이 됩니다. 원담을 도와 먼저 원상을 없애고 기회를 보아 원담도 없애면 큰 화근을 제거할 수 있으니 기회를 놓쳐서는 안 됩니다."

조조는 순유의 말에 크게 기뻐하며 그날로 군사를 돌려 기주로 향했다. 유비는 조조가 무슨 계략을 꾸미는지 알 수 없어 감히 쫓지 못하고 군사를 거두어 형주로 돌아갔다.

원상은 조조의 군사가 황하를 건넜다는 소식을 듣고 급히 군사를 이끌고 업성으로 돌아갔다. 원담은 조조가 오기를 기다려 여광과 여상 두 장수를 데리고 항복했다.

그러자 조조는 크게 기뻐하며, 여광과 여상 두 장수를 증인으로 세워 원담을 자신의 사위로 삼겠다고 약속했다. 또한, 여광과 여상을 열후에 봉하고 자신을 보좌하게 했다. 그러자 곽도가 원담에게 은밀히 말했다.

"조조가 딸을 주겠다고 한 약속이 거짓일까 두렵습니다. 더구나 여광과 여상의 관직을 높여 데려갔으니 이는 그들을 자기 사람으로 만들려는 수작이 분명합니다. 주공께서는 장군 도장 두 개를 새겨 몰래 여광과 여상에게 보내 그들의 마음을 묶어 두십시오. 조조가 원상을 물리치면 적당한 기회를 보아 그들과 함께 조조를 공격하시지요."

원담은 곽도의 말대로 했다. 그러나 여씨 형제는 도장을 받자마자 조조에게 그 사실을 일러바쳤다. 이 일로 조조는 원담의 속셈을 간파하고, 원담을 제거하기로 마음먹었다.

한편 원상은 원담이 조조에게 항복했다는 소식을 듣고 놀라서 황급히 기주로 돌아갔다. 그러나 조조가 이미 성을 포위한 채 공격하고 있다는 보고를 받자 양평정에 진을 쳤다. 원상은 기록과 문서를 관리하는 이부를 조조군으로 변장시켜 몰래 성안으로 들여보냈다. 이부는 심배에게 바깥 형편을 알린 뒤 말했다.

"성안에 식량이 부족하니 늙고 약한 군졸들과 여인들을 항복시켜 내보냅시다. 그러면 적은 방심할 테니 군사를 풀어 백성의 뒤를 따라 나가며 공격합시다."

심배는 이부의 의견대로 성 위에 흰 깃발을 세워 항복의 뜻을 전했다. 그러나 조조는 심배의 잔꾀를 간파했다.

조조는 장료와 서황을 좌우에 매복하게 한 후 성안의 늙고 약한 군인과 백성을 받아들이니 그 수가 몇 만이 되었다. 그들이 성 밖으로 모두 나오자 곧 성안의 군사들이 달려 나와 조조군을 기습 공격했다. 그러자 매복했던 장료와 서황이 군사를 이끌고 쏟아져 나온 기주의 군사들을 일제히 무찔렀다. 기주의 군사가 패하여 성안으로 달아나자 조조는 여세를 몰아 원상의 주둔지를 치러 갔다.

원상은 조조에 맞섰으나 크게 패하여 서산으로 물러가 진을 쳤다. 이때 원상의 휘하 장수 마연과 장의, 음기, 곽소 등이 조조에게 투항했다. 이렇게 되자 원상의 전력은 급격하게 무너졌고 군사의 사기는 크게 떨어졌다. 그러자 조조는 투항해 온 장수들을 보내 원상의 식량 보급로를 끊어 버렸다.

위기를 느낀 원상은 밤이 되기를 기다렸다가 어둠을 틈타 남구 땅으로 달아났다. 그러나 진을 치기도 전에 사방에서 불길이 솟구치며 매복한 군사들이 공격해 오자, 원상의 군사는 허둥대며 달아나기에 바빴다.

원상은 결국 조조에게 항복을 청했다. 조조는 그 청을 받아 주는 척하면서 원상을 안심시킨 후 밤이 깊어지자 장료와 서황을 보내 급습했다. 이에 원상은 겨우 목숨을 부지하여 중산국으로 달아났다.

원상을 물리친 조조가 군사를 돌려 기주로 향하자 허유가 조언했다.

"왜 장하의 강물을 끌어들여 성을 잠기게 하지 않으십니까?"

조조는 그 말을 듣고 군사를 동원하여 성 둘레에 도랑을 파게 했다. 심배가 성 위에서 내려다보니 도랑이 매우 얕았다. 심배는 속으로 웃었다.

'장하의 물을 끌어들여 성을 물에 잠기게 할 수작이구나. 그런데 도랑이 저렇게 얕아서야 어떻게 성안으로 물이 들어오겠는가?'

심배는 조조를 비웃으며 대책을 세우지 않았다. 그런데 그날 밤 조조의 군사가 열 배나 더 많이 몰려와서 도랑을 더욱 넓고 깊게 팠다. 이튿날 해가 떠오르자 조조는 장하의 물을 끌어들여 도랑을 채웠다. 그 물은 곧 성안으로 흘러들어 성안에 때 아닌 물난리가 났다. 성안에는 식량도 바닥나 군사들이 굶어 죽어 가는 형편이었다.

신비가 성 안에 있는 사람들에게 항복을 권하자 심배는 화가 나서 신비의 가족과 친인척 80여 명을 처형하여 머리를 성 밖으로 던졌다.

신비가 하염없이 통곡하자 신비와 친한 심배의 조카 심영이 그것을 보고 격분했다. 그는 성문을 열겠다는 편지를 화살에 묶어 몰래 성 밖으로 쏘아 보냈다. 그 편지를 읽은 조조는 군사를 향해 엄명을 내렸다.

"성안에 들어가면 원씨의 가족과 친척은 죽이면 안 된다. 군사와 백성 중 항복하는 자는 모두 살려 준다. 모두 명심해라!"

심영은 약속대로 기주성의 서쪽 성문을 열었다. 조조군이 물밀듯이 쏟아져 들어왔고, 성은 순식간에 점령되었다. 조조는 심배를 사로잡아 항복을 권유했다.

"그대는 원씨에게 충성했으니 이제는 항복하고 나의 신하가 되는 것이 어떤가?"

그러자 심배가 소리쳤다.

"웃기지 마라! 절대 항복하지 않겠다."

이때 신비가 눈물을 흘리며 땅에 엎드려 조조에게 간청했다.

"제 일가친척 80여 명이 이 도적놈에게 죽임을 당했습니다. 승상께서 이자를 죽여 원한을 씻어 주시기 바랍니다."

"나는 살아서도 원씨의 신하이고 죽어서도 원씨의 귀신이다. 너같은 도적놈과는 다르다. 어서 나를 죽여라!"

결국 심배는 항복하지 않고 죽음을 선택했다. 죽음 앞에서도 의연한 심배의 모습에 조조는 감동했다. 조조는 부하들에게 심배의 장례식을 정성껏 치러 주게 했다.

이번엔 진림이 끌려왔다. 그는 과거 원소의 명령으로 조조를 비난하는 격문을 썼다. 조조가 진림을 나무랐다.

"네가 나를 비난하는 격문을 지었을 때, 어째서 나의 아버지와 할아버지까지 모욕한 것이냐?"

진림이 대답했다.

"시위를 당긴 활은 쏘지 않을 수가 없소."

조조의 측근들은 진림을 죽이라고 했으나 조조는 그의 재주를 아껴 용서하고, 자신의 참모로 삼았다.

한편 조조의 아들 조비는 기주성으로 들어가 원소가 거처하던 곳으로 향했다. 조조의 명을 받은 군사들이 출입을 막았다.

"승상께서 이곳은 아무도 들어가지 못하게 하셨습니다."

하지만 조비는 군사들을 꾸짖어 물리친 후 별당으로 들어갔다. 그곳에서 두 여인이 서로 부둥켜안고 울고 있었다. 원소의 부인 유씨와 원소의 둘째 아들 원희의 부인 견씨였다. 견씨는 절세미인이었다. 조비는 원래 두 연인을 죽이려 했다가 마음이 바뀌었다.

"세상에 이렇게 아름다운 여인이 존재하다니……"

조비가 견씨의 아름다운 모습에 감탄하고 있을 때, 조조가 별당으로 들어오며 군사들에게 화를 냈다.

"이곳에는 아무도 들여보내지 말라고 명하지 않았느냐?"

조조를 보자 유씨는 조비의 마음을 읽고 얼른 말했다.

"이 아이는 둘째 원희의 아들 견씨입니다. 이 아이를 바칠 테니부디 며느리로 삼아 주십시오."

조조가 견씨를 보니 과연 절세미인이었다.

'오, 과연 내 며느릿감으로 손색이 없구나.'

조비는 이렇게 해서 견씨를 아내로 맞이하게 되었다.

53

동작대

기주를 평정한 조조는 원소의 무덤을 찾았다. 향을 피우고 절을 한 조조는 눈물을 흘리며 탄식했다.

"원소와 내가 의기투합하여 천하의 일을 의논할 때가 엊그제 같은데, 이제 그가 죽고 세상에 없으니 내 어찌 울지 않겠는가?"

그곳에 함께 있던 사람들이 조조의 말을 듣고 모두 탄식했다. 조조는 원소의 아내 유씨에게 금과 비단, 쌀을 내리고 새로운 명령을 선포했다.

"하북의 백성들이 계속된 전쟁으로 고통을 겪었으니 올해는 세금과 부역을 면제한다."

조조는 황제에게 기주를 함락시킨 사실을 보고한 후 스스로 기주목이 되었다. 한편 원담은 조조의 명령을 따르지 않고 원상의 군사들을 항복시켜 기주를 되찾고자 했다.

조조는 크게 노하여 원담을 사위로 삼겠다던 약속을 취소하고 군사를 이끌고 평원으로 진군했다. 그러자 원담은 형주의 유표에게 구원을 요청했다. 유표가 유비에게 그 일을 의논하자 유비는 원씨 형제들을 돕지 말고 화해를 권하게 했다. 이에 유표는 원담과 원상에게 편지를 보내어 자신의 뜻을 전했다.

원담은 낙심하여 평원을 버리고 남피현으로 달아났다. 그곳에서 조조에게 맞서던 원담은 싸움을 포기하고 항복하기로 했다. 그는 신평을 보내 자신의 뜻을 조조에게 전하게 했다. 그러나 조조는 원담을 신뢰하지 않았다.

"원담은 변덕이 심해 항복을 받아들이면 기회를 보아 등에 칼을 꽂을 녀석이다."

조조는 신평에게 돌아가지 말고 남아 자신의 밑에서 일하기를 권했다. 그러나 신평은 거절했다.

"제가 듣자니 주인이 귀해지면 신하도 영광스럽고, 주인이 욕을 보면 신하도 욕을 본다고 합니다. 저는 원씨를 섬긴 지 오래인데 어찌 저버리겠습니까?"

조조는 아쉬워하며 신평을 돌려보냈다. 신평이 조조의 뜻을 전하자 원담은 화가 나서 욕설을 퍼부었다.

"네 동생이 조조를 섬긴다고 네놈이 다른 마음을 품은 것이냐?"

신평은 원담의 반응에 충격을 받고 그 자리에서 쓰러져 숨을 거두고 말았다. 곽도가 말했다.

"내일 백성을 방패로 삼아 죽기를 각오하고 조조와 싸웁시다."

다음 날 원담은 백성들에게 창과 칼을 들게 하고 선봉에 세운 뒤 조조군과 맞섰다. 양측이 치열한 전투를 벌이는데 승부가 쉽게 나지 않았다.

그러자 조조는 말에서 내려 언덕에 올라 친히 북을 두드렸다. 이에 사기가 오른 조조의 군사들은 원담의 군사를 강하게 몰아쳤다. 궁지에 몰려 쫓기던 원담은 결국 조홍의 칼날에 최후를 마쳤다.

원담이 죽자 원희의 부하 장수 초촉과 장남이 조조에게 항복했다. 그 뒤를 이어 흑산의 산적 두목 장연도 10만 대군을 이끌고 항복해 왔다. 21년간 북방을 주름잡던 장연의 항복으로 드넓은 하북 땅에서 조조의 근심거리가 모두 사라졌다.

조조는 승리한 여세를 몰아 유주의 원상과 원희, 병주의 고간을 공격했다. 그러자 원상과 원희는 요서의 유목민 오환에게로 달아나 버렸다. 주인이 떠난 유주는 조조의 수중에 들어갔다.

한편 악진과 이전, 장연이 병주를 공격하러 갔는데 고간은 호관을 지키며 강하게 저항했다. 호관은 주전자 같아, 그 주둥이 같은 길목을 막으면 지키기는 쉬우나 공격하기는 여간 어렵지 않았다. 악진과 이전이 호관에서 고전한다는 소식에 조조는 친히 군사를 거느리고 병주로 갔다. 순유가 말했다.

"여상과 여광을 시켜 거짓 항복하는 계책을 써야 합니다."

조조는 순유의 의견에 따라 항복한 장수 여광과 여상 형제를 고간에게 보냈다. 이들은 고간을 만나 부득이한 사정으로 조조에게 항복했으나, 조조가 푸대접해서 다시 돌아왔다고 거짓말을 했다.

여광과 여상은 밤이 되면 조조의 진영을 습격하자고 권했고, 고간은 순순히 그들의 말을 따랐다. 그러나 조조의 진영에 도착하기도 전에 조조의 복병을 만나 크게 패하고 말았다.

고간은 흉노의 수령 선우에게 도망쳐 구원을 청했으나, 선우를 보좌하는 좌현왕에게 거절을 당했다. 낭패를 당한 고간은 갈 데가 마땅치 않아 형주의 유표에게 달아나다가 왕염에게 잡혀 죽음을 당했다. 왕염이 고간의 머리를 가져가자 조조는 그를 열후에 봉했다.

고간의 죽음으로 원소가 차지했던 기주, 청주, 유주, 병주는 모두 조조의 차지가 되었다.

병주를 장악한 조조는 원상과 원희가 몸을 피한 오환을 공격하려고 했다. 그러자 조홍을 비롯한 장수들이 허도의 방비가 허술해질 것을 염려하여 진군을 말렸다. 하지만 곽가만은 오환 공격을 적극적으로 권했다.

"오환은 자신들이 황량한 사막에 거주하는 지리적 이점만 믿고 외부 공격에 대한 방비를 하지 않습니다. 급작스럽게 들이치면 반드시 무너뜨릴 수 있습니다. 더구나 그곳에 원희와 원상이 있으니 반드시 그들을 없애야 합니다. 반면 유표는 그냥 두어도 위협이 되지 않습니다. 주공께서 나라를 비우고 멀리 정벌을 나가셔도 유표는 절대 전쟁을 일으킬 위인이 되지 못합니다."

"그대의 말이 옳네."

조조는 곽가의 의견에 따라 오환으로 진군했다. 그런데 사막은 사람과 말의 통행을 쉽사리 허락하지 않았다. 조조의 군대는 험준한 지형과 모래바람을 만나 전진하는 데 어려움을 겪었다. 급기야 곽가는 풍토병이 들고 말았다. 조조는 수레에 누워 있는 곽가에게 눈물을 흘리며 미안해했다.

"내가 오환을 평정하려다가 그대가 험한 길을 오면서 병에 걸렸으니 내 마음이 참으로 무겁소."

"저는 승상께 너무나 큰 은혜를 입어 죽음으로도 다 갚지 못합니다."

"내가 보니 앞길이 험하여 돌아갈까 하는데 어찌 생각하시오?"

조조의 물음에 곽가가 대답했다.

"안 됩니다. 발걸음이 가벼운 군사를 선발하여 빠른 속도로 앞서가게 해 적들이 방심할 때 들이쳐야 합니다. 그러자면 이곳의 지리를 잘 아는 길잡이가 필요합니다."

조조는 곽가를 역주에 남겨 병을 치료받게 하고, 오환의 지리를 잘 아는 원소의 장수였던 전주에게 길 안내를 맡겼다. 전주가 앞서고 장료가 따르고 조조가 뒤를 맡았다.

전주의 안내 덕분에 조조의 군대는 지름길을 따라 백랑산에 도착했다. 그곳에 있던 원상과 원희는 오환의 수만 기병과 힘을 합쳐 조조의 군사와 맞섰다. 조조가 높은 곳에 올라 바라보니 오환의 군대는 질서가 없었다.

조조는 지휘 깃발을 장료에게 넘겨주었다. 장료는 허저와 우금,

서황을 이끌고 네 길로 나뉘어 단숨에 산을 내려가 오환의 군사를 공격했다. 오환의 기병들은 전열이 흐트러져 제대로 싸우지도 못하고 대패했다. 장료가 오환의 우두머리 답돈을 베자 오환의 무리는 모두 항복했다.

그러자 원희와 원상은 부하들을 이끌고 이번엔 요동으로 달아났다. 오환을 정벌한 조조는 준마 1만 마리를 얻어 그날로 회군했다. 그러나 돌아오는 길은 더욱 험난했다.

날씨가 춥고 가물어 200리를 가도록 물을 구할 수 없었다. 식량도 부족해서 말까지 잡아먹어야 했다. 추위와 갈증, 굶주림에 시달리며 힘겹게 역주로 돌아온 조조는 병들었던 곽가가 이미 세상을 떠난 것을 알고 크게 통곡했다.

"곽가가 죽다니, 하늘이 나를 망하게 하는구려."

조조가 측근들을 둘러보며 말했다.

"곽가가 나보다 젊어 내가 뒷일을 부탁하려 했는데, 나보다 앞서 허무하게 떠날 줄이야 어찌 알았겠소. 내 가슴이 찢어지고 창자가 끊어지는구려."

조조는 정성을 다해 곽가의 장례를 치렀다. 장례가 끝나자 곽가를 돌보던 사람들이 조조에게 곽가의 편지를 전했다.

"곽 공께서 돌아가시기 전에 이 글을 써서 승상께 올리라고 부탁했습니다."

조조가 편지를 펼쳐 보니 거기에는 요동을 평정할 수 있는 계책이 담겨 있었다. 이튿날 하후돈이 장수들과 함께 조조를 찾아와 말했다.

"요동의 공손강은 오랫동안 조정에 순종하지 않았는데, 지금 원상과 원희가 그곳으로 갔으니 후환이 두렵습니다. 당장 요동으로 쳐들어가 모든 화근을 없애야 합니다."

조조는 웃으며 말했다.

"며칠 지나면 공손강이 스스로 원씨 형제의 머리를 베어 바칠 것이니 걱정하지 마시오."

장수들은 그 말을 아무도 믿지 않았다.

한편 요동의 공손강은 원씨 형제가 도움을 요청하기 위해 온다는 소식을 듣고 휘하의 장수들과 의논했다. 그의 아우 공손공이 말했다.

"원소는 살아 있을 때 호시탐탐 요동을 노렸습니다. 그의 아들들 역시 믿을 수 없습니다. 지금 그들을 받아 주면 훗날 반드시 우리를 배신할 것입니다. 차라리 그들을 속여 성안으로 유인하여 죽이고 머리를 조 승상에게 바치는 것이 좋습니다."

공손강이 걱정스러운 얼굴로 말했다.

"다만 조조가 군사를 이끌고 요동으로 쳐들어올까 두렵네. 그렇게 된다면 차라리 원씨 형제와 힘을 합쳐 조조에게 대항하는 게 좋지 않겠는가?"

"사람을 보내 알아보십시오. 만약 조 승상이 쳐들어오면 원씨 형제를 받아 주고, 조 승상이 군사를 움직이지 않으면 원씨 형제를 죽여 그 머리를 조 승상에게 보냅시다.”

공손강은 사람을 보내 소식을 알아보게 했다. 조조가 공격해 온다는 소식이 없자 공손강은 원상과 원희를 유인하여 그 자리에서 원씨 형제의 목을 베었다.

공손강이 원씨 형제의 머리를 바치자 조조 휘하의 장수들은 크게 놀랐다. 조조가 한 말이 사실이었기 때문이다. 그제야 조조는 곽가의 편지를 보여 주었다.

편지에는 공손강을 공격하지 말고 기다리면 반드시 공손강이 원씨 형제를 제거할 것이라는 내용이 적혀 있었다. 모두 곽가의 지략에 크게 감탄하며 서른여덟의 나이로 세상을 떠난 곽가를 아쉬워했다.

원소의 남은 세력을 모두 제거한 조조는 허도로 돌아가 강남을 평정할 계획을 세웠다. 허도로 출발하기 전 기주성에 머물던 조조는 한밤중에 문득 찬란한 빛이 땅속에서 솟아오르는 것을 목격했다.

조조는 병사들을 시켜 그곳을 파게 하자 구리로 만든 참새 모양의 물건, 곧 동작이 나왔다. 이것을 좋은 징조로 여긴 조조는 높은 대를 쌓아 이를 기념하게 했다.

또한, 작은아들 조식의 의견에 따라 왼쪽에는 옥룡대, 오른쪽에는 금봉대, 가운데는 동작대를 세워 구름다리로 연결하게 했는데, 이 작업을 마치는 데 무려 1년이라는 시간이 걸렸다.

조조는 조식과 조비를 업군에 남겨 동작대 건축을 맡기고, 군사를 이끌고 허도로 돌아갔다.

조조는 유표를 정벌하여 천하를 평정할 계획을 세우자, 순욱은 당분간 훈련에 전념하고 세력을 정비해야 한다고 권했다. 이에 조조는 순욱의 의견을 따랐다.

54

적로마

유표는 자신에게 의탁한 유비를 극진하게 대접했다. 그런데 장무와 진손이 강하에서 노략질을 일삼는다는 급보가 날아왔다. 그들은 원래 강하의 도적이었으나 유표에게 설득되어 투항한 장수들이었다.

"두 도적이 또 반란을 일으키려 하니 걱정이오."

유표가 이 일로 근심하자 유비는 자신이 가서 장무와 진손을 진압하겠다며 나섰다.

"형님께서는 걱정하지 마십시오. 제가 가서 두 도적을 토벌하겠습니다."

유비의 말에 유표는 기뻐하며 군사 3만 명을 내어 주었다. 유비가 관우와 장비, 조운과 함께 군사를 이끌고 강하에 이르니 장무와 진손도 군사를 이끌고 맞섰다. 유비는 장무가 탄 말이 범상치 않다는 것을 한눈에 알아봤다.

"저 말은 틀림없이 천리마다."

유비의 말을 옆에서 들은 조운은 바람처럼 달려가 장무를 창으로 찔러 말 아래로 떨어뜨렸다. 장무는 졸지에 목숨을 잃고 말았다. 조운이 장무의 말을 끌고 돌아서는데 진손이 말을 빼앗기 위해 달려나왔다.

그러자 장비가 버럭 호통을 치더니 한달음에 찔러 죽였다. 장무와 진손이 죽자 그들의 부하들도 앞다퉈 항복했다.

유비가 강하 지역을 평정하고 돌아오자 유표는 크게 기뻐하며 잔치를 베풀었다. 술잔을 주고받다가 유표가 말했다.

"아우가 이처럼 활약해 주어 내 마음이 든든하네. 이는 형주 백성의 복이 아닐 수 없네. 다만 남방의 소수 민족 남월이 시도 때도 없이 침범하고 장로와 손권은 야심 있는 자들이라 걱정일세."

유비가 유표의 말을 받았다.

"제게 믿을 만한 세 장수가 있습니다. 장비와 관우, 조운을 파견하여 각각 남월과 장수, 손권을 견제하면 형님께서는 근심을 덜 수 있으실 겁니다."

유표는 기뻐하며 유비의 제안을 따르기로 했다. 그러나 채모는 유비의 제안에 숨은 의도가 있다고 여겨 경계했다. 그는 이 사실을 자신의 누나인 채부인에게 알렸다.

"유비는 세 장수를 파견한 후 형주에 눌러앉을 생각으로 보입니다. 훗날 반드시 화근이 될 것입니다."

그날 밤 채부인은 유표에게 유비를 지나치게 신임하는 것은 위험하다고 충고했다. 그러나 유표는 대수롭지 않게 말했다.

"현덕은 믿을 만한 사람이니 부인은 걱정하지 마시오."

다음 날, 유표가 유비와 함께 성을 나가 군사를 점검했다. 이때 유비는 전에 본 적 없는 훌륭한 말을 타고 있었다.

"그 말은 처음 보는데 어디서 난 것이오?"

"강하 전투에서 조운이 적을 무찌르고 얻은 말인데, 적장 장무가 타던 것입니다."

유비가 공손하게 대답했다. 유표가 보기 드문 명마라고 칭찬하자, 유비는 선뜻 유표에게 말을 선물했다. 유표가 기뻐하며 말을 타고 성으로 돌아오는데 괴월이 다가와 말했다.

"돌아가신 형님 괴량이 말의 상을 잘 봅니다. 덕분에 저도 형님께 많이 배웠지요. 이 말을 보십시오. 눈 아래가 움푹 패어 눈물이 고일 정도이며, 이마에 흰 점이 있습니다. 이 말은 반드시 주인을 해친다고 알려진 적로마[31]입니다. 장무도 이 말을 타다가 목숨을 잃었습니다."

괴월의 말을 듣자 유표는 불길한 생각이 들어 마음이 찜찜했다. 다음 날 유표는 유비를 청하여 술을 대접하면서 말했다.

"어제 아우님이 선물해 준 말을 돌려주겠네. 다시 생각해 보니 그런 훌륭한 말은 수시로 전쟁터를 누비는 아우에게 더 필요할 것 같더군.”

유비가 예를 갖추며 고맙다고 인사하자 유표가 다시 말했다.

“아우님에게 양양의 신야현을 맡기고 싶은데 어떤가? 그곳은 재물과 식량이 넉넉해서 지내기 좋은 곳일세.”

유비는 유표의 호의에 거듭 고맙다는 인사를 한 뒤 숙소로 돌아왔다. 그리고 군사들에게 떠날 준비를 시켰다.

이튿날, 유비는 유표에게 작별 인사를 하고 성문을 나섰다. 이때 웬 사람이 유비에게 와서 인사하며 말했다.

“적로마는 그 주인을 반드시 해친다는 불길한 말이니 타지 마십시오.”

그는 유표의 밑에서 관리로 있는 이적이었다. 유비가 말에서 내려 까닭을 물었다.

“어제 괴월이 저희 주공께 하는 말을 들었습니다. 이런 말은 적로라 부르는데 타면 그 주인을 해친다고 했습니다. 그래서 저희 주공이 말을 돌려 드린 것입니다.”

이적의 설명을 듣고 유비가 말했다.

“그대의 호의에 감사 드립니다. 하지만 사람이 죽고 사는 것은 하늘이 정하는 것이오. 말 한 마리가 어찌 사람의 운명을 좌지우지하겠소?”

이적은 유비의 말에 감동하여 이때부터 마음 깊이 존경하게 되었다.

건안 12년(207년) 봄, 신야를 다스리던 유비는 감부인에게서 아들 유선을 얻었다. 감부인은 북두칠성을 삼키는 꿈을 꾸고 유선을 임신했기 때문에, 유선의 아이 때 이름을 아두라고 불렀다.

하루는 유표가 유비를 초청하여 술자리를 벌였는데, 술을 마시던 유표가 고민을 털어놓았다.

"나에게 아들이 둘 있소. 큰아들 유기는 전처인 진씨 소생인데 착하기만 하고 나약해서 후계자로 삼기에 부족하오. 그렇다고 채씨가 낳은 둘째 아들 유종을 후계자로 삼자니, 이는 예법에 어긋나는 일이어서 고민이 되오."

유표는 채씨 집안이 병권을 장악하고 있어 큰아들 유기를 후계자로 삼기도 힘든 형편이었다. 유비는 장자를 후계자로 삼아야 한다고 조언했다.

"예로부터 장남을 제쳐 두고 작은아들을 세우면 난리를 불러왔습니다. 채씨의 세력이 커 근심이 되면 서서히 그 세력을 줄이셔야지 정에 얽매여 작은아들을 세우시면 큰 화근이 됩니다."

이때 채부인이 병풍 뒤에 숨어서 유표와 유비의 대화를 엿듣고 있었다. 그녀는 유비의 말을 듣고 앙심을 품었다.

술자리가 끝나고 숙소로 가기 위해 말에 오르던 유비는 갑자기 눈물을 흘렸다. 유표가 우는 까닭을 묻자 유비가 대답했다.

"오랫동안 말을 타지 않아 허벅지에 살이 오른 것을 보니, 변변한 공도 세우지 못하고 세월만 보내는 것 같아 서러워서 울었습니다."

유표가 유비를 위로하자 유비는 술김에 속내를 털어놓고 말았다.

"세력이 될 만한 기반만 갖춘다면, 천하에 그 누구도 두려워할 필요가 없을 것입니다."

그 말을 듣고 유표가 입을 다물자 유비는 말을 실수했다는 걸 깨닫고 유표와 서둘러 인사를 나눈 뒤 숙소로 돌아갔다. 이때부터 유표는 유비를 경계하기 시작했다.

한편 채부인은 동생 채모와 함께 숙소에서 쉬고 있는 유비를 죽이기로 의견을 모았다. 그런데 이 사실을 이적이 유비에게 전했다.

"채모가 곧 들이닥칠 것입니다. 어서 서두르십시오."

"형님께 인사도 하지 않고 어떻게 떠나겠소?"

"그렇게 하셨다간 채모에게 반드시 화를 입게 됩니다."

유비는 이적에게 고마움을 전하고 부하들을 깨워 날이 밝기도 전에 신야로 달려갔다.

채모가 군사들을 이끌고 숙소에 도착했을 때 유비는 이미 떠난 뒤였다. 채모는 유비를 모함하고자 숙소 벽에 시 한 수를 쓰고 유표의 장군부에 가서 고발했다.

몇 해 덧없이 궁지에 빠져

부질없는 옛 산천 대하는데

용이 어찌 연못 속에 갇혀 있으랴

우레를 타고 하늘에 오르고자 하노라

그 사실을 알게 된 유표는 크게 화를 냈다. 하지만 그는 누군가 자신과 유비 사이를 이간하려는 짓이라는 것을 간파했다.

채모가 와서 청했다.

"군사를 준비했으니 명령만 하십시오. 당장 신야로 가서 유비를 잡아 오겠습니다."

그러나 유표는 고개를 저었다.

"섣불리 움직여서는 안 되네. 시간을 두고 생각해 보세."

유표가 머뭇거리자 채모는 다시 채부인과 상의했다.

"곧 관리들을 모두 양양으로 불러 모아 그 자리에서 유비를 처리해야겠습니다."

이튿날 채모가 유표에게 보고했다.

"최근 몇 년간 풍년이 들었으니, 형주의 모든 관리를 양양에 불러 모아 격려하는 잔치를 베푸시기 바랍니다."

유표가 대답했다.

"내가 요사이 몸이 좋지 않아 움직일 수 없네. 두 아들이 주인이 되어 손님을 대접하도록 하게."

유표의 말은 채모가 예상했던 바였다.

"공자들은 아직 어려서 잔치를 주관하기에 적합하지 않습니다."

채모가 곤혹스러운 표정을 짓자 유표가 말했다.

"그럼 신야에 가서 현덕을 청해 손님을 대접해 달라고 하게."

채모가 바라던 말이었다. 그는 기뻐하며 곧 사람을 보내 유비를 청했다. 유비는 내심 채모가 자신을 죽이려 했던 일을 생각하자 의심이 들었다. 그러나 유표에게 신세를 지고 있는 형편이어서 거절할 수도 없었다. 유비는 안전을 위해 조운과 군사 300명을 이끌고 양양으로 향했다.

채모와 괴월은 곧바로 관원들이 참석하는 잔치를 열어 유비가 주관하게 했다. 유비는 조운을 무장들을 위해 마련한 연회석에 보내고 군사들은 숙소에 머물게 했다. 술자리가 무르익을 무렵 이적이 눈짓으로 유비를 몰래 불러냈다.

"채모가 유 공을 해치려고 합니다. 동, 남, 북 세 곳은 모두 군사들이 지키고 있습니다. 서문에만 지키는 군사가 없으니 그곳으로 피하십시오."

유비는 깜짝 놀라서 급히 적로마를 끌어냈다. 조운과 군사들을 두고 홀로 서문을 지나려는데 문지기가 앞을 막았다. 유비는 문지기를 무시하고 서문을 통과했고, 보고를 받은 채모는 급히 군사를 이끌고 유비를 뒤쫓았다.

55

수경 선생 사마휘

유비가 한참을 달려가는데 단계라 불리는 큰 시냇물이 앞을 가로막았다. 그 물은 폭이 넓고 수심이 깊으며 물살이 거세 사람이 건널 수 없는 위험한 곳이었다. 그 광경을 본 유비는 감히 그곳을 건널 엄두가 나지 않았다.

"낭패로구나. 서문을 지키지 않은 이유가 여기에 있었구나."

유비는 말 머리를 돌려 다른 길을 찾으려고 했다. 하지만 추격병의 말발굽 소리는 점점 가까워지고 있었다. 앞으로 나아갈 수도 되돌아갈 수도 없는 위험한 상황이었다.

"이번에는 꼼짝없이 죽게 생겼구나."

유비는 생사의 갈림길 앞에 섰다. 추격병의 칼 아래 목숨을 잃든가 위험을 무릅쓰고 계곡물을 건너는 두 가지 선택만이 주어진 것이다.

"사람이 죽고 사는 것은 하늘의 뜻, 저 물에 내 운명을 시험해 보자."

유비는 마음을 정하고 말을 재촉하여 물로 내려갔다. 그러나 몇 걸음을 가지 못해 말의 앞발이 푹 빠지면서 유비의 옷이 다 젖어 버렸다. 유비는 말의 엉덩이를 채찍으로 치며 크게 외쳤다.

"적로야, 적로야, 네가 지금 나를 죽게 할 생각이냐?"

그 말이 끝나자마자 기적 같은 일이 벌어졌다. 적로마가 갑자기 물속에서 몸을 솟구쳐 단번에 세 길이나 되는 먼 거리를 훌쩍 뛰어넘어 건너편 기슭에 올라섰다. 그곳에 이제 막 도착한 채모도 그 모습을 목격했다. 채모는 놀란 입을 다물지 못했다. 계곡물이 깊고 물살이 거세서 사람이나 말이 건널 수 없다고 생각했기 때문이다.

채모는 놀란 마음을 진정시키고 유비를 향해 외쳤다.

"왜 달아나려 하십니까?"

유비가 대답했다.

"그대는 왜 나를 죽이려고 하느냐?"

유비가 서남쪽으로 급히 달아나니 채모는 속수무책[32]이었다. 유비를 놓친 채모가 돌아가려는데 조운이 군사를 이끌고 뒤쫓아 왔다.

조운은 채모에게 유비의 행방을 다그쳐 물었다.

"우리 주공은 어디 계시오?"

그러나 채모는 시치미를 뗐다.

"나도 모르겠소. 유 공이 홀로 말을 달려 서문을 나갔다는 보고를 받고 달려왔는데 만날 수 없었소."

조운이 단계를 보니 폭이 넓고 물이 깊어 유비가 그곳을 건넜다고 생각되지 않았다. 그런데 자세히 살펴보니 맞은편 기슭에 물을 흘린 자국이 선명했다.

'그렇다면 말을 타신 채 저 넓고 깊은 시냇물을 뛰어넘으셨단 말인가?'

조운은 군사를 사방으로 풀어 유비의 행방을 찾게 했다. 그사이 채모는 성으로 돌아갔다. 조운은 주변을 샅샅이 뒤졌지만, 유비의 종적을 찾을 수 없자 포기하고 일단 신야로 향했다.

한편, 유비는 날이 저물 무렵에 소 등에 앉아 피리를 불며 오는 어느 목동과 마주쳤다. 그런데 뜻밖에도 목동이 유비를 알아보았다.

"장군은 혹시 황건적을 물리친 유현덕이 아니세요?"

유비는 목동이 자신을 알아보자 놀랐다.

"너는 처음 보는 아이인데 어찌 나를 아느냐?"

목동이 웃으며 대답했다.

"저는 모르지만, 제 스승님과 손님들이 하시는 말씀을 자주 들어서 장군의 모습을 알아볼 수 있었어요. 그분들은 장군이 당대의 영웅이라고 하시며 생김새도 자세히 말씀하셨거든요."

유비가 호기심이 생겨 물었다.

"네 사부가 누구시냐?"

"사람들은 제 사부님을 수경 선생이라고 부릅니다. 성은 사마 씨이고 성함은 휘이며 자는 덕조라고 합니다."

유비는 계속 물었다.

"너희 스승은 지금 어디 계시냐?"

목동이 손을 들어 앞을 가리켜 보이며 대답했다.

"저쪽 숲속에 장원이 있어요."

"내가 바로 유현덕이다. 나를 너희 스승에게 안내해 줄 수 있겠니?"

목동이 고개를 끄덕였다. 유비는 목동의 안내를 받아 수경 선생이 거처하는 장원으로 향했다. 장원에 도착하니 소나무와 대나무가 울창하고 방 안에는 책이 가득 쌓여 있었다. 그곳에서 수경 선생은 거문고를 연주하고 있었는데 그 모습은 마치 신선과도 같았다.

수경 선생은 유비가 당한 일을 마치 목격이라도 한 것처럼 이렇게 말했다.

"얼마나 놀라셨습니까? 화를 면하셨으니 천만다행입니다."

유비는 어안이 벙벙했다. 그런 유비를 보며 수경 선생이 다시 입을 열었다.

"장군께서는 아직 뛰어난 인재를 얻지 못하여 그런 어려움을 겪고 계신 겁니다."

유비가 대답했다.

"선생께서는 잘못 아셨습니다. 제게는 이미 관우, 장비, 조운, 손건, 미축, 간옹과 같은 훌륭한 인재들이 있습니다."

수경 선생이 고개를 저었다.

"그들이 훌륭한 인재라고는 해도 세상을 움직일 큰 경륜을 지닌 인물은 못 됩니다."

수경 선생의 말에 유비가 고개를 숙여 예를 갖추며 말했다.

"선생께서는 이 유비를 깨우쳐 주시기 바랍니다."

"이곳에는 천하의 재주 많은 인재가 모여 있습니다. 복룡과 봉추 중에 한 사람만 얻어도 천하를 얻게 될 것입니다."

유비는 복룡과 봉추가 누구인지 물었다. 그러자 수경 선생은 웃으며 이렇게 말했다.

"좋지요. 좋습니다."

수경 선생이 정작 봉추와 복룡이 누구인지 알려 주지 않자 유비는 캐묻는 것도 예의가 아니라고 생각하여 더는 묻지 않았다.

그날 밤. 잠자리에 든 유비가 잠을 이루지 못하고 뒤척이는데, 수경 선생이 누군가와 대화를 나누는 소리가 들려왔다.

"명성이 높다기에 유표를 찾아가 보았지만 과장된 소문에 불과하더군요. 그래서 작별을 고하는 글을 남기고 오는 길입니다."

원직이라는 사람이 수경 선생에게 하는 말이었다.

"그대처럼 큰 재주를 지닌 인재가 겨우 유표 같은 인물을 찾아갔단 말인가? 그런 자에게 큰 인재를 알아보는 눈이 있겠는가?"

다음 날 새벽, 잠에서 깬 유비는 수경 선생에게 물었다.

"밤에 선생과 함께 대화를 나눈 이가 복룡과 봉추 중 한 사람입니까?"

그러나 수경 선생은 이번에도 유비의 질문에 대답하지 않고 "좋습니다. 좋아요."라며 웃음만 지을 뿐이었다.

유비는 수경 선생에게 자신을 도와 달라고 정중하게 부탁했다. 그러나 수경 선생은 완곡하게 거절했다.

그때 조운이 군사를 이끌고 수경 선생의 장원에 도착했다. 유비는 수경 선생에게 작별을 고하고 아쉬운 발걸음을 돌렸다.

신야로 돌아온 유비는 손건을 유표에게 보내 자초지종을 알렸다. 그러자 화가 난 유표는 채모의 목을 베려고 했다. 하지만 채부인이 만류하자 처형 대신 크게 꾸짖는 것으로 마무리했다. 그리고 큰아들 유기를 보내 유비에게 사죄하게 했다.

유비를 만난 유기는 아버지의 편지를 전한 후 계모인 채부인이 자신을 죽이려 하지만 벗어날 도리가 없다며 눈물로 호소했다. 유비는 그를 설득한 후 안타까운 마음으로 돌려보냈다.

그러던 어느 날, 유비가 저잣거리를 지나갈 때였다. 괴상한 옷차림의 한 사내가 노래를 부르고 있었다.

"현자가 있어 밝은 주인을 찾으려 하나, 밝은 주인은 현자를 알아보지 못하는구나."

유비는 그 사내가 복룡과 봉추 중 한 사람은 아닌지 기대하며 인사를 나눈 후 집무실로 데려왔다. 그는 단복이라는 사람이었는데 유비에게 몸을 의탁하려고 했으나 방법이 없어 일부러 거리에서 노래를 부르며 시선을 끈 것이었다. 유비는 크게 기뻐하며 군사 조련의 임무를 맡겼다.

56

눈물의 이별

조조는 허도로 돌아온 후 형주를 공격할 생각에 여념이 없었다. 조조는 조인과 이전, 여광과 여상에게 군사 3만 명을 주어 번성에 주둔하며 형주의 동태를 살피게 했다. 이때 여광과 여상이 조인에게 신야의 유비가 세력을 키우기 전에 그를 제거하겠다고 출정을 자원했다.

"정예 군사 5천 명을 주시면 유비의 머리를 가져와 승상께 바치겠습니다."

이에 조인은 크게 기뻐하며 여씨 형제에게 5천 명의 군사를 내어주었다. 그 소식은 정탐꾼을 통해 유비의 귀에 들어갔다. 이에 유비가 측근들과 의논하자 단복이 대책을 내놓았다.

"적이 경계 안으로 들어오게 해서는 안 됩니다. 관우에게 군사를 이끌고 중도에 적을 막게 하고, 장비에게 군사를 주어 퇴로를 막게 한 후 주공께서는 조운과 함께 정면 승부를 거시면 적을 물리칠 수 있습니다."

유비는 단복에게 군사 지휘를 맡게 했다. 단복은 먼저 관우와 장비에게 각각 좌우로 나아가 중간과 뒤를 치게 하고 유비는 조운과 함께 앞에서 공격하게 했다.

여광과 여상이 군사를 이끌고 오자 유비가 크게 외쳤다.

"그대는 누구인데 감히 내 지역을 침범하는 것인가?"

여광이 말을 달려 나오며 대꾸했다.

"나는 조 승상을 모시는 장수 여광이다. 너를 잡아 승상께 바치기 위해 왔다."

유비는 조운을 보내 여광과 맞서 싸우게 했다. 여광은 조운을 맞아 기세 좋게 싸웠으나 그의 능력은 불과 서너 차례 공격을 주고받은 것이 전부였다. 조운의 창이 여광을 찔러 말 아래로 떨어뜨리자, 동시에 유비가 군사를 이끌고 여상의 군사들을 휘몰아쳤다. 여상은 싸울 용기를 잃고 급히 달아나다가 관우가 이끄는 부대와 마주쳤다. 여상은 관우의 공격에 맞서 싸우다가 부하를 절반이나 잃고 달아났다. 그러나 오래지 않아 이번에는 장비의 부대와 마주쳤다.

"여기 장비가 있다."

장비는 맹렬한 기세로 달려가 여상을 향해 창을 휘둘렀다. 여상은 제대로 공격 한 번 못 해 보고 장비의 창에 찔러 목숨을 잃고 말았다. 지휘관을 잃은 여상의 부하들은 뿔뿔이 흩어져 사방으로 달아났다.

번성의 조인과 이전은 여상과 여광이 패했다는 소식을 듣고 대책을 논의했다. 이전이 말했다.

"두 장수가 적을 얕잡아 보다가 목숨을 잃었으니 우리끼리 군사를 움직여서는 안 됩니다. 승상께 보고하여 대군을 일으켜 정벌하는 것이 상책입니다."

그러나, 조인의 생각은 달랐다.

"내 생각은 다르오. 장수 둘이 죽고 많은 군사를 잃었으니 당장 응징해야만 하오. 신야는 조그만 지역인데 뭐 하러 굳이 승상께 폐를 끼친단 말이오?"

그러자 이전이 정색했다.

"유비와 그의 두 아우인 관우와 장비는 결코 만만한 상대가 아닙니다. 게다가 조운까지 있으니 조심하셔야 합니다."

조인은 못마땅한 듯 미간을 찌푸렸다.

"공은 어찌하여 유비 따위를 겁내시오?"

"저는 전투를 겁내는 것이 아닙니다. 다만 승리하지 못할까 걱정할 따름입니다. 병법에도 상대를 알고 자기를 알면 백 번 싸워 백 번 이긴다[33]고 했습니다."

이전의 말에 조인은 화를 냈다.

"두고 보시오. 내 반드시 유비를 사로잡고야 말겠소."

조인이 자신의 뜻을 굽히지 않자 이전이 말했다.

"장군이 출전하신다면 저는 만약의 사태에 대비하기 위해 번성을 지키겠습니다."

이전이 전투에 참여하지 않겠다는 의사를 돌려서 표현하자 조인은 협박하듯이 말했다.

"나와 함께 출전하지 않겠다면 나는 그대가 딴생각을 품은 것으로 여기겠소."

조인의 완강한 태도에 이전은 어쩔 수 없이 조인과 함께 전투에 나섰다.

한편 신야로 돌아온 후 단복은 유비에게 조언했다.

"조인이 두 장수를 잃었으니 반드시 군사를 일으켜 공격해 올 것입니다."

"그럼 우리는 어떻게 대응해야 하겠소?"

"그가 만약 군사를 모두 이끌고 온다면 번성이 빌 것입니다. 우리는 그 기회를 틈타 번성을 빼앗아야 합니다."

단복이 유비에게 계책을 설명할 때 조인의 군사들이 몰려왔다. 유비는 조운을 선봉장으로 내세웠다. 그러자 조인은 이전에게 맞서 싸우게 했다. 두 장수는 치열한 전투를 벌였다. 창과 창이 부딪칠 때마다 불꽃이 튀었다. 어느 순간 이전은 조운을 이길 수 없다는 것을 깨닫고 자신의 진영으로 물러났다. 조운이 쫓아가자 조인의 진영에서 화살이 날아들었다. 이에 조운은 쫓기를 포기하고 말 머리를 돌렸다. 이전이 조인에게 가서 말했다.

"적의 장수와 군사들이 용맹스러워 쉽게 승리를 장담하기 어렵습니다. 차라리 번성으로 돌아가는 것이 좋겠습니다."

조인은 화를 벌컥 냈다.

"닥쳐라! 네가 출병할 때부터 군사의 사기를 꺾더니 전투에 나가서도 일부러 패한 것이 아니냐? 네가 분명 적과 내통한 것이 틀림없구나!"

조인은 부하들에게 이전을 끌어내 목을 베라고 호령했다. 그러자 장수들이 모두 나서서 말렸다. 이에 조인은 이전을 후군으로 물러나게 한 뒤 자신이 직접 선봉에 섰다.

이튿날 조인은 북을 울리며 나아가 진을 치고 유비에게 물었다.

"이것이 무슨 진법인지 알겠느냐?"

단복이 조인이 펼친 진법을 관찰하더니 유비에게 말했다.

"이것은 팔문금쇄진입니다. 여덟 문이 있는데, 생문, 경문, 개문으로 들어가면 살지만 상문, 경문, 후문으로 들어가면 해를 당하며, 두문과 사문으로 들어가면 죽습니다. 자세히 살펴보니 중간 부분이 허술합니다. 동남쪽 생문으로 들어가 서쪽 경문으로 나오면 확실하게 무너뜨릴 수 있습니다."

조운이 군사 500명을 이끌고 단복의 지시에 따라 동남쪽으로 들어가서 공격하자 조인은 북쪽으로 피했다. 조운은 달아나는 조인을 버려두고 서문으로 나갔다가 다시 동남쪽으로 진격해 들어오니 팔문금쇄진이 무너졌다. 유비가 군사를 이끌고 몰아치자 조인은 크게 패하여 후퇴했다. 그러나 조운은 그들을 쫓지 않고 돌아갔다.

조인은 대패하여 도망간 뒤에야 이전의 말이 옳았음을 깨달았다. 그는 이전에게 사과했다.

"미안하오. 유비를 얕잡아 본 내 실책이오. 적에게 내 진법을 깨뜨릴 능력을 갖춘 자가 있을 줄은 꿈에도 생각지 못했소."

조인은 이전에게 사과한 후 함께 머리를 맞대고 대책을 세웠다. 이전이 불안한 표정으로 말했다.

"몸은 여기 있지만, 번성을 비워 둔 것이 몹시 마음에 걸립니다."

"좋소. 이렇게 합시다. 오늘 밤 적진을 습격하여 성공하면 다시 상의하고, 만약 실패다면 두말없이 번성으로 돌아가겠소."

조인의 제안에 이전은 곤란한 표정을 지었다.

"야습은 위험합니다. 유비는 틀림없이 대비하고 있을 것입니다."

"매사에 신중한 것은 좋지만, 그래서야 어찌 군사를 지휘하겠소."

조인은 이번에도 자신의 고집을 꺾지 않았다. 밤이 깊어지자 조인은 선봉이 되어 이전에게 뒤를 받치게 한 후 야습을 감행했다.

한편 단복은 갑자기 회오리바람이 불어와 군막을 휘감아 도는 것을 보고 그날 밤 조인이 야습해 올 것을 예상했다. 단복은 군사들을 매복시켜 야습에 대비했다. 그 사실을 모른 채 유비의 진영에 도착한 조인은 깜짝 놀랐다. 사방으로 둘러쳐진 나무 울타리에서 불길이 타오르고 있었다. 조인이 군사들을 향해 명령했다.

"함정이다. 모두 후퇴하라!"

그때 갑자기 조운이 군사들을 이끌고 나타나 조인의 군사들을 무차별적으로 공격했다. 조인은 매복에 걸려 크게 패한 뒤 자신의 진영으로 돌아가지 못하고 급히 북하를 향해 달아났다. 강변에 이르러 배를 찾아 건너려 할 때 이번엔 장비가 군사를 이끌고 나타나 공격해 왔다. 조인은 필사적으로 싸우며 이전의 도움으로 배를 타고 겨우 강을 건넜으나, 군사의 태반을 잃고 말았다. 조인이 죽을 고비를 넘기고 번성으로 달려가자 성 위에서 북소리가 울리더니 한 장수가 큰 소리로 호통쳤다.

"번성은 이미 내가 차지했다. 살고 싶으면 항복하라!"

조인과 이전이 놀라 바라보니 그는 관우였다. 조인은 당황하여 말머리를 돌린 채 달아나기 시작했다. 관우는 성문을 열고 달려 나와 도망치는 조인의 군사들을 공격하니, 조인은 또다시 많은 군사를 잃고 말았다. 조인과 이전은 어쩔 수 없이 허도로 달아났다.

유비가 번성으로 들어가자 그곳의 현령 유필이 잔치를 베풀어 환영했다. 유비는 연회석상에서 유필의 조카 구봉을 자신의 양자로 삼고 이름도 유봉으로 바꾸게 했다. 그러자 관우가 불편한 기색을 보이며 말했다.

"형님은 이미 아들이 있는데 어찌 또 양자를 삼으십니까? 뒷날 근심할 일이 생기지 않을까 염려됩니다."

"걱정 말게. 내가 아들로 대하면 그 아이도 나를 아버지로 섬길 텐데 뭐가 걱정인가?"

관우는 유비가 자기 뜻을 꺾지 않아 마음이 찜찜했다. 유비는 조운에게 1000명의 군사를 주어 번성을 지키게 하고, 신야로 돌아갔다.

조인과 이전은 허도로 돌아가 조조에게 패배에 대한 처벌을 자청했다. 그러나 조조는 그들을 처벌하지 않았다.

"이기고 지는 것은 장수들이 늘 겪는 일이네. 어찌 자네들을 탓할 수 있겠는가. 그나저나 유비에게 전략을 세워 주는 이가 누구란 말인가?"

조조가 휘하의 참모들에게 단복이 어떤 인물인지 묻자 정욱이 대답했다.

"그의 이름은 단복이 아닙니다. 그의 고향은 영천이며 본명은 서서입니다. 단복은 다른 사람의 원한을 대신 갚아 주기 위해 사람을 죽이고 도망 다닐 때 쓰던 가명이지요. 그는 저보다 능력이 열 배는 더 뛰어난 사람입니다."

"그런 인재가 유비에게 가다니, 유비가 날개를 달았구려."

조조가 탄식하자 정욱이 말했다.

"서서는 효성이 지극한 사람입니다. 아버지는 일찍 돌아가시고 지금은 어머니만 계시는데 얼마 전 서서의 동생이 죽어 모실 사람이 없는 상황입니다. 사람을 보내 어머니를 허도로 모셔 온 후 아들에게 편지를 쓰게 하시면 서서는 반드시 옵니다."

조조는 크게 기뻐하며 서서의 어머니를 허도로 모셔 왔다. 조조는 서서의 어머니를 정성껏 대접한 후 아들에게 보내는 편지를 써 달라고 부탁했다.

"서서가 지금 신야에서 역적인 유비를 돕고 있습니다. 아드님을 허도로 불러 주시면 황제께 고하여 벼슬과 후한 상을 내리도록 하겠습니다."

서서의 어머니가 대답했다.

"유비야말로 덕망이 높은 당대의 영웅이다. 내 자식이 그분을 섬긴다니 참으로 잘한 선택이다. 조조, 너는 한나라의 승상이지만 역적이나 다름없다. 그런데 내가 어찌 아들을 역적의 수하로 들어가게 하겠느냐?"

말을 마친 서서의 어머니는 벼루를 들어 조조를 쳤다. 그러자 조조는 화가 나서 서서의 어머니를 죽이려고 했다. 옆에 있던 정욱이 극구 말리며 말했다.

"제게 맡겨 주십시오. 서서를 불러 승상을 돕게 할 방법이 있습니다."

조조는 그제야 화를 누그러뜨리고 서서의 어머니를 별실로 보내 감시하게 했다.

정욱은 매일 서서의 어머니에게 문안 인사를 올리며 자신이 서서와 의형제 사이라고 거짓말을 했다. 그리고 날마다 서서의 어머니에게 편지와 함께 값진 선물을 보냈다. 서서의 어머니는 이에 고맙다는 편지를 썼는데, 정욱은 편지의 필체를 모방하여 서서에게 거짓 편지를 보냈다.

네가 조정을 배반했다면서 조조가 나를 감옥에 가두려고 했다. 정욱이 간청하여 목숨을 구했지만, 네가 조조에게 항복해야만 내 목숨을 구할 수 있을 듯하다. 어서 달려와서 나를 구해 다오.

편지를 읽은 서서는 눈물을 흘리며 유비에게 자신의 정체와 사정을 밝히고, 조조에게 가지 않을 수 없음을 하소연했다. 유비도 눈물을 흘리며 이별을 슬퍼했다. 그러자 손건이 유비에게 은밀히 말했다.

"서서는 천하의 기재이니 조조에게 간다면 분명 귀하게 쓰일 것이고, 우리에게 큰 위협이 될 것입니다. 우리가 그를 붙잡아 두면 조조는 화가 나서 서서의 어머니를 죽이게 될 것입니다. 서서가 만약 그 일을 알게 되면 조조에게 복수하기 위해 더욱 열심을 낼 것입니다."

유비는 고개를 가로저었다.

"안 될 말이오. 어머니의 목숨을 잃게 만들고 그 아들을 쓴다면 이는 군자의 도리가 아니오. 나는 죽을지언정 의롭지 못한 일은 하지 않겠소."

유비는 잔치를 베풀어 떠나는 서서를 위로하며 작별의 아쉬움을 달랬다. 그날 밤, 유비는 서서와 함께 눈물로 밤을 지새웠다.

복룡과 봉추

다음 날 서서는 유비의 배웅을 받으며 길을 떠났다. 멀어지는 서
서의 뒷모습을 보며 유비가 말했다.

"서서가 가는 뒷모습을 지켜보고 싶은데 저 나무들이 가리고 있
으니……. 저 숲의 나무를 모두 베어 버리고 싶구나."

그런데 갑자기 서서가 말 머리를 되돌리는 것이 아닌가. 유비는
서서가 마음을 바꾼 것이 아닐까 기대하며, 반가운 마음에 마주 나
아갔다. 서서가 말했다.

"제가 깜빡 잊은 게 있습니다. 양양성 20리 밖 융중이라는 곳에
뛰어난 선비가 한 분 있습니다. 꼭 찾아가 만나십시오, 그 사람을
얻게 되면 주나라 문공이 강태공[34]을 얻고 한나라 고조께서 장량을
얻는 것과 같습니다. 제가 까마귀라면 그는 봉황[35]입니다. 그는 저

와 비교도 할 수 없는 사람이며 능히 천하를 다스릴 능력을 지녔습니다."

유비는 수경 선생이 했던 말이 생각나 황급히 물었다.

"그가 누구요?"

"성은 제갈이요, 이름은 양이며, 자는 공명입니다. 그는 아버지를 일찍 잃고 숙부 제갈현의 밑에서 자랐습니다. 제갈현이 유표와 친한 사이여서 함께 함양에 살다가, 숙부가 죽자 지금은 동생 제갈균과 남양에서 밭을 갈며 살고 있습니다. 그가 사는 곳의 지명이 와룡강이어서 와룡 선생으로 불리고 있습니다."

유비가 다시 물었다.

"와룡 선생은 수경 선생이 말씀하신 복룡과 봉추 가운데 어느 분입니까?"

"봉추는 양양의 방통이며, 복룡은 바로 제갈량입니다."

유비는 크게 기뻐했다. 유비는 서서를 배웅하고 돌아온 뒤 남양으로 제갈량을 찾아갈 준비를 서둘렀다.

허도로 향하던 서서는 제갈량이 유비의 부탁을 거절할 것이 염려되어 그를 찾아갔다.

"그대를 유황숙에게 추천하였으니 곧 찾아뵈러 올 것이오. 부디 그분을 도와 큰 뜻을 펼쳐 나가기를 바라오."

서서의 말에 제갈량의 표정이 굳어졌다.

"그대는 나를 제물로 삼으려는 것이오?"

제갈량은 말을 마친 후 소매를 떨치고 집 안으로 들어가 버렸다.

서서는 부끄러운 마음에 작별 인사도 나누지 못하고 물러났다.

허도에 도착한 서서는 조조에게 인사한 뒤 어머니를 찾아갔다. 그
의 어머니는 깜짝 놀랐다.

"네가 어찌 여기를 왔느냐?"

"신야에서 유황숙을 섬기다가 어머니의 글을 받고 밤낮을 이어
달려왔습니다."

서서의 어머니는 화를 내며 서서를 꾸짖었다.

"조조는 역적이요, 유비는 한나라 황실의 자손이다. 네 어찌 거짓
편지에 속아 훌륭한 주인을 버리고 조조에게 왔느냐? 당장 물러가
거라!"

서서의 어머니는 병풍 뒤로 들어가 버렸고, 서서는 부끄러운 마음
에 엎드려 고개를 들지 못했다. 잠시 뒤 시종이 급히 달려와 알렸다.

"마님께서 목을 매셨습니다."

서서는 놀라 뛰어갔지만, 그의 어머니는 이미 숨을 거둔 뒤였다.
서서는 어머니가 스스로 목숨을 끊자 충격을 받아 정신을 잃었다.
조조는 예물을 보내 위로하고 직접 찾아가 제사를 지냈다. 서서는
어머니의 무덤 곁에 머무르며 조조가 보낸 물건은 하나도 받지 않았
다.

이때 조조는 따뜻한 봄을 기다려 군사를 일으킬 계획을 세우고,
현무지라는 저수지를 만들어 수군을 조련하기 시작했다.

한편, 유비는 제갈량을 찾아 길을 나서려는데 갑자기 수경 선생이 찾아왔다. 서서가 어머니의 편지를 받고 조조에게 갔다는 이야기를 듣자 수경 선생은 탄식했다.

"서서의 어머니는 의로우신 분이오. 그런 편지를 아들에게 보내지 않았을 것이오. 서서가 조조에게 갔다면 그분은 분명 세상을 떠났을 것이오."

유비도 수경 선생의 말을 듣자 서서의 안전이 염려되었다. 하지만 이미 되돌릴 수 없는 일이어서 말을 돌렸다.

"서서가 떠나기 전 남양의 제갈공명을 추천했습니다. 그는 어떤 사람입니까?"

수경 선생이 대답했다.

"공명은 최주평, 석광원, 맹공위, 서원직(서서) 등과 친구 사이지만 공명만이 천하의 이치를 꿰뚫어 보았다고 할 수 있지요. 그는 자신을 관중^{36}과 악의^{37}에 견주지만, 사실 그의 재주는 헤아릴 길이 없습니다."

사마휘의 말에 관우가 곁에서 한마디 했다.

"관중과 악의는 춘추 전국 시대의 이름난 위인으로 그 공로가 세상을 덮었다고 합니다. 공명을 그 두 사람에 비하다니 너무 과하지 않습니까?"

수경 선생은 빙긋이 웃었다.

"내가 보기에 공명은 그 두 사람과 비교하지 말아야 하오. 나는 그를 강태공이나 장자방과 비교할 수 있소."

수경 선생의 말에 그곳에 있던 사람들은 모두 깜짝 놀랐다. 수경 선생은 유비에게 작별 인사를 하고 문을 나서며 나직이 중얼거렸다.

"와룡이 주인을 제대로 얻었지만 안타깝게도 때를 얻지는 못했구나."

수경 선생의 뒷모습을 보며 유비는 감탄을 금하지 못했다.

"참으로 신선과 같은 분이로구나."

유비는 관우와 장비를 데리고 융중을 향해 길을 떠났다. 유비가 와룡강 언덕의 제갈량 초가에 도착해 사립문을 흔들자 한 아이가 쫓아 나왔다.

"누구신가요?"

"나는 한나라 황실의 종친인 유비라고 한다. 들어가서 유비가 선생을 뵈러 찾아왔다고 여쭈어라."

유비의 말에 동자는 머리를 내저었다.

"선생님은 오늘 아침에 잠깐 나가셨어요."

"어디를 가셨느냐?"

"목적지를 말씀하지 않으셔서 몰라요."

"그럼 언제 돌아오시느냐?"

"알 수 없어요. 한 번 나가시면 이삼일 만에 돌아오실 때도 있고, 십여 일이 돼서야 오실 때도 있거든요."

동자의 말에 유비 일행은 실망했다. 성질 급한 장비가 재촉했다.

"어디를 갔는지 언제 돌아올지도 모른다면 만나기 힘들겠소. 그만 돌아갑시다."

관우도 거들었다.

"오늘은 일단 돌아갔다가 사람을 보내 약속을 잡는 것이 좋겠습니다."

유비는 그 말에 공감한다는 듯 고개를 끄덕인 후 아이에게 당부했다.

"선생께서 돌아오시면 이 유비가 뵈러 왔었다고 꼭 전해 다오."

유비는 공명의 집을 떠나 돌아가던 길에 한 사람과 마주쳤는데 그의 모습이 예사롭지 않았다. 유비는 그가 공명이 아닌가 싶어 반가운 마음에 인사했다.

"선생은 혹시 와룡이 아니십니까?"

그 사람이 되물었다.

"공은 누구십니까?"

"유비라고 합니다."

"나는 공명이 아니라 그의 친구인 최주평입니다."

유비는 최주평에게 공명을 찾아온 이유를 설명했다. 그러자 최주평은 잠시 생각에 잠기더니 이윽고 입을 열었다.

"공명으로 하여금 천하를 바로잡게 하신다지만 쉬운 일이 아니지요. 하늘이 정한 운을 사람이 뒤집을 수 없는 법, 무리하다가 몸과 마음만 상하게 되는 것은 아닐지 몹시 염려됩니다."

유비가 대답했다.

"귀한 말씀 감사하지만, 황실의 후손인 저로서는 하늘의 운에만

의지할 수 없습니다. 천하를 바로잡는 것이 곧 저의 사명입니다."

유비는 최주평에게 함께 신야로 가자고 권했다. 그러나 최주평은 유비의 권유를 거절하고 자신이 가던 길을 갔다.

58

삼고초려

　최주평과 헤어져 신야로 돌아온 유비는 며칠 뒤 사람을 보내 공명의 소식을 알아 오게 했다. 심부름 간 사람이 돌아와서 유비에게 보고했다.

　"공명 선생은 이미 집에 돌아와 계시다고 합니다."

　보고를 받자마자 유비는 바로 떠날 준비를 했다. 그러자 장비가 불만을 토해 냈다.

　"그깟 촌사람 하나 만나려고 뭐 하러 형님이 직접 가십니까? 사람을 시켜 불러오게 하시오."

　"공명은 당대의 현인이시다. 그런 분을 어찌 사람을 보내 불러오겠는가?"

　유비는 장비를 꾸짖고 공명을 찾아 다시 길을 나섰다. 그런데 이

날따라 매서운 추위에 눈보라가 휘몰아쳐 가는 길이 험난했다. 장비는 가는 내내 투덜거렸지만, 유비는 들은 척도 하지 않고 공명의 집을 향해 길을 재촉했다.

유비 일행이 공명의 초가와 가까워졌을 때 근처 주점에서 두 사람이 이어 부르는 노랫소리가 들려왔다.

장사가 공을 세워 이름을 아직 알리지 못했으니
오호라! 오랫동안 따뜻한 봄날을 만나지 못했다네.
그대는 보지 못했는가.
동해의 늙은이 가시덤불 떠나…….

유비는 속으로 생각했다.
'노랫말이 범상치 않군. 저 두 사람 가운데 한 명이 공명이 아닐까?'

유비는 기대를 안고 주점으로 들어섰다. 주점 안에서 두 사람이 술상에 마주 앉아 노래를 부르고 있었다. 유비는 한눈에 그들이 고상한 성품을 지닌 선비임을 알아보았다.

"혹시 두 분 중에 공명 선생이 계십니까?"

"공명을 찾아오셨군요. 저희는 그의 친구인 석광원과 맹공위라고 합니다."

유비는 매우 기뻐했다. 그들의 명성을 진작에 들었던 터였다.

"두 분의 명성을 들은 지 오래인데 오늘 운 좋게 뵙게 되었습니다.

괜찮으시면 와룡 선생에게 가서 함께 이야기를 나누고 싶습니다."

석광원이 사양했다.

"저희는 그저 산과 들을 떠도는 게으른 무리에 불과합니다. 나라와 백성의 일은 잘 모르니 나눌 이야기 또한 없습니다. 공께서는 어서 와룡을 찾아보십시오."

유비는 두 사람과 아쉽게 작별하고 공명의 집으로 갔다. 아이가 나오자 유비가 물었다.

"선생께서 오늘은 집에 계시느냐?"

"지금 서재에서 책을 보고 계십니다."

아이는 유비 일행을 서재로 안내했다. 대문을 지나 중문에 이르자 문 위에 큼지막한 글씨가 붙어 있었다.

마음을 단단히 하여 뜻을 밝히고
조용한 속에서 먼 미래를 이룬다.

유비가 그 글을 읽고 있는데 시를 읽는 소리가 들려왔다. 유비는 문 곁에 서서 안을 엿보았다. 서재 마루의 화롯가에서 한 젊은이가 앉아 노래를 부르고 있었다. 유비는 노래가 그치기를 기다려 예를 갖추어 인사했다.

"선생을 존경하여 뵙기 원했으나 그동안 인연이 없었습니다. 저번에 서서가 선생을 추천하여 찾아뵈러 왔다가 헛걸음하여 돌아갔습니다. 오늘 눈바람을 무릅쓰고 왔는데 이렇게 뵙게 되니 참으로 다행입니다."

젊은이는 황급히 옷매무새를 매만지며 공손히 인사했다.

"저는 와룡의 아우 제갈균입니다. 저희는 삼 형제인데 큰형님 제 갈근은 손권의 참모로 있고, 공명은 작은형님입니다. 작은형님은 어 제 최주평과 약속이 있어서 나가셨습니다. 배를 타고 노닐기도 하고 산에 오르기도 하며 친구들과 만나고 계실 것입니다."

유비는 한숨을 쉬며 말했다.

"두 번이나 찾아왔지만, 공명 선생을 만나 뵙지 못하니 너무 아쉽 습니다."

장비는 옆에서 얼굴에 불만이 가득한 채 심통이 나서 투덜거렸다.

"바람이 차고 눈이 펑펑 쏟아지는데 그만 지체하고 어서 떠납시 다. 잘못하다가 날이 저물어 눈 속에 길을 잃게 생겼소."

유비는 그런 장비를 꾸짖은 후 붓을 들어 자신의 간곡한 뜻을 적 어 내려 갔다.

이 유비는 오랫동안 선생의 높으신 명성을 사모하였습니다. 이에 두 번이나 뵈러 왔으나 헛일이 되어 돌아가려니 그 허전한 마음을 달랠 길이 없습니다.

이 유비는 황실의 후예로서 외람되게도 분에 넘친 벼슬을 받았으 나, 지금 조정을 살펴보건대 힘이 약해 기강이 무너질 대로 무너졌 습니다. 또한, 요즈음 자칭 영웅이라는 자들이 나라를 어지럽히고, 악한 무리가 황제 폐하를 거역하니 신하 된 자로서 참으로 가슴 아프고 통탄할 일이 아닐 수 없습니다. 비록 제가 나라를 바로잡고 도탄에 빠진 백성을 구하고자 하는 뜻은 품었으나 힘과 재능이 부족하니 실로 가슴만 답답할 뿐입니다. 우러러 바라건대 선생께서 어질고 자애로운 마음으로 저 여망(강태공)의 빼어난 재주와 자방(장량)의 뛰어난 책략을 베푸시기를 간청합니다. 그렇게 해 주신다면 천하와 황실에 이보다 더한 행운이 없겠습니다. 한 번 뵙기를 원했으나 거듭 뵙지 못하여 먼저 글로 선생께 제 뜻을 전합니다. 다시 목욕재계[38]하고 찾아와 존귀한 얼굴을 뵙고 자세한 말씀을 드리겠습니다. 선생께서 부디 제 뜻을 굽어살펴 주시기만 바랄 뿐입니다.

유비는 글쓰기를 마친 후 그 편지를 제갈균에게 건넸다. 제갈균은 문밖까지 나와 유비를 배웅했다. 유비 일행이 돌아가기 위해 말에 오르려는데, 멀리 누군가 시를 읊으며 나귀를 타고 오고 있었다.

하룻밤 차가운 서풍이 불더니
만 리 하늘에 먹구름이 뒤덮였구나.
끝없는 하늘에는 눈송이 휘날리고
강산의 옛 모습이 모두 바뀌었다.
낯을 들어 하늘을 살펴보니
옥룡들이 어우러져 싸우는 듯해라.
옥 비늘 떨어지듯 어지럽게 날아
한순간 우주에 가득하구나.

나귀 타고 작은 다리 건너며

홀로 매화 질까 한숨짓는다.

유비는 그 노래를 듣고 기뻐하며 서둘러 예를 갖추고 인사했다.

"선생께서 이제야 돌아오십니까? 이 유비가 기다린 지 오래입니다."

그 사람은 깜짝 놀라 말에서 내려 답례한 다음 말했다.

"나는 와룡의 장인 황승언이라 하오. 귀공은 누구십니까?"

이번에도 역시 사람을 잘못 본 것이다. 그는 공명의 아내 황씨의 친정아버지인데 사위를 만나러 오는 길이었다. 유비는 실망했지만 내색하지 않고 웃으며 말했다.

"방금 읊으신 구절이 실로 고상하고 절묘했습니다."

황승언이 대꾸했다.

"이 늙은이가 사위의 집을 드나들다 사위가 지은 시 한 편을 기억하였소이다. 방금 울타리 사이의 매화를 보고 느끼는 게 있어서 읊었는데 귀한 손님께서 들으실 줄은 몰랐소."

유비는 황승언에게 공명의 집을 찾게 된 목적을 설명한 후 작별을 고하고 산야로 향했다. 그는 휘몰아치는 눈보라 속에 안타깝고 울적한 심사를 달랠 길이 없었다.

겨울이 지나고 봄이 오자 유비는 좋은 날을 정해서 목욕재계하고 다시 공명을 찾아가고자 했다. 그러자 이번에는 장비뿐 아니라 관우까지 나서서 말렸다.

"형님께서 친히 두 번을 가셨으니 공명에 대한 성의는 충분히 보였습니다. 어쩌면 공명의 명성은 헛된 것에 불과하여, 스스로 형님을 피하는지도 모릅니다. 그런 인물에게 현혹되어 마음을 쓰시다가 오히려 남들의 비웃음을 사게 될까 두렵습니다."

그러자 유비가 엄숙한 표정으로 말했다.

"그렇지 않네. 옛날 제나라의 환공은 제후의 몸으로 동곽에 사는 이름 없는 사람을 만나기 위해 다섯 번이나 찾아갔다고 했네. 하물며 나는 제갈량이라는 당대 최고의 기재를 만나기 위함인데 어찌 정성을 쏟지 않겠는가?"

유비가 이처럼 말하자 관우도 더는 말리지 못하고 수긍했다.

"형님께서 이처럼 인재를 아끼시니 그 지극한 정성에 감탄할 뿐입니다."

그러자 장비가 얼굴을 붉히며 끼어들었다.

"나는 이해를 못 하겠소. 그깟 촌사람이 얼마나 대단하다고 세 번씩이나 형님께서 찾아가겠다는 거요? 이번엔 형님이 갈 것 없소. 내게 명령만 하시오. 당장 가서 밧줄로 묶어 공명을 대령시키겠소."

유비는 목소리를 높여 꾸짖었다.

"아우는 지난날 주나라의 문왕이 강태공을 만나 뵌 일을 듣지 못했는가? 당시 강태공은 낚시를 드리우고 문왕을 거들떠보지도 않았네.

이에 문왕은 강태공의 뒤에 서서 낚시를 방해하지 않고 해가 질

때까지 기다렸네. 그 정성에 감동한 강태공은 문왕을 보좌하여 주나라 800년 역사의 기초를 세웠네. 문왕께서도 이처럼 현명한 이를 존경하셨거늘 자네는 어찌하여 이처럼 무례한가? 자네는 빠지게. 이번엔 운장과 같이 가겠네."

유비의 꾸중을 듣자 장비는 풀이 죽어 말했다.

"두 형님이 가시는데 어찌 나만 빠지겠소."

그러자 유비가 다짐을 두었다.

"따라나서는 것은 좋지만 예의에 어긋나는 행동은 절대 해서는 안 되네. 명심하게."

"잘 알겠소."

장비가 고개를 숙이며 대답하자 유비는 비로소 말을 몰기 시작했다. 이른 봄이어서 날씨는 아직 쌀쌀했으나 지난번보다 가는 길이 한결 수월했다. 이윽고 와룡강에 이르자 유비는 말에서 내려 걷기 시작했다. 공명에게 예를 갖추기 위해서였다. 관우와 장비도 하는 수 없이 말에서 내려 유비를 따랐다. 때마침 앞에서 제갈균이 걸어오고 있었다. 유비가 예를 갖추어 인사하자 제갈균이 웃으며 말했다.

"또 오셨습니까? 마침 형님께서 길을 떠났다가 어제저녁에 돌아오셨습니다. 어서 가 보십시오."

유비는 제갈균의 말을 듣고 기쁜 마음을 주체하지 못했다.

"오! 마침내 공명 선생을 뵙게 되었군요. 고맙습니다."

유비가 발걸음을 재촉하여 도착해 보니 공명은 낮잠을 자고 있었다. 유비는 그의 낮잠을 방해하지 않으려고 반나절이나 서서 기다렸다. 하지만 공명은 잠에서 깰 기미가 보이지 않았다. 기다리다 지친 장비는 화가 폭발했다.

"이런 무례가 있나. 세 번씩이나 찾아온 손님을 이리 푸대접하다니, 내 이 집을 확 불 싸질러 공명인지 뭔지 하는 이 인간의 버르장머리를 뜯어고쳐야겠소."

그러자 화들짝 놀란 유비와 관우가 나서서 만류했다. 장비는 마지못해 화를 억눌렀지만, 얼굴은 여전히 불만으로 가득했다. 유비는 그러고 나서도 한 시간이나 더 서서 기다렸다.

이윽고 잠에서 깬 공명은 자신을 깨우지 않은 동자를 가볍게 나무란 후 유비와 마주 앉았다. 공명은 머리에 푸른 비단 띠로 만든 두건을 쓰고 몸에는 학의 깃털로 짠 흰옷을 입었는데, 키는 8척에 얼굴은 희고 피부가 깨끗하여 유비는 마치 신선을 마주한 느낌이 들었다. 예를 갖추어 인사를 나눈 두 사람은 함께 차를 마셨다.

"나는 한나라 황실의 후손이지만 탁군 땅에 태어난 보잘것없는 존재에 불과합니다. 일찍이 선생의 크신 명성을 사모한 지 오래입니다. 전에 두 번이나 찾아왔으나 뵙지 못하고 부끄러운 글을 남겼습니다. 혹시 읽어 보셨는지요?"

유비가 예를 갖추어 묻자 공명도 공손하게 답했다.

"지난날 두고 가신 글을 보고 장군께서 나라와 백성을 걱정하는 마음을 충분히 알았습니다. 그러나 저는 아직 어리고 재주도 부족하여 장군께서 요청하신 큰일을 감당하기 어렵습니다."

공명이 사양하자 유비는 거듭 자신을 도와줄 것을 청했다.

"수경 선생이나 서서의 말에 어찌 거짓이 있겠습니까? 선생께서 부디 저를 어리석고 보잘것없다고 물리치지 마시고 가르침을 내려 주십시오."

"그분들은 당대의 뛰어난 선비들입니다. 하지만 저는 미련한 농부에 불과한데 어찌 천하를 논할 수 있겠습니까? 그분들이 잘못 추천하셨습니다. 장군께서는 어찌 귀한 보석을 버리고 쓸모없는 돌멩이를 얻으려 하십니까?"

공명이 또다시 사양했으나 유비는 물러서지 않았다.

"선생께서는 세상을 다스릴 능력과 뛰어난 재주를 갖추셨는데 어찌 몸을 깊이 숨기고 계십니까? 부디 천하의 백성을 생각하셔서 저의 어리석음을 깨우치고 가르침을 내려 주시기 바랍니다."

유비의 간곡한 청을 들은 공명이 마침내 입을 열었다.

"조조가 마침내 원소를 이겼으니 이는 하늘의 도움과 사람의 힘이 합쳐진 결과라고 볼 수 있겠지요. 이제 조조가 황제를 내세우며 천하를 호령하니 그와 함부로 맞서기 어렵습니다.

또한, 손권은 3대째 강동에서 세력을 튼튼히 했고, 백성들도 합심하여 따르고 있습니다. 일단 손권과 화친하시는 게 좋습니다. 형주는 사방으로 통하는 요충지니 천하를 도모할 만한 곳입니다. 이곳은 하늘이 장군께 내리신 땅이나 마찬가지니 빨리 취하십시오."

유비는 공명의 학식과 견문에 감탄하며 귀를 기울였다. 공명이 말을 이었다.

"또한, 익주는 천연의 요새인데 땅까지 기름진 곳이니 한고조께서 이 땅에 의지하여 천하 통일의 대업을 이루셨지요. 게다가 익주를 다스리는 유장은 현명하지 못한 인물이라, 익주의 뜻있는 사람들은 생각이 밝은 주인을 기다리는 형편입니다. 이제 장군께서 형주와 익주를 기반 삼아 서쪽의 융족과 남쪽의 이족, 월족을 위로하는 한편, 손권과 손잡고 안으로 힘을 기르십시오. 기회를 보아 장수 하나를 보내 형주로부터 완성과 낙양으로 진군케 하십시오. 장군께서는 친히 익주의 군사를 거느리고 진천으로 진군한다면 백성들은 환호하며 장군을 맞이할 것입니다. 이렇게 하시면 천하의 대업을 성취하고 한 황실도 부흥시킬 수 있을 것입니다. 이것이 제가 드릴 수 있는 계책이니 헤아려 보시기 바랍니다."

공명은 말을 마치고 동자에게 그림 한 폭을 가져오게 시켰다.

59

천하삼분의 계책

공명이 그림을 펼쳤다. 유비가 보니 중국의 여러 지역을 표시한 지도였다. 공명이 말했다.

"이것은 서천 54주 지도입니다. 북쪽은 하늘이 주신 기회를 얻은 조조에게 양보하시고, 남쪽은 하늘이 베푼 풍부한 자원을 얻은 손권에게 양보하시고, 장군께서는 천하 백성의 마음을 얻는 게 좋습니다. 형주를 취하여 근거지로 삼은 뒤 곧바로 서천을 취해 튼튼한 기반을 마련하여, 조조, 손권과 함께 솥의 발처럼 셋으로 갈라진 형세를 이루셔야만 천하를 제패하여 대업을 이루실 수 있습니다."

유비는 공명의 천하의 대세를 꿰뚫어 보는 안목과 식견에 크게 감복했다.

"선생의 말씀에 답답하던 가슴이 활짝 펴지고 먹구름 사이로 푸른 하늘이 나타나는 듯합니다. 하지만 형주의 유표와 익주의 유장은 모두 나와 같은 한실의 종친이니 그 땅을 취하기가 힘들겠습니다."

공명이 답했다.

"유표는 머지않아 세상을 떠날 것이고 유장은 대업을 이룰 만한 인물이 못 됩니다. 반드시 형주와 익주가 장군께 돌아올 것입니다."

천하삼분의 계책을 듣고 나자 공명을 향한 유비의 마음은 더욱 간절해졌다.

"저를 버리지 마시고 부디 도와주십시오. 선생의 가르침을 따르겠습니다."

유비가 머리를 조아리며 청하자 공명이 답했다.

"저는 밭 갈고 농사 짓는 일을 즐거움으로 삼는 게으른 촌사람에 지나지 않습니다. 어찌 장군을 도와 천하를 도모하겠습니까?"

공명의 말에 유비는 당황하여 눈물을 흘렸다.

"선생께서 저를 도와주지 않으시면 고통받는 불쌍한 백성들은 어찌한단 말입니까?"

유비가 눈물을 흘리며 간절한 태도를 보이자 공명의 마음도 조금씩 움직였다. 유비가 얼마나 눈물을 흘렸는지 옷소매를 다 적실 지경이었다. 그 모습을 본 공명의 마음도 숙연해졌다. 마침내 공명이 말했다.

"장군께서 저를 받아 주신다면 개나 말의 수고를 아끼지 않고, 부족한 힘이지만 나라를 위해 보태겠습니다."

유비는 크게 기뻐하며 관우와 장비를 불러들여 공명에게 예를 갖추게 한 뒤 예물을 바쳤다. 유비는 그날 밤 공명의 집에서 묵었다.

이튿날, 제갈균이 돌아오자 공명은 동생을 불러서 당부했다.

"유황숙이 세 번 찾아 주신 뜻을 저버릴 수 없어 나는 집을 떠난
다. 너는 논밭을 잘 관리하여 황폐하지 않게 하라. 내 유황숙의 은혜
를 갚으면 이리로 다시 돌아와 지낼 것이다."

신야로 돌아온 유비는 공명에게 스승에 대한 예를 갖추는 것은 물
론, 식사도 늘 함께 했고, 잠도 같이 자면서 천하의 일을 의논했다.

이즈음 강동의 손권은 아버지와 형의 뒤를 이어 착실하게 나라의
기반을 다지고 있었다. 이때 손권의 나이는 조조보다 스물여덟이나
아래였고, 유비보다는 스물두 살이 어렸다. 한창 젊은 나이인 그에
게 감택, 엄준, 설종, 정병, 주환, 육적, 장온, 낙통, 오찬 등 천하의
어진 선비들이 모여들었다. 손권은 그들을 맞아들여 후하게 대접했
다. 그뿐만 아니라 여몽, 육손, 서성, 반장, 정봉 등 뛰어난 장수들도
많이 얻어 휘하에 거느리게 되었다. 이렇게 모인 문관과 무장들이
손권을 보좌하니 그 위세가 날로 드높아 갔다.

건안 7년(202년) 조조는 사신을 보내 손권에게 아들을 황궁으로
들여보내 황제를 모시게 할 것을 명했다. 손권이 결정을 미루자
오태부인이 주유와 장소를 불러 의견을 물었다. 장소가 먼저 찬성
했다.

"지금 조조가 볼모를 요구해 온 것은 주공을 견제하기 위해서입

니다. 그런데 만약 거절하면 그 일을 구실로 삼아 군사를 일으켜 공격해 올 것입니다. 그러니 그의 요구를 들어주는 것이 좋겠습니다."

그러자 주유는 반대하고 나섰다.

"주공께서는 아버지와 형님의 대업을 이어받아 여섯 군의 백성을 거느리며 풍족한 식량을 확보하고 정예병을 길러 왔습니다. 백성은 전쟁을 두려워하지 않고 군대는 용맹스럽습니다. 그런데 무엇이 두려워 조조의 요구를 들어주려 하십니까? 만약 볼모를 보내면 그때부터 우리 강동은 조조가 쥐락펴락하게 됩니다. 그런 신세가 된다면 주공께서 어찌 천하를 도모할 수 있겠습니까? 일단 그의 요구를 들어주지 말고 천천히 변화를 살피면서 따로 계책을 세우는 것이 좋겠습니다."

오태부인은 주유의 말을 옳게 여겨 그의 의견을 따랐다. 손권도 어머니의 뜻에 따라 사신을 그냥 돌려보냈다. 조조는 이때부터 손권을 제거하려는 뜻을 강하게 품게 되었다. 하지만 북방의 일이 불안정해서 남쪽 방면에 군사를 일으킬 만한 여력이 없었다.

건안 8년(203년) 손권은 영토를 맞대고 있는 황조를 치기로 했다. 조조의 공격을 대비해서 강동부터 평정하기로 한 것이다. 첫 전투는 강 위에서 싸워 이겼지만, 육지에서의 전투는 달랐다. 손권의 장수 능조는 첫 전투에서 승리한 여세를 몰아 단숨에 황조군을 깨뜨릴 생각이었다. 그러나 능조는 매복에 걸려 감녕의 화살에 목숨을 잃었고, 지휘관을 잃은 강동의 군사들은 혼란에 빠져 패하고 말았다. 손권은 전세가 불리해지자 즉시 군사를 돌이켰다.

이 무렵 손권의 동생 손익은 단양의 태수로 있었다. 그런데 그는 성미가 사나워 술에 취하면 지위 고하를 막론하고 부하들을 심하게 매질하곤 했다.

손익의 휘하 장수인 규람과 대원은 오래전부터 그런 손익을 죽일 기회를 노렸다. 그러나 손익은 나이는 어렸지만 강하고 용맹스러워 쉽게 기회를 잡지 못했다. 규람은 꾀를 내서 산적 토벌을 구실로 각 고을 현령들이 참여하는 회의를 열게 했다. 태수인 손익은 회의를 주재했고, 회의가 끝나자 잔치를 열었다. 손익은 평소처럼 이날도 술에 만취했다. 그들은 손익의 시종 변홍을 포섭하여 잔치가 끝나고 돌아가는 손익을 제거했다.

변홍은 규람과 대원의 부탁을 받고 손익을 칼로 찔러 죽였지만, 규람과 대원은 변홍에게 모든 죄를 뒤집어씌웠다. 그들은 변홍을 처형하고, 손익의 재산과 첩을 모조리 차지했다.

손익의 부인 서씨는 미모가 뛰어나고 총명했다. 규람은 그녀의 미모를 탐하여 협박했다.

"주군은 이미 변홍의 칼에 맞아 죽임을 당했소. 내가 그놈을 붙잡아 목을 베어 그대의 원수를 갚았소. 그러니 지금부터 나를 섬기시오. 만약 거부한다면 목숨을 잃게 될 것이오."

말을 마친 규람은 대뜸 서씨의 손을 잡고 침실로 이끌었다. 그러자 서씨가 황급히 규람의 손을 뿌리치며 말했다.

"남편이 죽은 날 어찌 다른 남자를 따를 수 있겠소? 장례를 마친 후 상복을 벗고 그대의 요구를 따르겠소."

서씨의 말이 도리에 맞고 자기를 거역하는 것도 아니어서 규람은 순순히 서씨를 놓아주었다. 총명한 서씨는 변홍이 남편을 죽였다는 말에 의심을 품었다. 그녀는 몰래 남편의 심복 부하였던 손고와 부영을 부른 뒤 사실을 알리고 대책을 의논했다.

손고와 부영은 원래부터 손익의 충직한 가신이었다. 그들은 서씨의 이야기를 듣고 규람과 대원이 손익을 살해했다는 것을 확신했다. 그들은 서씨와 함께 규람과 대원을 제거할 것을 맹세했다.

"평소 태수님의 각별한 은혜를 입은 저희가 어찌 그분의 원수를 두고 볼 수 있겠습니까? 반드시 그들을 죽여 태수의 은혜를 갚겠습니다."

마침내 장례식이 끝난 후 서씨는 손고와 부영을 밀실의 장막 뒤에 숨게 한 뒤 규람을 불러들여 술을 권했다. 서씨는 규람이 만취하자 밀실로 이끌었다. 규람은 서씨를 품게 될 생각에 들떠서 그녀의 뒤를 따랐다.

그 순간 서씨가 손고와 부영 두 장수의 이름을 크게 외쳤고, 두 장수가 칼을 뽑아 들고 뛰어나왔다. 만취한 규람은 놀라서 칼을 뽑으려 했지만 제대로 맞서지도 못하고 두 사람의 칼날에 목숨을 잃고 말았다. 서씨는 대원도 같은 방법으로 죽였다. 또한 규람과 대원의 일가친척은 물론 그들을 따르는 무리까지 모두 처형했다.

복수를 마친 서씨는 다시 상복으로 갈아입고 규람과 대원의 목을 손익의 영전에 올려 제사를 지냈다.

"이제 원한을 풀었습니다. 저는 평생 재혼하지 않겠으니 편히 눈을 감으십시오."

이 일을 전해 들은 강동 사람들은 서씨의 절개와 의로운 행동을 칭찬해 마지않았다.

60

황조의 몰락

건안 12년(207년) 10월, 손권의 어머니 오태부인의 병세가 위독해졌다. 그녀는 자기의 수명이 다했음을 직감하고 주유와 장소를 침상 앞으로 불러 당부했다.

"나는 손씨 집안에 시집와서 3남 1녀를 낳았소. 큰아들 손책은 달이 품에 들어오는 태몽을 꾸었고, 둘째 손권은 해가 품에 들어오는 태몽을 꾸었소. 점쟁이가 말하기를 해와 달을 품에 안는 꿈을 꾸면 그 아들이 크게 성공하여 귀한 신분이 된다고 했었소. 하지만 불행히도 큰아들은 일찍 죽고 강동의 사업은 둘째가 맡게 되었소. 하지만 손권은 아직 어려 배워야 할 것이 많소. 부디 두 분은 마음을 합쳐 손권을 도와주시오. 그러면 나는 죽어서도 그대들의 은혜를 잊지 않겠소."

그리고 손권에게도 당부를 잊지 않았다.

"너는 자포(장소)와 공근(주유)을 스승의 예로 대하고 그들의 가르침에 귀를 기울여라. 그리고 네 이모가 별당에 계시니 너의 어머니로 섬겨야 한다. 네 동생 손익이 얼마 전에 세상을 떠났으니 이제 세상에 혈육이라고는 너와 여동생뿐이다. 그러니 하나뿐인 네 여동생도 사랑하고 보살피기를 잊지 말아라."

오태부인은 유언을 마치자 세상을 떠났다. 손권은 슬피 울며 정성을 다해 장례를 모셨다. 손권은 상중에 겨울을 보내고 봄을 맞았다. 손권은 황조를 공격하려고 했다. 그러자 장소가 만류했다.

"상복을 입고 아직 한 해가 지나지 않았으니 군사를 움직여서는 안 됩니다."

장소의 말을 듣고 손권은 망설였다. 그러자 주유가 단호한 어조로 장소의 말을 반박했다.

"황조를 토벌하라는 것은 태부인의 유언이었습니다. 어찌 상중이라고 미룰 수 있겠습니까?"

두 사람의 의견이 맞서자 손권은 선뜻 결단을 내리지 못했다. 이때 여몽이 달려와서 황조의 부하 장수 감녕이 투항해 왔다고 알렸다.

감녕은 비단으로 만든 돛을 단 배를 타고 다니는 것으로 유명했다. 그는 협객으로 소문났으며 글재주도 뛰어났다. 원래 강호의 무리를 이끌고 도적질을 일삼다가 잘못을 뉘우치고 유표의 휘하에 들어갔다. 그러나 유표의 사람됨에 실망하여 손권에게 오다가 황조에게 붙잡혀 그에게 몸을 의탁하는 처지였다. 황조의 신하 중에 소비라는 장수가 있었는데 그는 감녕의 처지를 매우 안타까워했다.

어느 날 소비는 황조에게 권했다.

"감녕이 그동안 공을 많이 세웠는데, 그에게 상을 내리고 벼슬을 주어 귀하게 쓰시면 어떻습니까?"

그러자 황조가 말했다.

"감녕은 원래 강에서 도적질이나 하던 자요. 그런 자에게 어찌 중요한 직책을 맡긴단 말이오? 그저 필요할 때 맹수처럼 쓰면 그만이오."

이에 소비는 감녕을 더욱 동정하게 되었다. 어느 날 소비는 술자리를 마련하여 감녕을 불렀다.

"내가 그대를 여러 번 추천했으나 주군께서 써 주지 않으니 어찌겠소. 세월은 쏜살같이 흐르고 인생은 짧소. 내가 그대를 보증해서 주현의 현장으로 추천할 테니 그곳에 머물든지 떠나든지 알아서 하시오."

이렇게 해서 감녕은 근무지로 가던 중 강동으로 와서 여몽에게 투항한 것이다. 그러나 한편으로 감녕은 황조를 구하고 능조를 죽인 일로 걱정을 했다. 여몽은 화살을 꺾어 보이며 감녕에게 맹세했다.

"우리 주군께서는 황조와 다르오. 분명 그분은 열린 마음으로 그대를 환영할 것이오. 더구나 전장에서 장수가 자신의 주군을 돕기 위한 행동이었으니 어찌 그 일로 원한을 품겠소. 내 그대를 위해 주군께 잘 말씀 드리겠소. 걱정하지 말고 기다리시오."

여몽은 그 길로 손권을 찾아온 것이다.

여몽에게 전후 사정을 듣고 난 손권은 크게 기뻐했다.

"우리가 황조를 칠 계획을 세우고 있는데 감녕이 투항해 왔소. 이 것은 분명 하늘이 우리에게 승리를 주실 징조요."

손권은 여몽에게 감녕을 데려오게 했다. 감녕이 와서 신하의 예를 갖추자 손권은 따뜻한 미소로 맞았다.

"그대가 나를 찾아왔으니 참으로 기쁘오. 지난 일은 잊고 황조를 깨뜨릴 계책을 알려 주시기 바라오."

"지금 황실의 운명은 갈수록 위태로워지고 있습니다. 조조는 반 드시 역심을 품고 황제가 되려고 할 것입니다. 그러자면 조조는 무 조건 형주 일대를 손에 넣어야 합니다. 형주의 유표는 어리석어 앞 날을 대비하지 못하고, 그의 자식들 또한 아버지의 사업을 이어받을 능력이 부족합니다. 더구나 유표의 집안은 식구끼리 불화와 반목이 심하고, 신하들의 갈등과 암투가 그치지 않습니다. 그러니 지금이야 말로 형주를 차지하기 좋은 때입니다. 늦으면 조조가 먼저 손을 쓸 수 있습니다. 주공께서 그런 뜻이 계시다면 먼저 황조를 치십시오. 황조는 장사와 이익에만 눈이 멀어 부하와 백성을 들볶고 있습니다. 군사도 백성도 모두 그를 원망하고 있으니, 전투가 벌어지면 싸움을 포기하고 모두 제 살길을 찾을 것입니다. 지금 황조를 공격하시면 그야말로 쉽게 승리를 거둘 수 있습니다."

손권은 기뻐하며 주유를 대도독으로 삼고, 여몽을 선봉장으로, 동습과 감녕을 부장으로 삼아 10만 대군을 일으켜 황조를 공격했다.

황조는 소비를 대장으로 삼고 진취와 등룡을 선봉으로 삼아 손권군에 맞섰다. 진취와 등룡은 전투선을 이끌고 강의 하구를 막았다. 배에는 쇠뇌를 1000여 벌씩 배치하고, 굵은 밧줄로 배를 수면에 고정시켰다. 강동의 군사들이 수백 척의 작은 배를 타고 북을 올리며 전진하자 황조의 전투선에서 수많은 화살이 비 오듯이 날아왔다.

강동의 배들은 순식간에 화살로 벌집이 되었고, 더는 나아가지 못하고 물러섰다. 그 모습을 지켜보는 주유의 마음은 무거웠다. 이때 감녕이 다가와 말했다.

"이대로 전진하기 어려우니 다른 방법을 써야겠습니다."

감녕은 작은 배 100여 척을 고른 후 배마다 정예 군사 50명을 태우고, 20명은 노를 젓고, 30명은 갑옷을 입고 칼을 들어 싸울 태세를 갖추었다. 그 배들이 비 오듯이 쏟아지는 화살을 뚫고 황조의 전투선들로 다가가 도끼로 밧줄을 끊었다. 그러자 황조의 전투선들은 그만 물살에 밀려 돌아섰다. 감녕이 등룡과 진취가 지휘하는 전투선에 뛰어올라 등룡을 죽였다. 그러자 진취는 배를 버리고 달아났다.

61

제갈량의 첫 승리

여몽이 그 모습을 보고 쪽배로 뛰어내려 스스로 노를 저어 나아가고, 감녕과 동습은 황조의 전투선들에 불을 질렀다.

황조는 손권 군사들의 기세를 당해 내지 못하고, 강하를 버리고 형주로 달아났다. 감녕은 황조의 움직임을 예측하고 미리 매복하고 있었다. 황조와 마주친 감녕은 달아나는 황조를 활로 쏘아 맞히고 목을 벳다. 한편 황조의 대장 소비는 사로잡혔는데, 감녕은 지난날 그의 도움을 잊지 않았다. 감녕이 손권에게 소비를 풀어 주기를 요청하자 손권은 흔쾌히 그의 부탁을 들어주었다.

손권은 승리를 축하하는 잔치를 벌여 장수들을 위로했다. 모두가 감녕의 공을 칭송하고 있을 때, 갑자기 한 사람이 칼을 빼 들고 일어나 감녕을 베려고 했다. 모두 놀라서 보니 능조의 아들 능통이었다.

그는 감녕에게 원한을 품고 죽은 아버지의 복수를 하려던 것이다. 손권이 급히 나서서 능통을 말렸다.

"그대의 효심을 생각해서 무례를 탓하지 않겠다. 감녕이 그대의 아버지를 죽인 것은 당시 섬기던 주군에게 충성을 다한 것이지 사사로운 원한이 아니었다. 이제 황조는 망하고 감녕은 이미 우리와 한 집안 사람이 되었다. 그러니 이 손권의 체면을 봐서라도 지난 원한은 잊게."

손권이 타이르자 능통은 머리를 조아리며 목 놓아 울었다.

"어찌 원수와 같은 하늘을 이고 살 수 있습니까?"

손권과 사람들이 거듭 타일렀으나 능통은 성난 눈을 부릅뜨고 감녕을 노려볼 뿐이었다.

손권은 능통에게 양해를 구한 후 그날로 감녕에게 5000명의 군사와 100척의 전투선을 주어 하구를 지키게 했다. 손권이 감녕과 능통을 떨어뜨려 서로 얼굴을 마주칠 기회가 없도록 배려한 것이다.

한편 유표는 상의할 일이 있다며 사람을 보내 유비를 초청했다. 유비는 지난날 잔치에 참석했다가 채모에게 목숨을 잃을 뻔했던 기억 때문에 망설였다. 그러자 공명이 조언했다.

"손권이 황조를 물리친 일 때문일 것입니다. 아마 유표는 주공을 청해 함께 손권을 치자고 할 것입니다. 제가 함께 가서 상황에 따라 대책을 세우겠으니 걱정 마시고 부름에 응하십시오."

"유표가 만약 손권을 치자고 제안하면 어떻게 대답하면 되겠소?"

"핑계를 대고 응하지 마십시오."

유비는 공명의 말에 고개를 끄덕이고 장비에게 군사 5백을 주어 호위하게 한 뒤 공명과 함께 형주로 향했다.

유표를 만난 유비는 지난날 잔치에 참석했다가 인사도 없이 떠난 일을 사과했다. 그러자 유표는 손사래를 쳤다.

"내 아우가 겪은 불상사가 채모의 짓임을 알고 있네. 그의 목을 베어 아우에게 보내려 했으나 여러 신하가 간곡히 만류하여 꾸짖고 용서했네. 부디 그 일은 잊어 주기를 바라네."

유비가 웃으며 말했다.

"그 일을 꾸민 것은 채 장군이 아닐 것입니다. 아마 어떤 소인배들의 짓이라 여겨집니다. 이미 모두 잊었으니 형님께서는 염려하지 마십시오."

유비의 말에 채모는 비로소 안심하며 의논할 일에 대해 말했다.

"자네는 손권이 강하의 황조를 친 일을 알고 있는가?"

공명의 예상대로였다. 유비가 대답했다.

"황조는 군사와 백성의 인심을 잃어 스스로 자멸한 것입니다. 지금 군사를 일으켜 남쪽을 정벌하다 만약 북쪽에서 조조가 공격해 오면 어쩌시겠습니까?"

"나도 그 점이 걱정되네. 나는 이미 나이도 많고 자주 병을 앓으니 아우의 도움이 필요하네. 아우는 나와 같은 황실 종친이니 나 대신 이 형주를 맡아 주게."

유비는 놀라 급히 사양했다.

"형님은 그런 말씀 마십시오. 제가 어찌 감히 형주를 맡겠습니까? 절대 안 될 일입니다."

이때 곁에 있던 공명이 눈짓을 보냈다. 유표의 청을 거절하지 말라는 뜻이었다. 하지만 유비는 공명의 눈짓에도 아랑곳없이 유표의 거듭된 요청을 극구 사양했다. 유표와 대화를 마친 후 숙소로 돌아오자 공명이 물었다.

"유표가 형주를 주공께 부탁하는데 왜 거절하십니까?"

"그분은 나에게 은혜를 베풀고 친아우처럼 대했소. 그분의 위태로움을 틈타 내가 어찌 그의 땅을 탐하겠소."

공명은 감탄했다.

"참으로 어질고 너그러우십니다."

두 사람이 대화를 나누고 있을 때 유표의 큰아들 유기가 찾아왔다. 그는 자신의 처지를 호소했다.

"계모 채씨가 저를 미워하며 핍박하니 언제 해를 당할지 하루하루가 불안하기만 합니다. 부디 저를 구해 주십시오."

유비는 그의 처지를 동정했지만 뭐라고 위로해야 할지 난처했다. 그는 옆에 있는 공명을 가리켰다.

"자네의 처지가 참으로 딱하구먼. 하지만 이 문제는 자네 집안 문제여서 내가 답하기 곤란하네. 나보다 여기 공명 선생과 상의해 보게."

유기가 조언을 구하자 공명이 대답했다.

"지금 황조가 죽어 강하를 지킬 사람이 없습니다. 부친께 강하를 지키겠다고 요청하십시오. 그렇게 하면 화를 면할 수 있습니다."

유기는 공명에게 두 번 절하여 고마움을 표현했다.

이튿날 유기는 공명이 시키는 대로 유표에게 강하를 지키겠다고 청했다. 그러자 유표는 이 일을 유비와 상의했다. 유비는 대번에 찬성했다.

"강하는 중요한 땅이라 남에게 맡길 수 없습니다. 공자가 몸소 가야지요. 앞으로 형님 부자께서 강동을 견제하시고, 조조를 견제하는 것은 제게 맡겨 주십시오."

유표는 이렇게 해서 아들의 청을 승낙했다. 다음 날 유비와 공명은 신야로 돌아갔다.

이 무렵, 조조는 삼공의 직책을 없애고 승상인 자신이 모든 권세를 한 손에 거머쥐었다. 그는 모개를 동조연에 임명하여 조정의 관리와 군관을 골라 쓰게 하고, 최염을 서조연에 임명하여 승상부의 관리를 뽑아 쓰게 했다. 동조연과 서조연은 조정의 벼슬아치들을 임명하는 자리여서 무엇보다 청렴해야 했다. 그런 면에서 꼿꼿하고 바른 성품을 지닌 최염과 모개는 누구보다 적임자였다. 조조는 또 이름없는 문관 중에서 하내 출신의 사마의를 문학연(학문을 담당하는 관리)으로 등용했다.

당시 문학이란 유학을 가르치는 일로, 군과 국에 설치한 학교에 문학연과 문학사가 있어 선비를 가르쳤다. 조조가 사마중달(사마의)

의 재주와 능력을 알아보고 그를 등용한 것이다.

조정이 안정되자 조조는 장수들을 불러 모아 남쪽 정벌을 상의했다. 하후돈이 말했다.

"요즈음 유비가 신야에서 군사를 양성하며 전쟁 준비를 한답니다. 이대로 두면 후환이 될 것이니 유비를 쳐서 걱정거리를 없애는 것이 좋겠습니다."

조조는 하후돈의 의견을 옳게 여겼다. 그는 즉시 하후돈을 도독으로 삼고, 우금, 이전, 하후란, 한호 등을 부장으로 삼아 10만 군사를 이끌고 박망성으로 가게 했다. 이때 순욱과 서서가 나서서 하후돈에게 당부했다.

"유비가 제갈량을 얻었으니 결코 가볍게 보면 안 됩니다."

"걱정하지 마시오. 내가 반드시 유비를 사로잡고, 제갈량을 산 채로 끌고 오겠소."

하후돈은 두 사람의 당부를 무시한 채 자신감을 보였다.

한편, 유비는 공명을 스승으로 모시듯 대우했다. 관우와 장비는 그런 유비의 태도가 못마땅했다. 그러자 유비가 두 사람을 달랬다.

"내가 공명 선생을 얻은 것은 물고기가 물을 만난 격이며, 호랑이가 날개를 얻은 것과 다름없네. 그러니 아우들도 불만을 품지 말아주게."

공명은 조조의 공격에 대비하기 위해 신야의 백성 중에서 3천 명을 뽑아, 그들에게 군사 훈련을 시키며 전법을 가르쳤다. 그러자 오래지 않아 그들은 훌륭한 정예병의 면모를 갖추어 갔다. 유비는 물론 관우와 장비도 군사를 조련하는 공명의 탁월한 능력에 감탄을 금치 못했다.

이때 하후돈이 10만 대군을 이끌고 온다는 소식이 들어왔다. 유비는 크게 놀라 관우와 장비를 불러 걱정스럽게 물었다.

"이 일을 어쩌면 좋겠는가?"

장비가 공명을 빗대어 비아냥거렸다.

"이전에 형님께서 고기가 물을 만났다고 하셨는데 그 '물'에게 막으라고 하시지요."

유비가 공명을 스승에게 대하듯 깍듯하게 받드는 것을 꼬집은 것이다. 유비는 장비의 의도를 깨닫고 부드러운 어조로 타일렀다.

"지혜는 공명에게 의지하고, 용맹은 두 아우를 믿고 있거늘 어찌 모든 일을 공명에게 미루는가?"

관우와 장비가 물러가자 유비는 공명을 불러 상황을 알리고 대책을 물었다. 공명이 담담한 표정으로 대답했다.

"염려하지 마십시오. 다만 걱정거리는 밖이 아니라 우리 내부에 있습니다. 아마 관우와 장비 두 분은 제 명령을 따르지 않을 것입니다. 주공께서 저에게 지휘권을 주시려면 검과 도장까지 주십시오."

유비는 제갈량에게 즉시 검과 도장을 내어 주었다. 공명이 장수들을 소집하자 관우와 장비가 귓속말을 주고받았다.

공명은 무시하고 장수들에게 각자 임무를 부여했다.

"박망은 여기서 90리 거리인데 그 왼쪽에 있는 산은 예산이고, 오른쪽에 있는 숲은 안림이라고 하오. 산과 숲 모두 매복하기에 더없이 좋은 곳이오. 운장은 군사 1천 명을 거느리고 예산으로 가서 매복하시오. 적군이 그곳을 지날 때 남쪽 산에서 불이 나거든 후진을 쳐서 모두 태워 버리시오."

장비에게는 안림 뒤쪽 골짜기에 매복하라고 일렀다.

"장군도 불이 나면 박망성으로 가서 적의 군량과 마초를 쌓아 놓은 곳에 불을 지르십시오."

공명은 관평과 유봉에게 박망파 뒤 양쪽에서 기다리다가, 적군이 오면 즉시 불을 지르게 했다.

공명의 지휘가 못마땅했던 장비가 비아냥거렸다.

"그러면 군사께서는 무엇을 하려 하시오."

공명이 답했다.

"나는 성을 지키겠소."

장비가 웃으며 말했다.

"우리가 목숨 걸고 싸울 때 군사께서는 안전한 곳에서 편히 쉬겠다는 말씀이군."

장비의 말에 공명이 유비가 준 칼과 도장을 들어 보이며 큰 소리로 외쳤다.

"여기 주공의 검과 도장이 있다. 명을 어기는 자는 누구든지 가차 없이 목을 벨 것이다!"

공명이 말을 마치자 유비도 나서서 거들었다.

"아우는 '장막 안에서 계책을 세우고 천 리 밖의 싸움을 이기게 한다[39]"는 말도 듣지 못했는가? 두 아우는 명을 어기지 않도록 하라!"

유비까지 나서자 관우와 장비도 더는 대꾸하지 못하고 물러났다. 관우와 장비가 물러나자 다른 장수들의 마음도 불편했다. 그들은 공명의 능력을 알 수 없어 내심 불안했던 것이다.

62

공융의 죽음

하후돈은 부대를 선봉대와 군인과 말의 식량을 나르는 두 부대로 나누었다. 조조군이 박망파를 향해 진군할 때 유비의 군사들이 달려오는 게 보였다. 그 모습을 보고 하후돈이 비웃었다.

"제갈량이 그토록 뛰어나다더니 겨우 저따위 군사들로 우리를 막으려 한단 말인가?"

유비군의 선봉에 선 장수는 조운이었다. 조운은 하후돈과 싸우는가 싶더니 그대로 달아났다. 하후돈은 그 뒤를 한참을 추격했다. 이윽고 박망파에 이르렀을 무렵에 유비가 군사를 이끌고 나와 하후돈과 맞섰다. 그러나 유비 또한 곧 달아나기 시작했다. 하후돈은 호기롭게 뒤를 쫓다가 좁은 골짜기를 지나 갈대밭이 펼쳐진 곳에 이르렀다. 우금과 이전은 주변의 풍경을 보고 문득 느끼는 게 있어서 하후

공융의 죽음 211

돈에게 말했다.

"적이 계속 도망치는 것이 아무래도 수상합니다. 혹시 화공을 펼치려는 것이 아닐까요?"

하후돈은 그제야 정신이 퍼뜩 들었다. 하지만 곧 함성과 함께 갈대밭에 불길이 치솟기 시작했다. 그 불은 삽시간에 사방을 불바다로 만들어 버렸다. 불길 속에서 하후돈의 군사들은 서로 밟고 밟히며 아수라장이 되었다. 조운은 때를 놓치지 않고 군사를 돌려 기습했다. 후방에서 군사들을 지휘하던 이전은 관우가 나타나자 달아났다.

우금도 군사와 말을 먹일 식량에 불이 붙자 달아나 버렸다. 더구나 장비마저 나타나 하후돈의 부하 장수 하후란을 죽이니 조조의 군사들은 크게 패하고 말았다.

승리를 거두고 돌아가는 관우와 장비는 새삼 공명의 능력에 감탄을 금치 못했다. 마침 공명이 수레를 타고 나오자 관우와 장비는 진심으로 존경의 예를 갖추었다.

유비는 조조가 대군을 이끌고 올 것을 염려했다. 그러자 공명이 유비를 안심시켰다.

"조조가 대군을 이끌고 쳐들어와도 대비책이 있으니 조금도 걱정하지 마십시오."

마침 유표가 병이 걸려 누워 있다는 소식이 들어왔다. 공명은 좋은 기회라며 형주를 공격하여 빼앗자고 말했다.

"유표는 황실의 종친이며, 그에게 받은 은혜도 있는데 어떻게 그

212

럴 수 있겠소. 절대 안 될 말이오."

한편, 하후돈은 스스로 자신의 몸을 결박하고 조조 앞에 나아가 처벌을 자청했다. 그러나 조조는 패배에 대한 책임을 하후돈에게 묻지 않았다.

건안 13년(208년) 7월, 조조는 50만 대군을 이끌고 직접 출정에 나설 준비를 했다. 그러자 공융이 나서서 말렸다.

"유비와 유표는 황실의 종친입니다. 더구나 손권은 형세가 험한 지역을 차지하고 있어서 공략하기가 어렵습니다. 더구나 이번 출정은 그들을 칠 대의명분이 없습니다."

그러자 조조는 화가 나서 출정을 말리는 자는 목을 베겠다고 선언했다.

공융은 혼잣말로 탄식했다.

"어질지 못한 이가 어진 이를 치려 하니 어찌 패하지 않겠는가?"

마침 그 주변에 있던 관원이 그 말을 듣게 되었는데, 그는 공융에게 멸시를 당해 원한을 품은 자였다. 그 관원은 즉시 조조에게 찾아가 공융을 모함했다.

"공융은 늘 승상을 업신여겼으며, 지난날 예형이 승상을 모독한 것도 사실은 공융이 시킨 것입니다."

조조는 그 말을 듣고 크게 노하여 공융은 물론 그의 집안 식구들까지 잡아들여 모두 죽였다. 공융의 시체가 거리에 전시되자 자습이라는 사람이 시체를 잡고 통곡했다. 그 사실을 알게 된 조조는 자습 까지 처형하려고 했다. 그러자 순욱이 말렸다.

"자습은 늘 공융에게 너무 강직하면 큰 화를 당한다고 충고했던 사람입니다. 그는 의리가 깊은 사람이니 살려 주십시오."

조조는 순욱의 말을 듣고 자습을 죽이려던 마음을 바꾸었다. 자습 은 공융과 그의 가족들의 시신을 거두어 장례를 치러 주었다.

한편, 형주의 유표는 병세가 심해지자 유비를 불렀다.

"내 대신 형주를 맡아 주시오."

그러나 유비는 울면서 거절했다.

"절대 그럴 수 없습니다. 말씀을 거두어 주십시오."

이때 조조의 50만 대군이 쳐들어온다는 소식에 유비는 서둘러 신 야로 돌아갔다. 유표는 자신의 병세가 더욱 악화되자 결국 큰아들 유기를 후계자로 삼았다. 또한, 유비로 하여금 유기를 보좌하게 하 라는 유언을 남겼다. 이에 화가 난 채부인은 유표가 병들어 누워 있 는 숙소에 아무도 출입하지 못하게 했다.

유기는 아버지가 위독하다는 소식을 듣고 강하에서 형주로 달려 왔다. 그러나 채모가 문을 막아서며 못 들어가게 했다. 어쩔 수 없이 유기는 강하로 돌아갔고, 유표는 영문도 모른 채 유기가 오기만을 기다리다가, 결국 숨을 거두었다.

채부인은 채모, 장윤과 거짓 유서를 꾸며 자신이 낳은 유종을 유 표의 후계자로 만들었다. 이때 유종의 나이는 열네 살에 불과했다.

이렇게 해서 형주의 모든 재산과 권력은 모두 채씨 집안이 독차지하게 되었다. 심지어 채부인과 채모는 유표의 죽음을 유비와 유기에게 알리지도 않고 장례를 치렀다.

채부인과 유종은 양양으로 옮겨 와 유비와 유기를 막으려 했고, 등의와 유선으로 하여금 형주를 지키게 했다.

63

첫 승리 후

조조의 대군이 양양으로 진군 중이라는 소식에 겁을 집어먹은 유종은 채모와 괴월을 불러들여 상의했다. 이때 부손이 나서서 형주와 양양 아홉 고을을 조조에게 바치자는 의견을 냈다. 유종은 부손을 꾸짖었다. 그러나 이번엔 괴월이 나서서 부손의 의견에 찬성했다. 그리고 학문과 재주가 뛰어나기로 유명한 왕찬마저 조조에게 항복하자고 했다. 이에 유종도 체념하고 모두의 의견을 수용했다.

마침내 유종은 항복하는 문서를 적어 송충으로 하여금 조조에게 바치게 하니 조조는 크게 기뻐했다.

그런데 돌아오던 송충이 관우에게 사로잡히고 말았다. 송충으로부터 유종의 항복 사실을 듣게 된 유비는 매우 놀라 통곡했다. 마침 이적이 강하에서 찾아와 유비를 만나 유표가 죽은 일과 유종이 새 주인이 된 사실을 전했다. 유비는 이적에게 유종이 항복한 사실을 알렸다. 크게 놀란 이적이 유비에게 권했다.

"유표를 문상하러 왔다는 핑계를 대고 양양으로 가서 유종을 사로잡은 뒤 그 잔당을 없애고 형주를 차지하십시오."

"그건 안 될 말이오. 집안 어른이 조카와도 같은 어린아이를 사로잡고, 그 땅을 차지하면 세상 사람들이 나를 얼마나 욕하겠소."

유비는 이번에도 자신의 뜻을 굽히지 않았다.

유비가 몸을 피해 번성으로 가려고 하는데 조조의 대군이 박망파에 도착했다는 보고가 들어왔다. 공명은 신야 백성들 가운데 번성으로 떠날 사람들은 즉시 번성으로 떠나라는 안내문을 붙였다. 또한, 손건에게 배를 준비하게 시킨 후 미축에게 관원들의 가족을 번성으로 호송하게 했다. 공명은 관우에게 백하 상류에 매복해 있다가 군사들을 시켜 흙을 포대에 담아 강물을 막도록 했다. 그리고 하류에서 군사들의 함성과 말발굽 소리가 들리면 물을 터놓고 하류로 내려와 공격하라고 일렀다.

장비에게는 박릉 나루터에 매복해 있다가 조조의 군사가 도망쳐 오면 즉시 공격하라고 시켰다. 조운에게는 신야의 성문 세 곳에 군사를 매복시켜 두고 성안 민가에 불이 잘 붙는 물건을 뿌려 두라고 일렀다. 미방과 유봉에게는 홍기(붉은 깃발)와 청기(푸른 깃발)를 둔 군사를 이끌고 신야성 바깥 30리에 주둔하라고 시켰다. 조조의 군사가 도착하면 홍기군은 왼편으로 청기군은 오른편으로 달리게 하라

일렀다.

이윽고 조조의 군사가 신야성 근처에 도착하자 홍기군과 청기군이 제각각 내달리기 시작했다. 복병을 의심한 선봉장 허저가 조인에게 보고했지만, 조인은 복병이 있는 척 꾸민 것으로 판단하고 계속 전진했다. 허저와 조인의 군사가 신야성에 도착하니 성문이 모두 열려 있고 사람의 모습을 찾기 어려웠다.

유비가 도망갔다고 생각한 그들은 군사들을 민가에서 쉬게 했다. 밤이 깊어지자 갑자기 성문 네 곳에서 일제히 불이 일어나더니 얼마 지나지 않아 성안은 불바다로 변했다. 누군가 동문만 불이 붙지 않았다고 외치자 조조의 군사들은 모두 동문으로 내달렸다.

그런데 조조군이 겨우 성문을 빠져나온 순간 조운이 나타나 그들에게 공격을 퍼부었다. 이때 미방과 유봉의 군사까지 합세하여 공격하자 조조의 군사들은 우왕좌왕하며 어쩔 줄 몰랐다.

간신히 도망친 조조의 군사들이 강가에 도착하여 목을 축이느라 정신없을 때였다. 갑자기 큰 물길이 상류에서 쏟아져 내려와 군사의 태반이 물결에 휩쓸려 목숨을 잃었다. 관우가 상류에서 막았던 물길을 터 버렸던 것이다. 조조의 군사들이 천신만고[40] 끝에 물의 흐름이 세지 않은 곳에 이르렀을 때, 이번에는 장비가 나타나 달려드니 조조의 군사들은 크게 패하여 달아났다.

유비는 군사를 거두어 번성으로 향했고, 타고 온 배와 뗏목은 모두 불태우게 했다. 패전 소식을 접한 조조는 크게 화를 내며 번성을 총공격하라고 명했다. 이때 유엽이 나서 유비를 회유해 보는 게 좋다고 말했고, 조조는 유엽의 계책대로 서서를 유비에게 보냈다.

서서는 유비와 만나 옛정을 되새겼고, 조조에게 돌아가 유비가 항복 의사가 없음을 알렸다.

조조의 대군이 몰려오자 유비는 번성을 버리고 양양으로 가고자 했지만, 문제는 신야에서 따라온 백성들이었다. 따라나서기 원하는 백성들을 모두 따르게 하자, 두 고을의 수많은 백성이 유비를 따라나섰다. 유비는 양양성 앞에 이르러 유종에게 성문을 열라고 외쳤다. 그러나 채모와 장윤이 군사들에게 활을 쏘게 하니 유비는 어쩔 수 없이 돌아서야만 했다.

64

아두를 구한 조운

이때 성안에서는 위연이란 장수가 갑자기 성루에 올라 채모와 장윤을 꾸짖고 성문을 열려고 했다. 그러자 문빙이 나서서 위연과 맞섰다. 그러나 승부는 쉽사리 나지 않았다. 유비는 어쩔 수 없이 강릉으로 향했다.

위연은 유비를 만나지 못한 채 장사의 태수인 한현에게 달아나 몸을 의탁했다. 이때 유비를 따르는 백성의 숫자는 10만에 달했다. 이들 중에는 어린아이나 노인 등 노약자의 수도 많았다. 그들의 발걸음은 자연 늦어질 수밖에 없었고, 하루 10여 리를 전진하기도 힘들었다.

장수들은 백성을 버리고 가자고 유비에게 건의했다. 하지만 유비는 자신을 믿고 따르는 백성을 버릴 수 없다며 울먹였다.

공명은 관우를 강하로 보내 유기로 하여금 구원병을 이끌고 강릉으로 오도록 했다. 장비에게는 뒤쳐져 오면서 호위하게 했으며, 조운에게는 노약자를 보호하게 했다.

한편 조조는 번성에 주둔하면서 양양으로 사람을 보내 항복한 유종을 부르니, 우선 채모와 장윤이 조조를 만나 형주의 군사력을 자세히 보고했다. 이에 조조는 채모를 수군 대도독으로, 장윤을 부도독으로 임명했다.

다음 날 유종이 채부인과 함께 조조를 만나 항복의 예를 갖추자 조조는 유종을 청주 자사로 임명하여 즉시 떠나게 했다.

유종은 크게 놀라 사양했지만 어쩔 수 없었다. 채부인과 함께 청주로 떠나는 유종을 배웅하는 관원도 없었다.

조조는 우금에게 유종 모자를 죽이라는 명령을 내렸다. 유종은 길을 멀리 가지도 못한 채 어머니와 함께 죽음을 맞고 말았다.

조조는 유비가 하루에 10리도 전진하지 못한다는 보고를 받고, 즉시 추격 명령을 내렸다. 한편 유비는 강하로 떠난 관우로부터 소식이 없자 공명과 유봉을 강하로 보내고, 다시 길을 재촉했다.

그날 밤, 유비는 마침내 조조의 군사와 맞서게 됐지만 당해 낼 도리가 없었다. 가까스로 장비가 활로를 뚫어 달아나는데, 날이 밝자 따르는 군사는 불과 100여 명에 불과했다. 나머지 백성과 장수들은 어디로 갔는지 행방이 묘연했다.

그런데 미방이 부상한 몸을 이끌고 나타나서 조운이 배반하여 조조에게 가 버렸다고 화를 냈다. 유비는 그럴 리 없다고 했지만, 미방은 조운이 서북쪽으로 말을 달리는 것을 보았다고 했다. 그 말을 듣자 장비는 그 말이 사실이라면 조운을 죽여 버리겠다고 화가 나서 씩씩거렸다. 장비는 20여 명의 부하를 이끌고 장판교에 도착해서 군사들에게 나뭇가지를 꺾어 말꼬리에 매게 한 뒤에 숲속을 이리저리 달리게 하여 군사가 많은 것처럼 보이게 했다.

한편 조운은 조조의 군사들과 정신없이 싸우다가 혼자 남게 된 것을 알게 되었다. 유비의 두 부인과 아들 아두를 찾아다녔지만 찾을 수 없었다. 그러다가 부상을 당해 쓰러져 있던 간옹과 한 병사에게 감부인의 행방을 듣고 천신만고 끝에 감부인을 찾았다.

감부인은 미부인과 아두와 헤어져 도망가던 중이었다. 그때 조인의 부하 순우도가 미축을 사로잡아 가는 것이 보였다. 조운은 단번에 순우도를 찔러 죽이고 미축을 구한 뒤 감부인을 말에 태우고 장판교로 향했다. 장판교를 지키던 장비가 큰 소리로 외쳤다.

"조운! 너는 어째서 우리 형님을 배반한 것이냐?"

조운은 장비의 말을 받았다.

"두 부인과 공자 아두를 찾으러 다녔는데 그게 무슨 말이오?"

그러자 장비가 웃으며, 방금 간옹으로부터 자초지종을 다 들었다고 말했다. 급박한 상황에서도 호탕하기만 한 장비의 농담에 조운도 피식 웃고 말았다.

조운은 미축에게 감부인을 모시게 한 후 다시 말을 달려 미부인과 아두를 찾으러 갔다. 이때 조조의 장수 하나가 조운을 보고 달려들었다. 바로 조조의 검을 메고 다니던 하후은이었다. 본래 조조에게는 보검 두 자루가 있었는데 하나는 의천검, 다른 하나는 청강검이라 불렀다. 조조는 의천검은 스스로 차고 청강검은 하후은이 메고 따르게 했는데, 날카롭기가 쇠를 마치 진흙처럼 잘라 낼 정도였다. 이날 하후은은 제 용기와 힘만 믿고 제멋대로 조조에게서 떨어져 나와 함부로 약탈하고 다녔다. 조운은 가볍게 창을 휘둘러 하후은을 거꾸러뜨렸다. 이때 하후은의 검이 조운의 눈을 사로잡았다.

"오, 참으로 보기 드문 명검이구나."

조운은 청강검을 거두어 허리에 찬 뒤 홀로 적진을 향해 내달렸다.

조운은 한참을 찾아 헤맨 끝에 미부인을 찾아냈다. 그녀는 아두를 품에 안고 쓰러진 토담 밑에 숨어 있었다. 조운이 급히 말에서 내려 절하자 미부인이 놀라며 말했다.

"장군을 만났으니 이제 아두가 살게 되었네요. 이 아이는 주공의 하나밖에 없는 혈육이니 부디 잘 보호하여 주십시오."

"제 목숨을 걸고 부인과 공자를 지키겠습니다. 어서 말에 오르십시오."

그러자 미부인이 고개를 저었다.

"안 돼요. 저는 이미 심하게 다쳐서 희망이 없어요. 이 아이의 목숨은 오로지 장군께 달렸으니 어서 가세요."

말을 마친 미부인은 아두를 땅에 내려놓고 갑자기 우물 속으로 뛰어들었다. 조운이 미처 말릴 사이도 없었다. 조운은 눈물을 흘리며 토담을 무너뜨려 우물을 메웠다. 미부인의 시신이 조조의 군사에게 넘어가는 것을 막기 위해서였다.

조운이 아두를 가슴에 품고 말 위에 오르려는데 한 장수가 나타나 그를 막아섰다. 조홍의 부하 안명이었다. 조운은 아두를 가슴에 품은 채 창을 휘둘러 단숨에 안명을 쓰러뜨렸다. 조운이 다시 길을 뚫고 나아가는데 이번엔 장합이 길을 막아섰다. 조운은 장합과 겨루었으나 마음처럼 승부가 쉽게 나지 않았다.

'지금 적장과 승부를 가리는 것은 의미가 없다. 공자를 안전하게 모시는 것이 최우선이다.'

조운은 생각이 여기에 미치자 장합과 승부를 피한 채 말 머리를 돌렸다. 조운이 달아나자 장합은 그 뒤를 쫓았다. 쫓고 쫓기는 추격전 끝에 조운은 겨우 장합을 뿌리치게 되었다. 그런데 갑자기 그의 말이 발을 잘못 놀려 그만 진흙 구덩이에 처박히고 말았다.

65

유비의 부하 사랑

장합이 쾌재를 부르며 달려가자 갑자기 한 줄기 붉은 빛이 구덩이 속에서 뻗어 나왔다. 다음 순간 조운이 탄 말이 구덩이 밖으로 솟구쳐 올라왔다. 장합은 깜짝 놀라서 물러갔다.

그 뒤로는 마연, 장의 등 네 장수가 협공했다. 군사들마저 벌떼처럼 덤벼들자 조운은 위기를 맞았다. 하지만 조운은 침착하게 적과 맞서며 포위망을 뚫었다.

한편 산마루에서 전투 상황을 살피던 조조는 종횡무진으로 포위망을 뚫는 조운을 보고 혀를 내둘렀다.

"저 장수는 대체 누구냐? 유비의 휘하에 저토록 용맹스러운 장수가 있었단 말이냐?"

조홍이 조조의 곁에 있다가 산 아래로 내려가 조운을 향해 외쳤다.

"그대의 이름이 무엇인가?"

"나는 상산 땅의 조자룡이다!"

조홍이 돌아가서 전하자 조조는 조운의 용맹에 감탄하며, 그를 사로잡아 휘하에 두고 싶어 했다.

"절대 활을 쏘지 마라! 반드시 사로잡아야 한다."

조조가 명령하자 장수들은 조운을 사로잡기 위해 적극적인 공격을 펼치지 못했다. 그 틈에 조운은 포위망을 벗어날 수 있었다. 이때 그가 쓰러뜨린 조조의 부하는 50여 명이 넘었다.

조운의 온몸은 피와 땀으로 뒤범벅이 되었다. 하지만 끝이 아니었다. 겨우 조조군의 포위망을 뚫었다고 조운이 안도의 한숨을 내쉬고 있을 때였다. 어느새 추격해 온 하후돈의 부하 종신과 종진 형제가 각각 도끼와 화극을 들고 덤벼들었다.

"조자룡은 어서 말에서 내려 항복하라!"

종진이 큰 도끼를 휘두르며 공격하자 조운은 싸운 지 채 3합도 되기 전에 종진을 쳐서 거꾸러뜨렸다. 조운이 그대로 달아나자 이번에는 종신이 화극을 들고 추격해 왔다. 거리가 좁혀지자 조운은 말 머리를 돌려 왼손으로 창을 들어 화극을 막고 오른손으로 청강검을 뽑아 종신의 투구를 내리쳤다. 청강검은 투구를 가르며 머리까지 베었다. 종신은 그 자리에서 비명을 지르고 숨이 끊어져 말 아래로 굴러떨어졌다. 두 장수가 졸지에 목숨을 잃자 군사들은 겁을 집어먹고 달아났다.

조운이 장판교에 도착했을 때 이번에는 문빙이 군사를 이끌고 추격해 왔다. 이제 조운도 그가 탄 말도 지칠 대로 지쳐 움직이기조차 힘이 들었다. 마침 장비가 창을 들고 아직도 장판교를 지키고 있었다. 조운이 큰 소리로 외쳤다.

"익덕은 나를 도와주시오!"

장비가 대답했다.

"자룡은 어서 가게. 쫓아오는 적들은 내가 처치하겠네."

조운이 다리를 건너 20여 리를 달려가자 유비가 나무 밑에서 쉬고 있는 모습이 보였다. 조운은 말에서 뛰어내리더니, 말도 못 하고 땅바닥에 엎드려 울기 시작했다. 그러자 유비도 함께 울었다. 잠시 후 조운이 울음을 그치고 목멘 소리로 말했다.

"저를 처벌하여 주십시오. 미부인께서 중상을 입으신 채 말에 오르기를 거부하시더니, 우물에 몸을 던져 스스로 목숨을 끊으셨습니다. 다행히 공자를 구해 겨우 품 안에서 보호했지만, 지금은 전혀 기척이 없으니 아마도 잘못되신 것 같습니다."

그러나 갑옷을 풀어 보니 다행히도 아두는 세상모르고 쌔근쌔근 잠들어 있었다. 조운은 그제야 표정이 밝아지며 아두를 유비에게 건넸다. 그러자 유비는 아두를 받아 들더니 이내 땅바닥에 내동댕이쳤다. 갑작스러운 유비의 행동에 모두 화들짝 놀랐다.

"어린 자식 놈 하나 때문에 큰 장수를 잃을 뻔했구나."

땅바닥에 팽개쳐진 아두는 그 충격으로 자지러지게 울었다. 조운은 황급히 아두를 안아 들고 눈물을 흘리며 유비에게 절했다.

"주공의 은혜는 이 목숨을 다 바쳐도 갚지 못할 것입니다."

한편, 조운을 뒤쫓아 장판교에 도착한 문빙은 장비와 마주쳤다. 장비는 말 위에서 장팔사모를 비껴든 채 두 눈을 부릅뜨고 문빙을 노려보는데, 마치 사나운 호랑이가 먹잇감을 노리듯 했다. 문빙은 그 모습에 위축되어 절로 몸이 움츠러들었다. 거기다가 다리 건너 숲속에서는 자욱한 먼지가 일고 있었다. 복병이 있을 것이라고 짐작한 문빙은 더는 전진하지 못하고 동정을 살폈다. 이때 조인, 이전, 하후돈, 악진, 장료, 장합, 허저 등 조조의 장수들이 속속 장판교 앞에 도착했다. 그들 역시 장비의 기세에 압도당하고 복병을 의심하여 전진하기를 주저했다.

마침내 조조도 도착했다. 장비가 조조를 보고 크게 소리쳤다.

"나는 연나라 사람 장익덕이다! 누가 나와 목숨을 걸고 겨루겠느냐?"

우레 같은 장비의 고함에 조조의 장수와 군사들은 압도당했다. 조조는 좌우의 장수들을 둘러보며 말했다.

"지난날 관우가 내게 말했다. 자신은 아우 장비와 비교하면 그 발치에도 미치지 못하며, 장비는 백만의 군사 속에서도 적장의 머리 베기를 주머니 속의 물건 꺼내듯 한다고 했다. 그러니 모두 경솔히 나서지 말고 조심하게."

그러자 장비가 다시 외쳤다.

"나와 맞서 싸울 자 아무도 없느냐? 자신 있는 자 누구든지 나서라!"

조조는 장비의 기세에 눌려 뒤로 물러섰다. 장비는 그 모습을 보자 더욱 기세등등하게 소리쳤다.

"싸우겠다는 것이냐? 말겠다는 것이냐? 싸울 생각이 있다면 어서 나서라. 이놈들아!"

장비는 장팔사모를 맹렬한 기세로 휘둘러 위협한 후 금방이라도 달려 나갈 기세였다. 그러자 조조 곁에 있던 하후걸은 그만 놀라서 말에서 굴러떨어지고 말았다. 이에 놀란 조조 역시 말을 몰아 달아나기 시작했다. 조조가 달아나자 그의 부하들 역시 영문도 모른 채 달아나기 시작했다. 그 바람에 대열이 무너진 조조의 군사는 저희끼리 밟혀서 죽는 자가 부지기수였다.

장료와 허저가 뒤따라와서 조조의 말고삐를 잡은 뒤 진정시켰다.

"승상께서는 놀라지 마십시오. 그까짓 장비 한 놈이 뭐가 그리 두렵겠습니까? 지금이라도 당장 군사를 돌려 장비를 쳐야 합니다. 그러면 반드시 유비를 사로잡을 수 있습니다."

그제야 정신을 차린 조조는 장료와 허저를 보내 장판교의 상황을 알아보게 했다. 이때 장비는 조조의 군사가 물러가자 뒤쫓지 않고, 장판교의 다리를 끊어 조조군이 건너지 못하게 만든 후 유비에게 돌아갔다. 장비는 그동안 있었던 일을 유비에게 모두 말했다. 그러자 유비는 칭찬과 함께 탄식했다.

"조조의 대군을 호통쳐서 물러가게 했다니 과연 아우답네. 하지만 다리를 끊은 것은 생각이 짧았네."

장비는 스스로 자신의 계책을 자랑스럽게 여겼다. 생각이 짧았다는 유비의 말을 이해할 수 없었다.

"어찌하여 그렇소?"

"조조는 꾀가 많은 사람이다. 아우는 다리를 끊지 말았어야 했다. 그랬으면 조조는 추격해 오지 않을 것이다."

유비의 말에 장비는 볼멘소리를 했다.

"그놈은 내 호통 소리에 겁을 집어먹고 꽁지가 빠지게 도망쳤습니다. 그런 겁쟁이가 어찌 뒤쫓아오겠소?"

유비가 차분한 어조로 설명했다.

"다리를 끊지 않았다면 그는 매복이 있을지 불안해서 감히 따라오지 못하네. 하지만 다리를 끊었으니 그는 내가 겁을 집어먹고 있다고 여겨 반드시 쫓아올 걸세. 조조는 백만 대군을 거느렸으니 드넓은 장강이라도 메울 수 있네. 그러니 어찌 다리 하나 끊겼다고 겁을 먹겠는가?"

장비는 그제야 유비의 말을 이해하고 수긍했다. 유비는 즉시 움직여 강릉으로 가는 넓은 길을 포기하고 좁은 오솔길을 선택해서 면양을 향해 발걸음을 재촉했다.

이때 장료와 허저는 장판교를 살펴보고 장비가 이미 다리를 끊고 철수한 사실을 조조에게 알렸다.

"장비가 다리를 끊고 간 것은 우리가 뒤쫓는 것을 두려워하기 때문이다. 당장 군사들을 보내 부교 세 개를 만들도록 하라. 오늘 밤 강을 건널 것이다."

한편 유비는 부지런히 달아났지만, 얼마 가지 못해서 조조의 추격군에게 따라잡혔다. 그들이 한진에 도착할 무렵, 뒤에서 먼지가 뽀얗게 일며 군사의 함성과 북소리가 하늘을 울리고 땅을 흔들었다.

"앞에는 큰 강으로 가로막혔고 뒤에서는 조조군이 추격해 오니 우리의 상황이 진퇴양난이 아닌가."

절체절명의 순간, 때마침 북소리와 함께 관우가 군사를 이끌고 조조군의 길을 막아섰다. 관우는 강하의 유기에게 군사 1만 명을 빌려 막 도착한 것이다.

"어서 오너라! 이 관우가 여기서 기다린 지 오래다."

관우가 적토마에 앉아 청룡언월도를 비껴든 채 호통을 치자 조조는 깜짝 놀랐다.

"또 제갈량의 계략에 빠졌구나."

관우의 출현이 공명의 계책이라고 지레짐작[41]한 조조는 말 머리를 돌려 후퇴했다. 관우는 조조군을 뒤쫓는 시늉만 하다가 말 머리를 돌려 한수 나루터로 가서 유비를 만났다. 관우는 그동안 있었던 일을 보고한 후 유비와 감부인, 아두 등과 함께 배에 올라 강을 건넜다. 이때 저 멀리 남쪽에서 수많은 배가 다가오는 것이 보였다. 유비는 깜짝 놀랐다.

"적의 수군이 아닌가?"

유비와 관우는 그 배들이 조조군이라고 여겨 긴장하며 만일의 사태에 대비했다.

66

제갈량의 계책

배들이 점점 가까워질수록 유비와 관우의 경계심도 더욱 높아졌다. 이때 규모가 가장 큰 배가 앞장섰는데, 그 배의 뱃머리에서 한 장수가 손을 흔들며 크게 외쳤다.

"숙부님 유기입니다. 그동안 별고 없으셨습니까? 이 못난 조카가 늦어 죄를 지었습니다."

유기는 유비의 배로 건너와 울면서 절했다.

"숙부님께서 조조에게 쫓기신다는 소식을 듣고 돕기 위해 달려왔습니다."

"실로 위급한 때에 잘 와 주었다."

유비는 유기와 그동안 있었던 일들을 나누며 감회에 젖었다. 그들이 함께 강하로 향하는데, 이번에는 서남쪽에서 한 무리의 배가 나타나 다가왔다. 다행히 그 배들은 공명과 손건이 하구에서 끌고 온 배였다. 유비는 기뻐하며 휘하의 장수들과 함께 조조와 맞설 대책을 세웠다. 공명이 의견을 냈다.

"주공께서는 잠시 하구로 가서 주둔하십시오. 그곳은 지형이 험하여 수비하기 좋고, 식량과 물자도 풍부해서 지내기에 어려움이 없습니다."

말을 마친 공명이 이번에는 유기를 보며 말했다.

"공자는 강하로 돌아가셔서 배를 정비하고 병기를 점검해서 조조군의 공격에 대비하십시오. 유사시에 하구와 강하가 협공하면 조조군과 싸워 능히 승리할 수 있습니다."

그러자 유기가 다른 의견을 내놓았다.

"군사의 말씀이 옳습니다. 하지만 제 생각에는 숙부님이 잠시 강하게 들리셔서 군사를 정돈한 다음 하구로 가셔도 늦지 않을 것 같습니다."

"조카의 말도 맞네."

유비가 유기의 제안을 승낙하자 공명도 굳이 말리지 않았다. 유비는 관우에게 군사 5천 명을 주어 하구를 지키게 하고, 자신은 공명과 함께 유기를 따라 강하로 향했다.

한편 조조는 복병이 두려워 유비를 쫓는 것을 포기하고 말 머리를 강릉으로 향했다. 형주를 지키던 등의와 유선은 조조의 대군이 몰려오자 성문을 열고 항복했다. 그들은 이미 주군인 유종이 죽은 마당에 목숨을 걸고 승산 없는 싸움을 할 이유가 없었다. 조조는 성안에 들어가 관원들에게 각기 합당한 관직을 내리고 상을 주었다. 그리고 백성을 안정시킨 후 휘하의 장수들과 의논했다.

"지금 유비가 강하로 갔는데 분명 손권과 동맹을 맺을 것이다. 그들이 함께 우리에게 대항하면 우리가 힘들어지오. 각자 좋은 계책을 말해 보시오."

순유가 말했다.

"현재 우리의 위세는 능히 천하를 뒤덮을 수 있습니다. 즉시 손권에게 사자를 보내 그를 청하십시오. 강하에 모여 함께 유비를 사로잡고 형주의 땅을 나누어 영원히 사이좋게 지내자고 하십시오. 손권도 우리의 제안을 기꺼이 따를 것입니다."

조조는 순유의 계책에 따라 손권에게 동맹을 맺어 함께 유비를 사로잡자는 격문을 써서 보냈다. 또한, 손권의 기를 꺾어 놓기 위해 83만 명의 대군을 일으켜 300리에 걸쳐 주둔지를 벌린 후 백만 대군이라는 거짓 소문을 퍼뜨려 손권을 압박했다.

이 무렵 손권은 시상군에 군사를 주둔시킨 후 조조의 동태를 살피고 있었다. 조조가 양양과 강릉에 이어 동오와 국경이 맞닿은 형주까지 차지하자 손권은 위기를 느꼈다. 이에 손권은 유비와 동맹을 맺고 조조에게 맞서기로 했다. 그는 노숙을 강하에 있는 유비에게 보내 자신의 뜻을 전하게 했다.

이때 강하의 유비도 공명과 유기와 함께 앞일을 의논하고 있었다. 공명이 계책을 냈다.

"동오는 우리와 멀리 떨어져 있고, 조조는 가까이 있습니다. 우리가 목표하는 삼국 정립을 실현하려면 먼 곳의 손권과 조조가 싸우게 해야만 합니다. 그들이 서로 싸워서 타격을 입으면 비로소 우리에게도 기회가 생깁니다. 그러자면 먼저 손권에게 도움을 청해야 합니다."

유비가 걱정했다.

"강동에는 인재가 많소. 그들 중 앞을 내다보는 이도 있을 텐데 어찌 나와 손을 잡겠소?"

제갈량이 웃으며 말했다.

"조조가 지금 백만 대군을 이끌고 동오를 압박하고 있습니다. 두고 보십시오. 손권은 결국 우리에게 손을 내밀게 되어 있습니다. 머지않아 동오에서 사자가 오면 제가 그를 따라가서 손권과 조조를 싸움 붙이겠습니다. 만약 손권이 이기면 함께 조조를 죽이고, 만약 조조가 이기면 우리는 손권의 영토를 모두 차지하게 됩니다."

유비는 공명의 계획에 한편으로 감탄하면서도 반신반의했다.

"군사의 계획은 참으로 훌륭하오. 하지만 정말 동오에서 사람이 오겠소?"

유비의 말이 끝나자마자 군사가 달려와서 보고했다.

"강동에서 노숙이라는 분이 왔습니다."

제갈량이 미소를 머금으며 말했다.

"이제 우리의 계획이 이루어지려나 봅니다."

공명은 귓속말로 유비에게 노숙을 만나면 어떻게 대응할지 조언했다. 유비는 별당에 술자리를 마련하여 노숙을 대접했다. 술잔이 여러 차례 오고 간 뒤 노숙이 슬며시 유비에게 물었다.

"유황숙의 명성을 진작부터 듣고 뵙기를 소망했는데 오늘에야 소원을 이루었군요. 참으로 영광입니다. 그런데 유황숙께서는 최근에 조조군과 싸우셨다고 들었습니다. 혹시 그들의 병력이 얼마나 되던가요?"

"글쎄올시다. 나는 휘하의 장수도 적고 병력도 많지 않습니다. 조조가 공격해 오면 도망치는 게 일이어서 적의 병력을 파악할 여유가 없었습니다."

노숙이 재차 물었다.

"유황숙께서 제갈량의 계략을 쓰셔서 두 번이나 화공으로 조조를 물리치셨는데 어찌 모른다고 시치미를 떼십니까?"

"허허, 사실이 그런 것을 어쩌겠습니까? 제갈량이라면 알 수도 있겠군요."

유비가 슬쩍 공명을 거론하자 노숙은 몸이 달았다. 그는 유비에게 공명을 만나게 해 달라고 부탁했다. 유비는 못 이기는 척 공명을 불러오게 했다. 이것은 사전에 공명이 짠 각본대로였다. 잠시 후 공명이 오자 노숙은 인사를 마치고 물었다.

"나는 그대의 형 제갈근의 벗이오. 오래전부터 선생의 재주와 덕을 흠모했는데 이렇게 뵙게 되어 영광입니다."

"과찬이십니다."

노숙은 공명과 최근의 정세에 대해 이런저런 의견을 나누었다. 그러고 나서 본론으로 들어갔다.

"선생의 형님이 강동에서 참모로 계시는데 날마다 선생과 만나기를 바라고 있소. 나와 함께 강동으로 가서 손 장군을 뵙고 대사를 의논하면 어떻겠소."

그러자 유비가 손을 내저었다.

"안 될 말이오. 공명은 나의 스승이라 잠시도 떨어질 수 없소."

노숙은 더욱 몸이 달아 유비에게 공명을 데려가고 싶다고 청했다. 이 문제로 노숙과 유비는 한참을 줄다리기했다. 이것 역시 공명과 유비의 계획된 연기였음을 노숙은 모르고 있었다. 마침내 공명이 유비에게 청했다.

"상황이 위급하니 제가 강동에 다녀올 필요가 있을 것 같습니다. 허락하여 주십시오."

유비는 그제야 못 이기는 척 허락했다. 공명은 자신의 계획대로 유비 대신 노숙과 함께 동오로 향했다.

뱃길에 오른 노숙은 공명에게 몇 번이나 신신당부[42]했다.

"선생은 손 장군을 만나면 조조의 병력이 많다는 이야기는 절대 하시면 안 됩니다."

"자경(노숙)은 걱정하지 마시오. 나에게 따로 생각이 있소이다."

공명의 말에 노숙도 안심한 듯 더는 이야기하지 않았다. 동오에 도착하자 노숙은 공명을 숙소로 안내한 뒤 즉시 손권에게 갔다. 마침 조조가 보낸 격문이 도착해 있었다. 손권은 노숙에게 편지를 내밀었다.

"조조가 보낸 편지니 읽어 보시오."

노숙은 편지를 받아 든 후 급히 펼쳐 보았다.

나는 폐하의 명을 받아 역도들을 치기 위해 달려왔소. 지휘 깃발이
남쪽을 가리키니 유종이 스스로 항복했으며, 형주의 관리와 백성
들 또한 모두 귀순해 왔소. 이제 우리는 백만 대군을 이끌고 강하의
유비를 칠 것이오. 장군과 더불어 강하에서 사냥이나 즐기며 유비
를 친 후 그 땅을 나눠 가지고 우호 동맹을 맺읍시다. 남의 일처럼
관망하지 말고 속히 답장을 주기 바라오.

편지를 읽고 난 노숙이 물었다.

"주공의 뜻은 어떠십니까?"

"아직 결정을 내리지 못했소."

그러자 옆에서 장소가 말했다.

"조조는 백만 대군을 이끌고 황제의 이름으로 사방을 정복하고
있소. 그를 거역하면 황제께 불복종하게 됩니다. 또한 주공께서 조
조를 막을 수 있는 곳은 장강뿐입니다. 하지만 조조가 형주를 손에
넣었으니 장강의 유리한 점을 나누어 가진 셈이오. 이런 상황에서
조조와 맞서기보다 동맹을 맺는 쪽이 유리하다고 생각됩니다."

손권의 참모들 역시 모두 장소의 의견에 가세했다.

"주공께서는 조조를 너무 의심하지 마십시오. 조조와 동맹을 맺

으면 동오의 백성이 편안해지고, 우리의 영토 역시 더욱 넓어지게
됩니다."

손권은 고개를 숙이고 생각에 잠겼다. 잠시 후 손권이 자리에서
일어나며 말했다.

"그대들의 의견은 옷을 갈아입고 와서 듣겠소."

손권이 문을 나서자 노숙이 그 뒤를 따랐다. 손권은 그가 할 말이
있다는 것을 알아차리고 슬며시 손을 잡으며 물었다.

"그대의 생각은 어떻소?"

"저들은 모두 주공의 대업을 그르치는 주장을 하고 있습니다. 절
대 조조에게 머리를 숙이면 안 됩니다."

"왜 그렇게 생각하시오?"

"조조에게 굽히면 그의 신하로 남게 됩니다. 주공께서는 아버님
과 형님께서 품으셨던 천하를 잊으셨습니까? 그분들의 뜻을 받들어
대업을 이루셔야 합니다. 주공께서는 속히 큰 계획을 세우도록 하십
시오."

손권은 노숙의 말에 반색했다.

"모두 내 뜻과 다른 주장만 하는데, 자경만이 내 뜻을 이해하고
일깨워 주는구려. 그나저나 조조가 형주의 군사까지 수중에 넣어 그
병력이 막강할 텐데 과연 우리가 막아 낼 수 있을지 걱정이구려."

손권의 표정이 갑자기 어두워지자 노숙이 얼른 말했다.

"걱정하지 마십시오. 그래서 제갈근의 아우 제갈량을 데려왔습니
다. 그는 두 번이나 계책을 써서 조조를 물리친 적이 있습니다. 어찌

면 그에게 조조를 물리칠 묘책이 있을지 모릅니다."

"좋소. 오늘은 늦었으니 내일 제갈량을 불러 함께 의논합시다."

이튿날, 노숙은 공명을 회의장으로 안내했다. 그곳엔 강동의 문관과 무장 20여 명이 자리를 잡고 있었다. 공명은 그들과 일일이 인사를 나눈 뒤 조용히 자리에 앉았다. 강동 최고의 모사 장소는 그런 공명의 모습을 유심히 살펴보았다.

'음, 소문처럼 당당한 풍채와 높은 기상을 지닌 인물이구나. 이 사람은 우리를 설득하여 조조와 싸우게 하려는 속셈이 틀림없다.'

장소가 공명에게 물었다.

"공명 선생, 당신을 얻은 뒤로 유 예주(유비)께서 오히려 어려움을 겪고 계시니 어찌 된 일입니까?"

공명을 궁지에 몰아넣기 위해 비꼬는 질문이었다. 네가 그렇게 대단한 인물이라면 어찌하여 형주와 양주도 뺏지 못하고 조조에게 쫓기느냐는 빈정거림이 가득한 말이었다. 장소의 의도를 간파한 공명이 속으로 생각했다.

'장소는 손권 휘하에서 으뜸으로 꼽히는 모사다. 저자를 꺾지 못한다면 어찌 손권을 설득할 수 있겠는가?'

이윽고 공명이 차분하게 대답했다.

"형주를 빼앗는 것은 손바닥 뒤집듯 쉬운 일입니다. 하지만 저희 주공께서는 의로운 분이셔서 친척의 땅인 형주를 빼앗지 않았을 뿐입니다. 또한, 조조에게 쫓기게 된 일도 백성을 사랑하는 마음 때문에 하루에 겨우 10리를 이동하면서 고초를 당한 것이오. 내 말이 허풍이 아니라는 것은 이미 박망파 전투에서 증명해 보였소. 우리는 그때 적은 인원으로 조조의 대군을 무찔렀었소."

장소가 머쓱해서 입을 다물자 이번에는 우번이 나섰다.

"조조가 지금 백만 대군을 이끌고 쳐들어오고 있소. 선생은 남에게 도움을 청해야 할 처지에도 오히려 큰소리만 치시오?"

공명이 대꾸했다.

"조조의 군사가 백만이라고는 하나 오합지졸이어서 두려울 것이 없소. 이곳 강동은 정예병이 많고 곡식도 풍부하며, 지형이 높고 가팔라 험하니 무엇이 두렵겠소. 그런데도 그대들은 항복이나 하려 하지 않소? 그에 비하면 우리 주공은 가진 것이 없지만 적어도 조조를 두려워하지는 않소이다."

우번 역시 머쓱해하자 이번엔 보즐이 나섰다.

"당신은 소진과 장의처럼 우리 동오를 설득하러 온 것이오?"

소진과 장의는 전국 시대에 활약했던 유세가들로 말을 잘하기로 유명했다. 공명이 답했다.

"그대는 소진과 장의를 단순히 말재주만 뛰어난 사람들로 평가하시오? 소진은 일찍이 여섯 나라의 재상을 지냈고, 장의는 진나라 재상을 두 번이나 지냈소. 이들은 모두 나라를 바로잡은 훌륭한 인물로, 강한 자를 두려워하고, 약한 자를 업신여기며 창칼을 두려워하는 자들과는 근본적으로 다르지요. 조조의 위세에 겁을 집어먹고 항복하려는 그대가 감히 소진과 장의를 비웃을 수 있소? 오히려 소진과 장의가 그대들을 비웃을 거요."

이번에는 설종이 나서며 조조야말로 천하를 대부분 차지하여 백성의 마음도 그에게 기울었지만, 유비는 하늘의 뜻도 모르고 억지로 조조에 맞서고자 한다며 비판했다. 이에 공명이 대꾸했다.

"조조는 한나라 신하지만, 그가 반역의 마음을 품었다는 것은 천하가 다 아는 사실이오. 그런데도 공은 하늘의 뜻을 운운하니 이는 그대가 황제보다 조조를 높이는 것이 아니고 무엇이겠소? 그대 같은 사람과는 상대하기 싫으니 더는 입을 열지 마시오."

설종이 부끄러워하자 이번에는 육적이 나섰다. 그는 유비가 돗자리나 짜고 짚신이나 팔던 사람이며, 황실의 후손이라는 것도 증명할 수 없다고 비난했다. 반면 조조는 높은 벼슬을 지낸 조참의 후예라고 추켜세웠다. 이에 공명이 웃으며 답했다.

"한나라 황실에서 벼슬을 한 사람의 후예라는 조조가 황실을 업신여기니 이는 결국 조조가 제 조상을 욕보이는 것이 아니면 무엇이겠소? 한고조께서 작은 고을의 정장 신분으로 뜻을 펼쳐 천하를 얻었으니, 우리 주공이 돗자리 짜고 짚신 삼은 것은 전혀 부끄러운 일이 아니지요. 그대의 좁은 소견이 안타까울 뿐이외다."

이번에는 엄준이 말했다.

"과연 공명 선생답소. 하지만 내가 보기에 선생의 말은 모두 궤변일 뿐이오. 묻겠소. 당신은 도대체 어떤 경전을 읽으셨소?"

공명이 답했다.

"옛 문장이나 글을 따지는 것은 세상의 썩은 선비들의 일이지요.

은나라의 재상 이윤[43]이나 주나라의 강태공이나 한나라의 장량 등이 무슨 경전을 공부했다는 말을 들어 보셨소? 저 역시 붓방아 입방아나 찧으며 사는 썩은 선비처럼 세상을 살지는 않소이다."

엄준이 공명에게 어떤 경전을 읽었는지 질문한 의도는 공명의 학문을 가늠하기 위해서였다. 그러나 공명이 그 질문 자체를 일축하고 글을 읽는 선비들의 쓸모없음을 지적하자 엄준은 입을 다물었다. 그러자 이번엔 여남의 정병이 나섰다.

"선생은 왜 자신이 읽은 경전을 밝히지 못하시오? 내가 보기에 그대는 큰소리만 칠 뿐 아무래도 배운 바가 없는 것 같소. 그대가 세상의 선비들에게 비웃음을 사게 될까 염려스럽소."

공명이 고개를 저었다.

"선비도 군자와 소인으로 구분할 필요가 있소. 무릇 군자란 임금에게 충성하고 나라를 사랑하며, 올바름을 지키고 사악함을 미워하지요. 하지만 소인은 그저 글귀나 다듬으며 붓과 먹에만 매달려 젊어서는 느낀 대로 적고, 늙어서는 경서를 연구하며, 붓끝으로 천 마디를 써 내지만 가슴에는 한 가지 계책도 없는 법이오. 이런 선비가 하루에 만 글자를 써낸들 무엇을 배울 게 있겠소?"

정병 역시 대꾸하지 못했다. 그 자리에 모인 사람들은 질문하는 즉시 공명이 거침없이 대답하자 모두 낯빛이 변했다. 이때 갑자기 밖에서 한 사람이 걸어 들어왔다. 그는 영릉 출신 황개였다. 자는 공복으로 손권의 휘하에서 양곡을 관리했다. 황개가 좌중을 둘러보며 질책했다.

"공명은 당대 최고의 인재요. 그대들이 입술과 혀를 놀려 궁지에 빠트리려는 것은 손님에 대한 예의가 아니오. 조조의 대군이 눈앞에 이르렀는데, 적을 물리칠 궁리는 안 하고 어찌 입씨름이나 하시오?"

67

대교와 소교

황개는 공명에게 예를 갖춰 인사한 후 공손하게 말했다.

"제가 알기로, 말을 많이 해서 얻는 이득이 침묵하는 것보다 못하다 했습니다. 어찌하여 선생께서는 값지고 귀한 말씀을 우리 주공께 드리지 않고 여러 사람과 부질없는 논쟁만 하고 계십니까?"

공명이 대답했다.

"여러분이 세상의 정세를 알지 못하고 어려운 논쟁만 벌이시니, 잠자코 있을 수가 없었습니다."

"저희 주공께서 선생을 뵙자고 청하시니 함께 가시지요."

황개는 노숙과 함께 공명을 손권에게 안내했다. 노숙은 공명에게 다시 한 번 조조의 군세가 막강하다는 말을 하지 말 것을 신신당부했다.

손권은 정중하게 공명을 맞으며 자리를 권했다. 문무 관원들이 두 줄로 나누어 섰고, 노숙은 공명 곁에 섰다. 공명은 유비의 뜻을 전하며 슬며시 눈을 들어 손권의 용모를 살폈다. 맑고 푸른 눈에 붉은 수염을 지닌 손권은 풍채 또한 당당하여 제왕의 기상이 돋보였다. 공명은 속으로 생각했다.

'이 사람의 생김새를 보니 말로 설득당할 사람이 아니구나. 이 사람의 마음을 움직이려면 설득보다 자극이 필요하겠어.'

공명은 단번에 손권의 성격을 간파했다. 손권이 찻잔을 들어 한 모금 마신 후 입을 열었다.

"자경이 늘 공의 재주를 칭송하여 만나고 싶었는데, 오늘 다행히 만나게 되었으니 많은 가르침을 부탁 드리겠소."

"저는 사실 재주도 없고 배움도 부족합니다. 하지만 아는 것이 있으면 성의껏 답해 드리겠습니다."

손권이 궁금하다는 듯 물었다.

"공은 최근에 신야에서 조조와 결전을 벌였으니, 적의 사정을 잘 알 것이오. 대체 조조의 병력은 얼마나 되오?"

제갈량은 실제보다 부풀려 대답했다.

"기병과 수군을 합치면 족히 백만이 넘을 것입니다."

"혹시 과장된 것이 아니오?"

손권이 미심쩍어 하자 공명은 그를 자극하기 시작했다.

"과장된 것이 아닙니다. 조조는 이미 북방의 연주를 쳤을 때부터 청주 군사 20만을 거느렸고, 다시 원소를 공격해 50~60만을 얻은 데다 중원에서 새로 모집한 군사가 30~40만입니다. 여기에 형주에서 얻은 군사가 20~30만이니 모두 합치면 150만을 넘습니다. 제가 백만이라고 말씀 드린 것은 강동 사람들이 놀랄까 염려해서입니다."

공명의 말에 노숙은 당황하여 계속 눈짓을 보냈지만, 공명은 아랑곳하지 않았다. 손권이 다시 물었다.

"조조의 휘하에 장수가 얼마나 되오?"

"계책에 능한 모사와 전투에 능한 장수가 줄잡아 1~2천 명은 넘을 것 같습니다."

"조조가 이미 형주를 차지했는데 그의 다음 행보는 어떻게 될 것 같소?"

"조조가 강을 따라 군사를 주둔한 채 수많은 전투선을 배치한 것은 강동을 노리는 것이 아니면 무엇이겠습니까?"

"그렇다면 내가 조조와 싸우는 게 좋겠소? 아니면 그에게 항복해야겠소?"

공명은 조조의 세력이 워낙 강하니 먼저 강동의 힘을 헤아려 보라고 권했다. 만약 조조에게 맞설 힘이 있다고 판단되면 싸우고, 만약힘이 약하면 항복하라는 것이다. 손권은 그의 대답이 달갑지 않았지만, 다시 물었다.

"공의 말대로라면 나보다 더 힘이 약한 유 예주는 어찌 조조에게 항복하지 않는 거요?"

공명이 답했다.

"유황숙께서는 황실의 후손인 데다 재주와 덕이 세상을 덮어 많은 선비의 존경을 받고 계십니다. 그러니 어찌 몸을 굽혀 남의 지배를 받을 수 있겠습니까?"

공명의 대답에 기분이 상한 손권은 화가 나서 별당으로 들어가 버렸다. 그러자 모사와 무장들도 모두 공명을 비웃으며 자리를 떴다. 노숙은 제갈량을 나무랐다.

"선생은 왜 그런 말씀을 하셨소? 우리 주공께서 도량이 넓어 꾸짖지 않으셨으나, 그 말은 주공을 멸시한 것과 다름없지 않소."

공명이 답했다.

"장군께서 이렇게 도량이 좁은 줄 몰랐소. 조조를 격파할 계책이 내게 있는데도 묻지 않으니 내가 오히려 답답합니다."

"선생의 말이 사실이라면 내가 주공께 말씀 드려 다시 가르침을 청하도록 하겠소."

공명이 자신 있게 말했다.

"나는 조조의 백만 대군이 개미 떼 정도로밖에 보지 않소. 내가 손만 한 번 들면 그들은 모두 가루가 되고 말 것이오."

공명이 자신감을 보이자 노숙은 별당으로 손권을 찾아가 설득했다. 이에 손권은 화가 풀려 다시 공명을 청했다.

"내 소견이 좁은 탓으로 선생의 마음을 상하게 했으니 부디 용서하십시오."

공명도 사죄했다.

"저야말로 무례한 말씀을 올려 죄송할 뿐입니다."

손권은 곧 공명을 별당으로 청하여 술자리를 베풀었다. 술잔이 몇 차례 비우고 채워지자 손권이 입을 열었다.

"조조가 평생 미워하던 사람은 여포와 유표, 원소와 원술, 그리고 나와 유 예주였소. 그들이 모두 죽고 이제 세상에서 유 예주와 나만 남았소. 나는 동오를 바치고 조조에게 항복할 뜻이 전혀 없소. 이제 믿고 의지할 곳은 유 예주뿐인데, 그는 패한 지 얼마 되지 않아서 과연 힘을 합쳐 싸울 수 있을지 의문이오."

"저희 주공께서 비록 패했다지만 아직 운장이 정예병 1만 명을 거느렸고, 유기의 휘하에 1만 명이 있습니다. 조조의 병력이 백만을 헤아리지만 먼 길을 달려오느라 많이 지쳐 있습니다. 더구나 그들은 수상전에 경험이 없고, 형주의 군사들 또한 어쩔 수 없이 조조를 따르기 때문에 전투에 적극적이지 않습니다. 이제 장군께서 저희 주공과 힘을 합치시면 조조를 격파하는 것은 어렵지 않습니다."

공명의 말을 듣고 손권은 크게 기뻐했다.

"선생의 말씀을 들으니 막혔던 가슴이 뚫리는 것 같소. 내 이미 뜻을 정했으니 유 예주와 함께 조조를 물리칠 일을 의논하겠소."

손권은 즉시 모든 문무 관원에게 자신의 뜻을 알렸다. 이에 장소는 자신과 뜻을 같이하는 모사들을 불렀다.

"주공께서 제갈량의 계책에 넘어가신 것 같소."

그들은 즉시 손권을 찾아가서 말했다.

"유비와 손잡고 조조에게 맞서는 것은 위험합니다. 다시 한 번 생각해 주십시오."

고옹도 거들었다.

"유비는 조조에게 패한 후 우리 동오의 군사를 의지하여 조조와 맞서려는 것입니다. 주공께서 어찌하여 유비의 술수에 말려드시려고 하십니까?"

손권은 이미 뜻을 굳혔으나 장소와 고옹의 말도 무시할 수 없었다. 장소와 고옹 등이 물러가자 그 소식을 들은 노숙이 급히 달려왔다.

"저들이 항복을 권하는 것은 자신과 가족들의 안전만 생각하기 때문입니다. 결코, 저들의 말을 귀담아듣지 마십시오."

손권은 휘하의 참모들이 서로 다른 의견을 내자 생각이 복잡해졌다. 그는 피곤한 듯 말했다.

"그대는 잠시 물러가 계시오. 내 다시 한 번 생각해 보겠소."

손권이 결단을 내리지 못하고 침식을 마다한 채 고민하자, 이모인 오국태가 그 이유를 물었다. 손권이 속마음을 털어놓자 그녀는 손권에게 지난 일을 일깨워 주었다.

"벌써 잊었느냐? 너의 형님께서 유언하시기를 '나라 안 일은 장소에게 묻고 나라 밖의 일은 주유에게 물어서 하라'고 하시지 않았느냐?! 그런데 어찌하여 이 큰일을 공근에게 묻지 않느냐?"

손권은 크게 기뻐하며 주유의 의견을 묻고 최종 결정을 내리기로 했다. 이때 주유는 파양호에서 군사를 조련하고 있었다. 손권은 즉시 사람을 보내 주유를 부르도록 했다.

마침 주유는 조조의 백만 대군이 한수에 이르렀다는 소식을 듣고 손권과 대책을 상의하기 위해 이미 시상으로 달려오고 있었다. 주유가 도착했다는 소식을 듣고 노숙이 찾아왔다. 두 사람은 친분이 깊었다. 손권에게 노숙을 추천한 사람도 주유였다. 노숙은 주유에게 그동안 있었던 일을 자세하게 들려주었다.

"자경은 염려하지 마시오. 내게 다 생각이 있소. 지금 곧 제갈량을 만나게 해 주시오."

노숙이 공명을 데리러 가자 이번엔 장소가 고옹, 장굉, 보즐과 함께 찾아왔다. 그들은 주유에게 공명을 경계할 것과 손권에게 항복을 권할 것을 부탁한 후 돌아갔다. 그러자 이번엔 정보와 황개, 한당 등 장수들이 찾아와 조조에게 항복해선 안 된다고 강조했다. 그들은 목숨을 걸고 싸우겠다고 결의를 다진 후 돌아갔다.

이윽고 밤이 되자 노숙이 공명을 데리고 찾아왔다. 주유는 공명과 인사를 나누고 자리를 권했다. 노숙이 먼저 입을 열어 주유에게 물었다.

"지금 조조의 백만 대군이 동오로 쳐들어오려 하는데 문무 관원이 항복하자는 의견과 싸우자는 의견으로 나뉘어 있소. 주공께서도 아직 결단을 내리시지 못하셨소. 장군의 생각은 어떠시오?"

주유가 대답했다.

"조조가 황제를 내세워 군사를 일으켰으니 어찌 그 군사와 맞서겠소? 병력 또한 백만 명에 이르니 대적하기에 어렵소. 그러니 싸우면 반드시 패할 것이요. 항복하면 화를 면하고 평안할 것이니, 내일 주공을 뵙고 항복을 권할 생각이오."

노숙은 주유의 말을 듣고 놀라서 펄쩍 뛰었다.

"도독의 말씀은 옳지 않습니다. 강동의 가문이 이미 3대째 내려오고 있는데 어찌 하루아침에 남에게 내준다는 말입니까? 지난날 백부(손책)께서 바깥 일은 장군께 물어서 결정하라는 유언을 남기셨소. 지금 강동의 모든 이가 장군만을 태산처럼 믿고 있는데 어찌하여 못난 선비들의 의견을 쫓아 동오를 조조에게 바치려 하십니까?"

주유가 다시 한 번 강조했다.

"강동 6주의 수많은 백성이 전쟁으로 화를 입는다면 틀림없이 모두 나를 원망할 것이오. 그러니 어찌 싸울 수 있겠소."

주유가 자신의 뜻을 거듭 밝히자 노숙도 물러서지 않았다.

"그렇지 않소. 적이 백만 대군을 자랑하나 장군의 용맹과 험준한 지세를 이용하면 조조 역시 쉽게 뜻을 이루지 못할 것이오. 장군은 생각을 바꾸어 주시오."

노숙이 격하게 반응하자 주유도 물러서지 않았다. 두 사람의 대화는 차츰 언쟁으로 이어졌다. 공명은 두 사람의 공방을 가만히 지켜보며 가볍게 웃고 있었다. 주유가 문득 그 모습을 보고 불쾌한 듯 물었다.

"선생께서 기분 나쁘게 왜 그렇게 웃고 계시오."

공명은 여전히 웃으며 말했다.

"도독을 보고 웃은 게 아닙니다. 자경이 세상 물정을 모르는 듯하여 절로 웃음이 나왔소."

공명이 대답하자 이번엔 노숙이 발끈하여 따져 물었다.

"아니, 선생께서는 무슨 근거로 내가 세상일에 어둡다는 것이오?"

노숙은 공명이 자기 말을 옹호하고 나설 줄 알았다가 자신을 무시하는 듯한 발언을 하자 어이가 없었다. 그런데 공명의 대답은 더욱 기가 막혔다.

"공근께서 조조에게 항복하려는 것은 지극히 현명한 판단이기 때문이오."

그러자 주유가 맞장구를 쳤다.

"선생은 세상사에 정통하시니 분명 나와 뜻이 같으신 줄 알았소."

이에 노숙은 어이가 없어서 헛웃음이 절로 나왔다. 사실 주유는 공명을 떠보기 위해 항복할 뜻을 밝혔고, 공명은 주유의 뜻대로 말려들지 않았다. 두 사람이 고도의 심리전을 벌이고 있었지만, 노숙은 전혀 그 사실을 눈치채지 못했다. 노숙이 공명에게 따져 물었다.

"나는 선생을 호의로 대했소. 인제 보니 그대의 목적은 우리 주공이 역적 앞에 무릎 꿇고 모욕을 당하시는 것을 보려는 것 같소."

노숙의 언성이 높아지자 공명은 슬며시 말머리를 돌렸다.

"나에게 조조의 군사를 쉽게 물리칠 방법이 있소. 단 그러자면 두 사람의 협조가 필요하오."

주유가 궁금한 듯 물었다.

"그 두 사람이 얼마나 대단하기에 조조의 백만 대군이 물러간다는 말이오?"

노숙도 화를 누그러뜨린 채 궁금한 듯 물었다.

"그 두 사람이 대체 누구요?"

공명이 그제야 답을 알려 주었다.

"조조는 예전부터 강동 교 공의 두 딸 대교와 소교를 탐냈고, 이 번 전쟁도 그 두 여인을 취하고자 일으켰으니 대교와 소교를 조조에 게 보내면 기뻐서 물러갈 것입니다."

이때 주유의 얼굴빛이 변했다. 공명이 말하는 소교는 주유 자신의 아내였고, 대교는 세상을 떠난 손책의 아내였다. 주유는 속으로 차 오르는 감정을 억제하며 차분한 어조로 물었다.

"조조가 정말 그런 뜻을 가졌는지 무엇으로 증명할 수 있겠소?"

공명이 대답했다.

"조조의 둘째 아들 조식의 자는 자건인데, 붓만 들면 문장이 저절 로 지어지는 천하의 문장가지요. 조조가 그에게 '동작대부'라는 시를 짓게 했는데 그 뜻을 보면, 오로지 조씨가 황제가 되어야 하며 맹세 코 두 자매를 손에 넣겠다는 겁니다."

"선생은 그 글을 기억하시오?"

"문장이 아름다워 외우고 있습니다."

공명은 자신의 말이 거짓이 아님을 증명하겠다는 듯 동작대부를 노래하기 시작했다.

장하의 물 길게 흐르는데

동산에 과일의 싱그러움 바라보네.

좌우에 세운 한 쌍의 누대

옥룡과 금봉이로다.

아름다운 이교(대교, 소교)를 동과 남에 두고

아침저녁으로 함께 즐기리라.

황도의 웅장함을 굽어보니

구름과 안개가 서려 있도다.

공명은 조조가 지은 동작대부라는 시를 외우는데 '이교를 데려다 동과 남에 두고 아침저녁으로 즐기리라'는 대목이 있었다. 이에 주유가 자리를 박차고 일어나 북쪽을 가리키며 소리를 버럭 질렀다.

"조조 이 역적 놈이 나를 이렇게까지 모욕하는구나."

공명도 급히 자리에서 일어서며 주유에게 물었다.

"그 옛날 흉노의 선우가 자주 국경을 침범하자 한나라 황제는 공주를 내주면서까지 화친을 맺었소. 장군께서는 어찌 민간인 두 여자를 아끼십니까?"

"선생이 몰라서 하는 소리요. 대교는 세상을 떠나신 손책 장군의 부인이시며, 소교는 다름 아닌 내 아내요."

공명은 크게 놀라는 척하며 사죄했다.

"제가 아무것도 모르고 참으로 무례를 범했습니다. 용서하십시오."

사실 공명은 교 공의 두 딸이 손책과 주유의 부인이라는 것을 잘 알고 있었다. 그는 주유의 화를 돋우어 조조와 전쟁에 나서도록 할 속셈이었다. 그러나 주유는 감정이 격해져 공명의 속셈을 눈치챌 만큼 냉철하지 못했다. 주유는 공명의 의도대로 조조에게 칼을 갈았다.

"내가 조조와 절대로 같은 하늘 아래 살지 않겠다."

그런 주유를 보며 공명은 속으로 웃고 있었다.

이튿날 주유는 손권에게 나아가 인사를 했다. 그 자리에 강동의
문무백관이 모두 참석했다. 손권은 주유의 수고를 위로하며 자리에
앉혔다. 주유는 조조와 결전에 나설 것을 주장했다.

"조조는 한나라 승상이지만 사실은 역적입니다. 장군께서는 아버
님과 형님의 뜻을 받들어 대업을 이루셔야지 어찌 역적에게 항복할
수 있습니까?"

주유는 조조가 백만 대군을 거느렸으나 승리할 수 있다고 주장했
다. 그 이유로 마등과 한수가 언제든 조조의 뒤를 칠 수 있고, 조조
의 군사는 수상전에 경험이 없으며, 때가 겨울이어서 식량 조달이
어렵다는 점, 조조의 군사들이 먼 길을 오느라 지쳐 있고, 그중에 풍
토병을 앓는 자가 많다는 점을 꼽았다.

"조조를 사로잡을 기회는 바로 지금입니다. 저에게 정예군 수만
을 주시면 하구에 주둔하여 조조를 물리치겠습니다."

주유의 말에 손권은 크게 기뻐했다. 마음에 결심이 선 손권은 허
리에 찬 칼을 뽑아 탁자의 귀퉁이를 베었다.

"앞으로 항복을 주장하는 자는 이 탁자처럼 베어 버릴 것이다!"

손권은 그 검을 주유에게 내리고 주유를 대도독, 정보를 부도독으
로 임명했다. 또 노숙을 찬군교위로 삼아 전략을 세우는 임무를 맡
겼다. 손권이 주유에게 말했다.

"누구든지 명에 따르지 않는 자가 있으면 이 검으로 목을 치시오."

주유가 검을 받고 문무백관에게 말했다.

"내가 주공의 명으로 군사를 일으켜 조조와 맞서게 되었으니 장수와 대신 들은 내일 강변의 영채로 나와 명을 받으시오."

주유는 손권에게 인사한 후 숙소로 돌아와 공명을 불렀다.

"오늘 조조와 맞서 싸우기로 결정했으니, 선생은 계책을 말씀해 주시오."

그러나 공명은 고개를 저었다.

"아직 계책을 말하기는 이르오."

주유가 의아한 표정으로 물었다.

"어째서요?"

"손 장군은 조조의 백만 대군을 두려워하고 있소. 적은 군사로 조조와 맞서다가 패하는 것은 아닌지 불안한 것이지요. 장군이 손 장군을 찾아 뵙고 의심을 풀어 드려야 큰일을 이룰 수 있습니다."

주유는 의아했다. 공명이 마치 손권의 마음을 들여다본 것처럼 말했기 때문이다. 그러나 한편으로 이 일은 나라의 운명이 걸린 중대사이니 손권의 입장에서 마음이 편치 않으리라 여겨졌다. 주유는 그 길로 손권을 찾아갔다. 손권이 물었다.

"공근이 이 밤중에 무슨 일이오? 필시 무슨 일이 있겠구려."

"내일 출전하려고 하는데 주공의 결심에 변화가 없으신지 불안합니다. 혹시 마음에 걸리는 점이라도 있으십니까?"

손권이 솔직히 말했다.

"실은 불안하기는 하오. 우리가 적은 병력으로 과연 조조의 백만 대군을 물리칠 수 있을까 하고 말이오."

손권의 말에 주유는 속으로 생각했다.

'우리 주공의 마음을 이처럼 꿰뚫어 보다니 제갈량, 참으로 놀라운 인물이구나.'

주유는 손권에게 내색하지 않고 웃으며 말했다.

"제가 이 밤중에 찾아온 것은 바로 그 일 때문입니다. 주공께서 조조의 병력이 백만 대군이라는 것에 너무 수적으로 부담 갖지 마십시오. 그의 정예병은 고작 15만에 불과한데 모두 지친 데다 풍토병까지 앓고 있습니다. 그 외의 병력은 원소의 부하였거나 형주의 군사입니다. 그들 중엔 조조를 의심하며 순종하지 않는 자가 많습니다. 그러니 그 수가 많다고 두려워할 일이 아닙니다. 저에게 군사 5만 명을 주십시오. 반드시 조조를 물리치겠습니다."

주유의 태도와 목소리에 자신감이 흘러넘쳤다. 그는 손권을 안심시키려고 일부러 조조의 병력 규모를 줄여서 말했다. 주유의 의도대로 손권의 표정이 밝아졌다. 손권은 주유의 등을 어루만지며 말했다.

"공근의 말을 들으니 이제야 확신이 서는구려. 자포는 계책도 없이 항복을 권하여 나를 실망시켰는데, 그대만이 내 뜻과 같구려. 내 생각은 확고하니 그대는 노숙과 정보와 더불어 군사를 거느리고 출전하시오. 나는 뒤에서 군사나 말, 물자와 식량 등 필요한 것을 부족함 없이 지원하겠소. 만약 필요하다면 내가 직접 선두에 서서 조조 그 역적 놈과 결판을 내겠소."

주유는 손권과 인사를 나눈 후 숙소로 돌아오면서 생각했다.

'제갈량이 벌써 주공의 마음을 헤아렸구나. 그의 계책은 나보다 뛰어나니 반드시 훗날 강동의 근심거리가 될 것이다. 당장 없애는 게 좋겠다.'

주유는 숙소로 돌아온 후 즉시 노숙을 불렀다. 노숙이 오자 그는 자신의 생각을 밝혔다.

"공명을 없애야겠소. 그를 살려 두면 훗날 반드시 우리의 걱정거리가 될 것이오."

노숙은 펄쩍 뛰었다.

"안 됩니다. 조조를 물리치기도 전에 도와줄 사람부터 죽이면 우리에게 무슨 이득이 되겠습니까? 차라리 그의 형 제갈근에게 동생을 설득하게 해서 우리 편으로 삼는 게 어떻습니까?"

주유는 노숙의 의견을 받아들였다. 만약 제갈량이 강동의 신하가 되어 손권을 섬긴다면 환영할 일이었다.

이튿날 아침, 주유는 군영에 나가 지휘관의 자리에 앉았다. 그의 좌우에 큰 칼과 도끼로 무장한 군사들이 호위를 섰다. 문관과 장수들은 주유의 명을 기다렸다. 그런데 부도독으로 임명된 정보는 모습이 보이지 않았다. 그는 자기보다 훨씬 어린 주유가 상관이 되자 불쾌하여 병을 핑계로 나오지 않고 큰아들 정자를 대신 보냈다. 주유가 장수들에게 명령을 내렸다.

"국법에는 추호도 사사로움이 없으니 여러 장수는 각자 맡은 역할을 다하라! 지금 조조는 권력을 쥐고 농락하는 게 지난날 동탁보다 더 심하다. 그는 황제를 허도에 볼모로 잡고, 군사를 일으켜 우리를 위협하고 있다. 이제 주공의 명을 받아 조조를 칠 것이니 모두 힘을 다하여 적에게 맞서라. 무엇보다 백성에게 피해를 주어서는 안되며, 공을 세운 자에게는 상을 내리고, 죄지은 자에게는 벌을 내리되 추호도 사정을 두지 않을 것이다."

주유는 명령을 내린 즉시 한당과 황개를 선봉으로 삼아 500척의 배를 이끌고 세 강물이 합쳐지는 삼강구에 주둔하게 했다. 그리고 장흠과 주태, 능통과 반장, 태사자와 여몽, 육손과 동습 등 장수들에게 각자 군사를 이끌고 출전하게 하니 그야말로 하늘을 찌를 기세였다.

군사들이 모두 길을 떠나자 정보의 아들 정자는 집으로 돌아와 아버지에게 보고 들은 대로 전했다.

"나는 평소에 주유가 나약해서 장수감으로 부족하다고 여겼다. 네 말을 듣고 보니 그는 참으로 뛰어난 장수로구나."

정보는 그 즉시 군영으로 가서 주유에게 사과하니, 주유 역시 그를 위로했다.

이튿날 주유는 사람을 보내 제갈근을 데리고 오게 했다.

"그대의 동생은 지략이 뛰어나고 능히 왕을 보좌할 만한 재능을 지녔는데 어찌 유비 같은 자를 섬긴단 말이오. 다행히 공명이 이곳 강동에 와 있으니, 선생께서 수고스럽겠지만 그가 우리 주공을 섬기도록 설득해 주시오. 형제가 함께 우리 동오를 위해 일하면 얼마나 좋겠소."

제갈근이 답했다.

"내가 강동으로 와서 그동안 아무런 공을 세우지 못해 부끄럽게 여겼는데, 도독께서 분부하시니 어찌 힘을 다하지 않겠습니까?"

제갈근은 그 길로 말에 올라 공명을 찾아갔다. 제갈근은 공명을 만나 형제의 정을 나누며 함께 손권을 섬기자고 설득했다. 그러자 공명은 주유가 제갈근을 보낸 것을 눈치채고 고개를 저으며 말했다.

"형님의 말씀은 인정이고, 제가 지키려는 것은 의리입니다. 형님과 저는 다 같이 한나라 자손이고 유황숙은 황실의 후예이니, 만일 형님께서 동오를 버리고 저와 함께 유황숙을 섬긴다면 위로는 한나라 신하가 되고, 아래로는 형제가 함께하게 되니 이는 인정과 의리를 모두 지키게 되지요. 형님 생각은 어떻습니까?"

제갈근은 공명의 말에 뭐라고 대꾸할 말을 찾지 못했다. 공명을 설득하려다가 오히려 자기가 설득당하는 상황이 되었기 때문이다.

제갈근은 주유에게 돌아와 공명의 말을 전했다. 그러자 주유는 속으로 공명을 제거할 뜻을 품게 되었다.

이튿날 주유는 출정에 앞서 공명에게 함께 가기를 청했다. 공명은 흔쾌히 받아들여 주유와 함께 배에 올랐다. 주유의 지휘 아래 동오의 배들은 열을 지어 하구로 향했다.

한편 강하에 머물고 있던 유비는 유기에게 강하를 지키게 한 후 군사를 이끌고 하구로 향했다. 강변을 따라 길을 재촉하는데 며칠 전 하구로 보냈던 척후병이 달려와 보고했다.

"동오가 마침내 군사를 일으켰습니다. 조조와 싸우기로 결정한 것 같습니다."

유비는 기뻐하며 즉시 장수들을 불러 모았다. 그가 공명의 소식이 궁금하다고 하자 미축이 나섰다.

"제가 동오에 다녀오겠습니다."

미축은 말솜씨가 좋고 임기응변이 뛰어났다. 그는 유비를 위해 막대한 군자금을 후원했고, 유비의 아내인 미부인의 오빠였다. 또한, 유비의 휘하에서 재무와 경리를 담당하고 있었다. 미축이 나서자 유비는 기뻐하며 고기와 술 등의 예물을 주어 동오로 보냈다. 미축은 배를 타고 물길을 따라 내려가 주유를 만나 유비의 인사를 전하고 가져온 예물을 바쳤다. 그러자 주유는 술자리를 마련하여 미축을 대접했다. 술잔이 몇 차례 돌자 미축이 조심스레 말을 꺼냈다.

"우리 군사께서 이곳에 오래 계셨으니, 이제 모시고 돌아갈까 합니다."

"제갈 선생은 나와 함께 조조를 물리칠 작전을 세워야 하는데 어떻게 보낼 수 있겠소? 오히려 나는 유 예주를 뵙고 계책을 의논하고 싶소. 보다시피 나는 대군을 거느리고 있어 잠시도 자리를 비울 수 없는 형편이오. 그러니 유 예주께서 이곳으로 와 주시면 더없이 고맙겠소이다."

주유는 내심 유비까지 제거할 속셈으로 도리어 유비를 자기의 부대로 초대했다. 미축이 돌아가자 주유는 50여 명의 자객을 매복시켰다가 유비를 제거할 계획을 세웠다. 노숙이 반대했으나 주유는 듣지 않았다.

미축으로부터 보고를 받은 유비는 의심 없이 주유의 초대를 받아들였다. 그가 한 척의 배를 준비하여 떠나려 하자 관우가 말렸다.

"주유는 술수에 능하니 조심하십시오. 게다가 군사는 서신 한 장 없으니 함부로 가실 일이 아닙니다."

유비가 고개를 저으며 오히려 관우를 설득했다.

"우리는 동오와 손잡고 조조를 물리쳐야 하네. 주유는 나와 함께 그 일을 의논하자고 부르는데 어찌 거절할 수 있겠는가. 만약 초청을 거절하면 내가 그들과 손잡을 뜻이 없다고 여기지 않겠는가? 지금처럼 위급한 상황에서 서로 믿지 못하고 불신하면 큰일을 이루지 못할 것이네."

그러자 관우는 말려 봤자 소용이 없음을 깨닫고 이렇게 말했다.

"형님께서 꼭 가신다면 제가 모시고 가겠습니다."

유비가 허락하자 관우는 군사 20여 명을 데리고 유비와 함께 배에 올라 강동으로 갔다.

한편 공명은 이런 사실을 전혀 모르고 있었다. 공명은 강변을 거닐다가 지나가는 군졸로부터 유비가 온 사실을 알게 되었다. 크게 놀란 공명은 급히 주유를 찾아갔다. 공명은 슬며시 주유의 장막 안을 엿보았다. 주유의 얼굴에 살기가 등등하고, 양쪽 벽 뒤에 자객들이 칼과 도끼를 들고 매복해 있었다.

그 사실을 모르는 유비는 태평스럽게 주유와 대화를 나누고 있었다. 공명은 유비를 구할 궁리를 하다가 문득 유비의 등 뒤에 관우가 청룡언월도를 들고 서 있는 모습을 보았다.

'운장이 지키고 섰으니 주공께서 위험하지는 않겠구나.'

공명은 그제야 안도의 한숨을 내쉬며 다시 강변으로 나가 유비가 나오기를 기다렸다.

시간이 흘러 분위기가 무르익자 주유가 자리에서 일어나 슬며시 술잔을 집어 들었다. 그가 막 잔을 집어 던져 자객들에게 신호를 보내려는데 문득 유비의 등 뒤에 선 관우를 보았다. 주유가 멈칫하며 물었다.

"저 장수는 누구입니까?"

유비가 대답했다.

"제 아우 관운장입니다."

주유는 깜짝 놀랐다.

"관운장이라면 지난날 안량과 문추를 벤 그 장수가 아닙니까?"

"그렇소이다."

주유의 등줄기로 갑자기 식은땀이 주르륵 흘러내렸다. 하마터면 유비를 죽이기 전에 자기 목이 먼저 날아갈 판이었다. 당황한 그는 엉겁결에 잔에 술을 따라 주며 마시기를 권했다.

잠시 후 노숙이 들어왔다. 유비가 노숙에게 물었다.

"공명은 지금 어디 있소? 수고스럽겠지만 자경은 나를 위해 공명을 좀 불러 주시오."

그러자 주유가 얼른 노숙 대신 대답했다.

"조조를 물리친 다음 만나도 늦지 않으니 기다려 주십시오."

주유의 말에 유비는 더는 묻지 못했다. 그러자 관우가 유비에게 눈짓을 보냈다. 유비는 그 뜻을 알아차리고 곧 자리에서 일어나 주유에게 작별 인사를 했다.

주유와 헤어진 유비는 관우와 군사들을 이끌고 말을 달려 강가에 이르렀다. 공명이 언제 왔는지 배 안에서 기다리고 있었다.

"주공께서 오늘 얼마나 위태로운 자리에 계셨는지 아십니까?"

유비가 깜짝 놀라며 물었다.

"그게 무슨 말씀이오?"

공명은 자신이 몰래 주유의 장막 안을 엿본 사실을 모두 들려주었다.

"그 자리에 운장이 없었다면 주공께서는 분명 화를 입으셨을 것입니다."

유비는 그제야 주유의 속셈을 깨닫고 가슴을 쓸어내렸다. 그는 서둘러 돌아가야겠다고 생각했다.

"군사도 당장 나와 함께 돌아갑시다."

"저는 비록 호랑이의 입속에 있지만 안전하기가 태산과 같습니다. 주공께서는 염려 마시고 돌아가시면 배와 군사를 잘 준비하여 주십시오. 그리고 11월 20일에 조자룡에게 작은 배 한 척을 주어 남쪽 강변에 마중을 나오게 하십시오. 이것만은 절대 잊으시면 안 됩니다."

유비가 그 이유를 묻자 공명이 대답했다.

"동남풍이 부는 날 제가 돌아갈 것입니다."

유비가 계속 질문을 던졌지만 공명은 대답 없이 돌아가기를 재촉했다. 유비는 관우와 함께 군사를 이끌고 다시 배를 타고 강을 거슬러 올라갔다.

주유는 유비를 배웅한 뒤 노숙과 마주 앉았다. 노숙이 물었다.

"도독께서는 현덕을 이곳까지 유인해 놓고 왜 손을 쓰지 않으셨습니까?"

주유가 대답했다.

"관운장은 세상이 다 아는 호랑이 같은 장수요. 만약 섣불리 공격했다면 유비를 죽이기 전에 내가 먼저 목숨을 잃었을 것이오."

이때 조조의 사자가 찾아와 조조의 편지를 전했다. 주유가 편지를 받아 보니 봉투에는 '한나라 대승상이 주 도독에게 보내노라'라고 적혀 있었다. 유비를 죽이지 못해 심사가 뒤틀렸던 주유는 조조의 편지를 읽어 보지도 않고 그대로 찢어 버렸다.

"여봐라! 사자를 끌어내 당장 목을 베어라!"

노숙이 다급하게 만류했다. 그러나 주유는 듣지 않고 끝내 사자의 목을 베어 조조에게 보냈다.

한편, 조조는 주유가 자신의 편지를 읽지도 않고 찢어 버린 뒤 사자의 목을 베어 그 머리를 보내오자 크게 노했다.

조조는 즉시 채모, 장윤 등을 선발로 삼고 자신은 후군이 되어 배를 타고 삼강구에 이르렀다. 이때 동오의 전투선들이 새까맣게 강을 뒤덮으며 몰려왔다. 한 장수가 맨 앞의 뱃머리에 앉아 크게 소리쳤다.

"나는 감녕이다. 누가 나와 맞서겠는가?"

조조의 진영에서는 채모의 동생 채훈을 앞세웠다. 채훈의 배가 감녕이 탄 배와 가까워졌을 때 감녕은 활을 들어 채훈을 쏘았다. 화살은 채훈의 얼굴에 명중했고, 그는 얼굴을 감싸 쥐고 강물 속으로 거꾸러졌다. 감녕은 기회를 놓치지 않고 진격 명령을 내렸다.

"일제히 공격하라!"

동오의 배들이 일제히 진격하며 활을 쏘아 대기 시작했다. 조조의 군사는 대부분 청주와 서주 출신이어서 수상 전투에 능하지 못했다. 또한, 배에 익숙지 못해 조금만 흔들려도 서 있기조차 버거웠다. 그런 상황에서 조조 군사들은 화살이 빗발치자 도저히 감당할 수 없었다. 동오의 배들은 물 만난 고기처럼 물 위를 누비며 조조군을 일방적으로 공격했다. 여기에 주유까지 가세하여 공격을 퍼붓자 조조군은 수많은 사상자를 냈다.

그러나 시간이 지날수록 동오의 공격은 날카로움을 잃어 가고 허둥대던 조조군은 안정을 찾아 갔다. 주유는 생각했다.

'우리가 아직은 전투를 유리하게 끌고 가지만 적의 수가 너무 많구나. 이대로 가면 우리의 피해도 무시할 수 없다.'

주유는 생각이 여기에 미치자 일단 징을 울려 군사를 거두었다.

첫 전투에서 크게 패한 조조는 채모와 장윤을 불러 대책을 물었다. 채모가 대답했다.

"우선 공격보다 수비에 전념해야 합니다. 나루터에 견고한 요새를 구축하고 강 위에는 멀리까지 수채(물 위에 세운 영채)를 세워야 합니다. 청주와 서주 군사는 수채 안에서, 형주 군사는 수채 밖에서 수상전에 적응하도록 훈련을 시켜야 합니다. 이렇게 해야 동오의 수군을 맞아 승리할 수 있습니다."

조조는 고개를 끄덕였다.

"그대가 수군 도독이니 알아서 처리하라."

이날부터 채모와 장윤은 수채를 만들어 수군을 훈련하기 시작했다. 먼저 강변에 24개의 수문을 세우고, 큰 배로 밖을 둘러싸게 하여 성곽으로 삼고, 작은 배는 그 안을 왕래하게 했다. 또한, 배마다 등불을 매달아 어둠을 밝히게 하니, 강물이 온통 불빛이었다. 약 3백여 리에 걸쳐 수채와 육지의 영채에서 불빛이 끊이지 않아 그야말로 장관을 연출했다.

주유는 첫 전투에서 승리 후 공을 세운 장수들에게 상을 내리고 손권에게 사람을 보내 승전보를 전했다. 그날 밤 주유는 높은 곳에 올라 조조의 진영을 살펴보고 깜짝 놀랐다.

"저 불빛은 무엇인가?"

"모두 조조군의 불빛입니다."

주유는 조조군과의 첫 전투에서 승리한 후 내심 조조의 수군을 우습게 여기고 있었다. 그러나 몇 백 리에 걸친 휘황찬란한 불빛을 보자 적이 놀랐다.

이튿날 주유는 직접 조조의 수채를 살펴보기로 했다. 놀잇배로 가장하여 조조군의 수채를 엿본 주유는 더욱 놀랐다. 조조군의 진법이 상상외로 뛰어났기 때문이다.

'조조군에 이처럼 수군의 진법에 뛰어난 장수가 있단 말인가?'

주유는 감탄하여 좌우에 물었다.

"조조의 수군 도독이 누구냐?"

"채모와 장윤입니다."

주유는 긴장했다.

'채모와 장윤이라면 형주 출신이라 수전에 능하여 물속에 진을 치는 진법에도 뛰어난 자들이 아닌가? 계략을 써서 두 사람을 제거하지 않는다면 승리를 장담할 수 없겠구나.'

주유는 채모와 장윤을 제거하기로 마음먹었다.

이때 마침 조조 진영에서 장간이 찾아왔다. 장간은 주유와 동문수학한 인연으로 주유를 회유하기 위해 온 것이다. 주유는 그가 온 목적을 알았지만 모르는 척하며 정중히 대접했다. 또한, 함께 진중을 거닐며 무기와 군량이 넉넉히 쌓여 있는 창고도 보여 주었다.

그날 밤, 늦도록 장간과 함께 술을 마신 주유는 크게 취한 척 잠자리에 들었다. 장간은 주유를 설득하려 했으나 입도 못 뗀 채 잠자리에 들게 되어 마음이 심란했다. 그는 몸을 뒤척이다가 일어나

탁자 위의 문서를 훔쳐보았다. 그런데 그 문서 중에 채모와 장윤이 보낸 '주 도독께 올린다'는 글씨가 보였다. 장간은 얼른 문서를 펼쳐 보았다.

저희가 조조에게 항복한 것은 벼슬을 원해서가 아니라 어쩔 수 없는 상황 때문입니다. 이제 조조군을 속여 수채 안에 가두어 놓았으니 기회가 오면 반드시 역적 조조의 목을 베어 도독께 바치겠습니다. 조만간 사람을 보내 소식을 전하려 하니 행여라도 의심하지 마십시오.

장간은 너무 놀라서 하마터면 소리를 지를 뻔했다.
'이것은 채모와 장윤이 주유와 내통한다는 증거가 아닌가?'
장간이 주유를 살펴보니 그는 술에 취해 여전히 코를 골며 잠들어 있었다. 안심한 장간은 즉시 문서를 가지고 몰래 조조에게 돌아갔다. 장간이 숙소를 빠져나가자 잠이 든 주유의 입가에 슬며시 미소가 떠올랐다.

장간이 훔쳐 온 편지를 읽은 조조는 몸을 부들부들 떨었다. 그는 즉시 채모와 장윤을 불러들였다.
"두 사람은 즉시 출병하라."
갑작스러운 명령에 채모가 대답했다.
"아직 훈련이 충분하지 않습니다. 경솔하게 나아갔다가는 큰 피해를 볼 수 있습니다."

채모의 말이 떨어지기 무섭게 조조가 호통을 쳤다.

"수군의 훈련을 마치면 내 목을 주유에게 넘겨주겠다는 것이냐?"

"예?"

두 사람은 영문을 모른 채 대답도 하지 못하고 조조의 얼굴만 멀 그러니 쳐다보았다.

"당장 이 두 놈을 끌어내어 목을 쳐라!"

조조의 명령을 받은 무사들이 채모와 장윤을 끌고 나가더니, 잠시 후 장윤과 채모의 머리를 조조에게 바쳤다. 조조는 그제야 정신이 번쩍 들었다.

"아뿔사, 내가 적의 계책에 넘어갔구나."

조조는 가슴을 쳤지만 이미 처형된 두 사람을 다시 살릴 수 없는 일이었다. 여러 장수가 그들이 처형된 까닭을 묻자 조조는 그들이 군율을 어기고 직무에 태만하여 처형했다고 둘러댔다.

조조는 장윤과 채모의 후임으로 모개와 우금을 수군 도독에 임명 했다.

화살 10만 개를 얻은 공명

조조가 장윤과 채모를 처형했다는 소식을 듣고 주유는 크게 기뻐했다. 그는 공명이 자기가 펼친 계책을 간파했는지 궁금해서 노숙을 보내 알아보게 했다. 노숙이 공명을 찾아가자 공명이 말했다.

"도독이 장간을 농락해 감쪽같이 조조를 속였으나, 조조도 지금쯤 속은 것을 깨닫고 후회하고 있을 것이오. 듣자하니 조조가 모개와 우금을 채모와 장윤의 후임으로 삼았다고 합니다. 그들은 수군을 거느릴 재목감이 못 되니 그들 때문에 조조의 수군은 망하게 될 것이오."

노숙은 놀라서 할 말을 잊었다. 공명은 이미 모든 것을 손바닥 들여다보듯이 훤히 알고 있었기 때문이다. 공명이 노숙에게 당부했다.

"공께서는 부디 주유에게 내가 이미 모든 것을 알고 있다는 소리는 하지 마십시오. 그가 나를 질투하여 죽이려 할지도 모르니 말이오."

"그렇게 하겠습니다."

노숙은 약속했지만 주유를 만나자 사실대로 말하지 않을 수 없었다. 공명이 예상한 대로였다. 주유는 공명에 대한 열등감과 질투에 불타올랐다.

"이자를 반드시 죽이고 말겠다."

노숙이 만류했다.

"만약 공명을 죽인다면 도리어 조조의 비웃음을 사게 됩니다."

"걱정하지 마시오. 그럴듯하게 그를 죽일 명분을 만들 것이오."

노숙이 다급하게 물었다.

"명분이라면 어떤 명분을 말씀하십니까?"

"내일이면 알게 될 것이니 공은 그냥 지켜만 보시오."

다음 날, 주유는 공명을 불러 수전에서 중요한 무기인 화살이 부족하니 열흘 안에 화살 10만 개를 만들어 줄 것을 청했다.

공명이 물었다.

"도독께서는 화살 10만 개를 언제쯤 사용할 계획입니까?"

"열흘 안에 만들 수 있겠소?"

주유가 묻자 공명이 태연하게 대답했다.

"열흘이나 끌다가 낭패를 당할 수 있으니, 사흘 안에 만들도록 하지요."

공명의 대답에 주유는 자신의 귀를 의심했다. 공명의 어처구니없는 장담에 주유는 정색하며 다짐을 두었다.

"군사와 관계된 대화에서 농담은 하지 않는 법이오. 그 말에 책임질 수 있겠소?"

"어찌 감히 도독에게 농담을 하겠습니까? 군령장을 바치고 사흘 안에 약속을 지키지 못하면 목숨으로 대신하겠습니다."

군령장이란 명령을 받은 뒤 쓰는 서약서로, 임무를 완수하지 못하면 엄한 처벌을 받겠다는 내용이다. 군령장을 받은 주유는 공명을 죽일 기회라고 여겨 내심 쾌재를 불렀다. 그는 기쁨을 감추지 못하며 술자리를 마련하여 공명을 대접했다.

"이번 일을 마치면 선생의 수고에 보답하겠소."

공명이 말했다.

"도독께서는 사흘째 되는 날 군사 5백 명을 강변으로 보내 화살을 가져가십시오."

공명은 주유와 더불어 술을 몇 잔 마신 후 숙소로 돌아갔다. 노숙은 어이가 없는 표정으로 공명의 뒷모습을 물끄러미 바라보다가 주유에게 물었다.

"공명이 우리를 속이려는 게 아닐까요?"

주유가 비웃음을 흘리며 고개를 저었다.

"여러 장수 앞에서 군령장까지 쓰고 한 약속이오. 헛소리는 아닐 것이오."

"하지만 사흘 안에 어떻게 10만 개의 화살을 만들 수 있단 말입니까?"

"스스로 죽기를 작정한 것이 아니라면 무엇에 홀린 것일 테지요. 어찌 되었건 그가 스스로 자초한 일이지 내가 핍박한 것은 아니오. 그가 날개가 달렸다고 해도 이곳에서 달아날 수 없을 거요. 내 인부들에게 일을 천천히 하라고 명하고, 필요한 재료도 제때 공급하지 못하게 할 테니 공명은 절대 약속을 지킬 수 없을 것이오. 그때 군법으로 죄를 물어 처형하면 누가 뭐라고 하겠소. 공은 지금부터 공명의 일거수일투족을 살펴 주시오."

이튿날, 노숙은 주유의 지시도 있고, 공명의 속마음을 떠볼 겸 공명을 찾아갔다. 공명은 노숙을 원망했다.

"자경께 내 그토록 부탁했건만 왜 주유에게 사실대로 말했소. 그 바람에 내 목숨이 위험하게 되었소. 사흘 안에 무슨 수로 화살 10만 개를 만든단 말이오? 그러니 자경께서 부디 나를 좀 도와주셔야겠소."

노숙은 속으로 놀랐다.

'그 이야기를 주 도독에게 털어놓은 사실을 공명은 어떻게 알았단 말인가?'

노숙은 속으로 감탄하며 말했다.

"선생께서 자초한 일로 어찌 나를 탓하시오?"

공명이 은밀히 말했다.

"공을 탓하는 것은 아니오. 다만 내 부탁을 좀 들어주시오."

"내가 무엇을 도우면 되겠소?"

노숙이 마지못해 묻자 공명이 말했다.

"내게 배 20척과 군사 5~6백만 빌려주시오. 각 배에 군사 30명씩 태우고 배 위에는 푸른 천으로 휘장을 만들어 둘러친 다음, 풀 더미 1천여 개씩을 배 양편에 쌓아 올려 주시오. 그렇게 해 주면 내가 사흘째 되는 날 틀림없이 10만 개의 화살을 구할 수 있소. 다만 이번 만큼은 주 도독에게 꼭 비밀로 해 주시오. 그가 아는 날이면 내 계획 은 모두 허사가 되고 맙니다."

노숙은 공명에게 미안한 마음도 있고 해서 주유의 부탁을 들어주 기로 했다. 그리고 이번만큼은 주유에게도 비밀을 지키리라 다짐했 다. 그러나 공명의 계획이 무엇인지는 알 수 없었다.

노숙은 공명의 부탁대로 배 20척과 배마다 군사 30명을 태워 모 든 준비를 마친 후 강기슭에 대기시켰다. 첫날도 그리고 이튿날도 공명의 움직임은 없었다. 그러다가 사흘째 되는 날, 공명은 노숙을 불러 화살을 가지러 가자고 말했다. 공명은 노숙과 함께 배에 올라 배 20척을 긴 밧줄로 붙잡아 매어 연결하게 했다.

20여 척의 배는 북쪽을 향해 나아가는데 짙은 안개가 사방을 뒤 덮어 눈앞을 분간할 수조차 없었다. 강 위를 미끄러져 나아간 배들 은 어느덧 조조의 수채 가까이 이르렀다. 공명은 뱃머리를 서쪽으로 두고 꼬리를 동쪽으로 향하게 해서 일렬로 죽 늘어서게 했다. 그러 고는 군사들에게 북을 치고 함성을 내지르게 했다. 노숙이 깜짝 놀 라서 물었다.

"조조의 군사가 쏟아져 나오면 어쩌려고 이러시오?"

공명이 웃으며 대답했다.

"조조가 아무리 대범해도 이 짙은 안개 속에서 군사를 내보내겠소? 우리는 그저 술이나 마시며 안개가 걷히기를 기다렸다가 돌아갑시다."

한편 조조의 수채에서는 난데없는 북소리와 함성에 놀란 모개와 우금은 곧바로 조조에게 보고했다. 그러자 조조는 우금과 모개에게 명했다.

"이 짙은 안개 속에서 적이 공격해 온 것을 보니 필시 매복이 있을 것이다. 수군을 움직이지 말고 활과 쇠뇌로 공격하라. 또한, 장료와 서황에게 각기 궁수 3천 명씩을 이끌고 육상에서도 함께 활을 쏘도록 하라!"

모개와 우금은 명을 받은 즉시 궁수들에게 수채 앞에서 활을 쏘게 했다. 여기에 장료와 서황이 데려온 궁노수들이 지상에서 합세하여 활을 쏘아 대기 시작했다. 조조군 1만여 명이 동오의 배들을 향해 일제히 활을 쏘아 대자 그야말로 화살이 비 오듯 했다. 그 화살들은 여지없이 배 위의 풀섶 더미에 가서 꽂혔다. 그 모양새가 마치 고슴도치를 방불케 했다. 그러자 공명이 다시 명령을 내렸다.

"이제 배를 반대 방향으로 돌리도록 하라."

군사들이 배를 돌리자 이번에는 조조의 수채 쪽으로 더욱 가까이 나아가게 했다.

"이제 더 큰 소리로 함성을 지르고 북소리를 울려라!"

북소리와 함성이 더욱 가까워지자 조조의 군사들은 더욱 필사적으로 활을 쏘아 댔다. 그 화살들은 이번에는 반대편의 풀 더미에 빽빽하게 꽂혔다.

이윽고 안개가 걷히자 공명은 배를 돌리게 했고, 군사들에게 큰 소리로 이렇게 외치게 했다.

"조 승상님, 화살을 선물로 주시니 고맙습니다."

조조는 그제야 속은 것을 알고 땅을 쳤다. 하지만 공명이 탄 배는 이미 멀리 달아나 뒤쫓을 수도 없었다.

공명이 노숙에게 말했다.

"배 한 척에 화살이 5~6천 개는 되니 20척이면 10만 개는 충분히 될 것이오. 내일, 이 화살로 조조의 군사를 쏘게 될 테니 생각만 해도 재미있지 않소?"

노숙은 공명의 지혜에 감탄이 절로 나왔다.

"선생의 지모는 끝을 알 수 없구려. 도대체 오늘 이렇게 짙은 안개가 낄 줄을 어떻게 아셨소?"

"무릇 장수란 천문과 지리에 밝지 못하면 참다운 장수라 할 수 없소. 나는 사흘 전에 이미 오늘 안개가 낄 것을 알았고, 그래서 기한을 사흘로 잡았소. 만약 주 도독이 열흘을 고집했다면 낭패를 보았을 것이오."

공명이 배의 풀 더미에 꽂힌 화살 10만 개를 동오 군사들에게 넘겨주자 주유는 크게 놀라 입을 다물지 못했다. 주유는 길게 탄식했다.

"공명의 계책과 헤아림은 내가 도저히 따르지 못하겠구나. 실로 하늘이 낸 사람이구나."

주유는 공명을 청하여 잔치를 베풀고 정중하게 대접했다. 두 사람은 술자리에서 조조를 무찌를 계획을 세웠다. 주유가 공명에게 바짝 다가앉으며 은근히 말했다.

"내가 조조의 수채를 살펴보니 강물과 육지가 하나로 연결된 듯 빈틈을 찾기가 어렵더이다. 내게 한 가지 계교가 있지만, 과연 옳은 방법인지는 확신할 수 없습니다. 부디 선생께서 가르침을 주십시오."

"나도 마침 한 가지 계책이 있는데, 우리 각자 손바닥에 써서 서로의 계책이 같은지 확인해 봅시다."

주유는 크게 기뻐하며 즉시 붓과 벼루를 가져오게 했다. 그는 자신이 먼저 손바닥에 계책을 적고 공명에게 붓을 주며 쓰라고 권했다. 이윽고 두 사람이 손바닥을 펼쳐 보니, 모두 '불 화(火)' 자가 적혀 있었다. 주유가 말했다.

"우리 두 사람의 의견이 같으니 서로 의심할 게 없소. 다만 이 일이 밖으로 새어 나가서는 안 될 것이오."

"손씨와 유씨 두 집안의 대사를 어찌 누설하겠습니까? 조조가 두 번이나 나의 계책에 당하고도 아직 다른 대책을 세우지 못했을 것입니다. 도독께서 계획하신 대로 조조를 공격하면 반드시 크게 이길 것입니다."

이윽고 두 사람은 술자리를 물리고 자리에서 일어났다.

한편 조조는 어처구니없게도 화살을 15~16만 개나 잃고 나서, 분을 참지 못했다. 그러자 순유가 계책을 올렸다.

"지금 동오는 주유와 제갈량이 함께 계략을 쓰고 있어서 쉽게 공격하기 어렵습니다. 그러니 사람을 동오로 보내 거짓으로 항복하게 하여 적의 속사정을 염탐하게 하십시오."

조조는 고개를 끄덕였다.

"내 생각도 같네. 그럼 누구를 보내면 좋겠는가?"

"채모가 참수당했지만 그의 친인척은 모두 우리 군에 있습니다. 채모의 아우 채중과 채화는 지금 부장으로 있습니다. 승상께서 그들에게 특별히 은혜를 베푸신 후 그들을 달래서 동오로 가게 하십시오. 동오에서는 채모가 억울하게 죽임을 당한 것을 알고 있어서 의심하지 않을 것입니다."

조조는 순유의 계책대로 채중과 채화를 불러 그들을 위로하며 후한 상을 내렸다. 두 사람은 동오를 염탐한 후 주유와 공명의 목을 베어 바치겠다고 맹세했다.

이튿날 채중과 채화는 군사 5백여 명을 두 척의 배에 나누어 태우고 강동을 향해 떠났다. 주유는 그들이 투항해 오자 거짓임을 알았지만 내색하지 않은 채 감녕의 휘하에 머물게 했다.

그날 밤, 주유는 조조를 공격할 방법을 모색하며 홀로 생각에 잠겨 있었다. 이때 황개가 주유를 찾아와 말했다.

"조조는 대군이고 우리 군사는 적으니 시간을 끌수록 불리합니다. 도독께서는 왜 화공을 쓰지 않습니까?"

주유는 속으로 놀라며 물었다.

"누가 그대에게 이 계책을 알려 준 것이오?"

황개가 정색을 하며 말했다.

"내 생각입니다. 누가 알려 준 게 아닙니다."

그제야 주유도 자신의 생각을 털어놓았다.

"사실은 나도 같은 생각을 하고 있었소. 그래서 채중과 채화가 거짓으로 투항해 온 것을 알면서도 그들을 받아들여 우리 군의 소식을 조조에게 알리게 둔 것이오. 문제는 나를 위해 저쪽에 거짓 투항해서 일을 꾸밀 사람이 필요하다는 것이오."

그러자 황개는 자신이 고육지계"를 맡겠노라고 나섰다. 주유는 황개의 충성심에 감복했다. 주유는 그 자리에서 일어나 황개에게 절하며 말했다.

"장군께서 고육지계를 감수하여 주신다니, 우리 강동으로서는 참으로 다행이 아닐 수 없습니다."

두 사람은 밤이 새도록 밀약을 주고받은 후 헤어졌다.

이튿날 장수들이 모두 모인 자리에서 황개는 이달 안에 조조를 무찌르지 못하면 차라리 항복하는 게 좋겠다는 의견을 냈다. 이에 주유는 크게 노하여 황개의 목을 베라 명했다.

"주공께서 항복을 입에 담는 자가 있으면 누구든지 목을 베라고 하셨다. 더구나 우리가 조조와 맞서고 있는데 어찌 항복을 들먹여 군사의 사기를 꺾으려 드는가? 너 같은 자를 목 베지 않는다면 어찌 군사를 이끌 수 있겠는가? 당장 황개의 목을 베라!"

그러자 장수들이 황개를 용서해 달라고 청했다. 그러나 주유는 다시 서릿발 같은 명을 내렸다.

"당장 황개의 목을 베지 않고 무엇 하느냐?"

이때 감녕이 나서며 간곡히 부탁했다.

"황개는 동오의 오랜 신하이니, 부디 너그럽게 용서하여 주십시오."

주유가 화를 참지 못하고 호통을 쳤다.

"군법을 집행하면서 어찌 사정을 둔단 말인가?"

그러고는 좌우를 둘러보며 명령을 내렸다.

"먼저 감녕부터 곤장을 쳐라!"

감녕이 곤장을 맞고 쫓겨났다. 주유는 다시 황개의 목을 베라고 명령을 내렸다. 그러자 장수들도 황개를 위해 다시 적극적으로 나섰다. 그들은 아예 한꺼번에 엎드려 빌었다.

"황개의 죄는 죽어 마땅하지만, 지금은 조조와 전투를 치러야 할 중요한 시기입니다. 도독께서는 너그럽게 용서하셔서 황개의 죄를 기록하셨다가 조조를 물리친 후에 죄를 물어도 늦지 않으실 것입니다."

주유는 장수들이 더욱 적극적으로 나서서 만류하자 목을 베는 대신 곤장 1백 대를 치게 했다.

황개는 몇 차례나 기절하여 움직이기 힘이 들 정도로 만신창이가 되었다. 50대를 연이어 맞고 황개가 기절하자 관원들이 다시 무릎을 꿇고 대신 용서를 빌었다. 이에 주유는 비로소 곤장 치는 것을 멈추게 했다.

"남은 곤장 50대는 내가 맡아 두겠다. 또다시 명을 어기면 그때는 가차없이 목을 벨 것이다."

주유는 분에 못 이겨 씩씩대며 장막으로 들어가 버렸다. 모여 있던 관원들이 황개를 부축하니, 살가죽이 터져 속살이 드러나고 상처마다 붉은 피가 흘러 참으로 몰골이 처참했다. 그 모습을 보고 동료 장수들이 모두 눈물을 흘렸다.

노숙은 황개를 찾아가서 위로한 다음 공명의 배로 가서 불만스럽게 말했다.

"오늘 주 도독이 황개를 벌할 때 어찌하여 말리지 않고 지켜만 보셨습니까?"

공명이 빙그레 웃으며 말했다.

"자경은 진정 몰라서 묻는 것이오?"

노숙은 의아한 표정으로 되물었다.

"자경은 오늘 주 도독이 황개를 벌한 것이 계략이라는 것을 모르시오? 일부러 벌인 일인데 어찌 말리겠소."

노숙은 그제야 깨닫는 바가 있어서 고개를 끄덕였다. 공명이 다시 말했다.

"고육지계를 쓰지 않고서야 어떻게 조조를 속이겠소? 이제 곧 황개가 거짓 투항할 것이고, 채중과 채화는 그 사실을 조조에게 보고할 것이오. 그대는 내가 이 사실을 알고 있다는 것을 주유에게 말하지 마시오. 다만 도독의 인정 없음을 원망하더라고 하십시오."

노숙은 공명과 헤어진 후 이번엔 주유를 찾아갔다.

"오늘 어째서 황개에게 그토록 심하게 하셨습니까?"

주유가 되물었다.

"장수들도 나를 원망합니까?"

"말은 안 하지만 모두 불안한 눈치더군요."

"그럼 제갈량은 무어라고 하더이까?"

"그도 도독의 처벌이 심하다고 여기는 눈치더군요."

주유가 만족한 듯 웃으며 말했다.

"제갈량도 이번만큼은 내게 속고 말았구려."

그제야 주유는 황개를 거짓 항복시켜 고육지계를 쓴 뒤 화공을 펼치려는 계책을 준비했다고 밝혔다. 노숙은 다시 한 번 공명의 높은 식견에 탄복했다. 그러나 공명의 당부대로 비밀을 지켜 주었다.

한편 황개는 장막에 홀로 누워 있는데 장수들이 모두 찾아와 위로했다. 하지만 황개는 어두운 표정으로 한숨만 쉴 뿐이었다. 그들이 물러가자 이번엔 그의 참모인 감택이 찾아왔다. 감택이 물었다.

"장군께서는 혹시 도독과 무슨 원수진 일이라도 있습니까?"

황개가 대답했다.

"그런 일 없소."

황개의 대답하자, 감택은 황개 곁으로 바짝 당겨 앉으며 조심스럽게 물었다.

"그럼 오늘 장군께서 벌을 받으신 게 혹시 고육지계는 아닌지요?"

"어떻게 아셨소?"

"도독의 태도를 보고 짐작할 수 있었습니다."

황개가 말했다.

"나는 3대에 걸쳐 동오를 섬기면서 큰 은혜를 입었는데 보답할 길이 없었네. 만약 이 고육지계로 조조를 물리칠 수 있다면 내가 받은 고통쯤은 아무것도 아닐세. 다만 아쉬운 것은 우리 군에 속마음을 터놓고 의논할 사람이 없었다는 것일세. 이제 그대를 만나니 근심이 사라지네. 그대의 충성심과 의리는 내가 잘 아는데, 어찌 자네에게까지 숨기겠는가?"

황개가 속마음을 털어놓자 감택은 잠시 생각에 잠기더니 이윽고 입을 열었다.

"장군께서 제게 중대한 계책을 밝히시는 뜻은 저에게 거짓으로 항복하는 글을 써서 조조에게 보내라는 것은 아닌지요?"

황개가 감택의 두 손을 마주 잡으며 말했다.

"맞네. 그 일을 맡아 줄 수 있겠는가?"

"여부가 있겠습니까?"

감택이 흔쾌히 승낙하자 황개는 감격의 눈물을 흘렸다. 감택은 말재주와 담력이 뛰어났고 무엇보다 충성심이 강했다. 그뿐만 아니라 두 사람은 동오의 진영에서 가장 친분이 두텁기도 했다. 그런 이유로 황개는 자신의 계획에 감택을 끌어들인 것이다.

"이왕 결정된 일이니 조조에게 보낼 글을 써 주십시오. 즉시 떠나도록 하겠습니다."

"글은 이미 써 놓았네."

황개는 기쁜 마음으로 감택에게 편지를 건넸다. 감택은 편지를 품 안에 넣었다. 감택이 작별 인사를 하자 황개는 불편한 몸을 일으켜 마주 절했다.

그날 밤, 감택은 어부로 변장한 후 작은 배를 몰고 조조의 수채를 향해 나아갔다. 마침내 감택이 조조의 수채에 도착했을 때 순찰 중 이던 군사가 감택을 붙잡아 조조에게 데려갔다. 감택은 자신의 신분 을 밝히고 황개의 편지를 바쳤다.

조조는 황개의 편지를 여러 차례 반복해서 읽고 또 읽었다. 그러 다가 갑자기 탁자를 내리치더니 눈을 부릅뜬 채 감택을 노려보았다.

"내 비록 제갈량에게 두 번이나 속았다만, 또다시 이런 고육지계 에 속아 넘어갈 줄 아느냐? 여봐라, 저 늙은이를 당장 끌고 가서 처 형해라!"

그러자 군사들이 달려들어 감택을 장막에서 끌어냈다. 감택은 끌 려 나가면서도 얼굴빛 하나 변하지 않고 하늘을 향해 껄껄 소리 내 어 웃었다. 그 모습을 본 조조가 다시 감택을 데려오게 했다.

"내가 네놈들의 계획을 훤히 간파하고 있는데 어째서 웃는 것이 냐?"

감택이 대답했다.

"조 승상을 보고 웃은 것이 아니오. 다만 황 장군이 사람을 알아 보지 못한 것을 비웃었을 뿐이오."

"그건 또 무슨 소리냐?"

"죽이려면 빨리 죽이시오. 무엇을 자꾸 묻는 것이오?"

감택은 조조의 마음이 흔들린다는 것을 직감하고 허세를 부렸다.

조조는 계속 감택을 시험하기 위해 질문을 던졌고, 그때마다 감택은 지혜롭게 대처해 나갔다. 마침내 조조는 의심을 풀고 감택의 말을 믿게 되었다.

"내가 보는 눈이 어두워서 그대의 진심을 알아보지 못했소. 부디 노여움을 푸시기 바라오."

감택이 공손히 대답했다.

"제가 황 장군과 함께 투항하는 것은 마치 어린아이가 부모를 찾는 것과 같습니다. 어찌 거짓이 있을 수가 있겠습니까?"

조조는 기뻐하며 잔치를 열어 감택을 위로했다. 이때 동오에 있는 채중과 채화가 편지를 보내왔다. 황개가 주유의 명을 어겨 군법에 따라 처벌을 받았다는 내용이 자세하게 적혀 있었다. 조조는 감택의 말을 더욱 믿게 되었다. 조조가 감택에게 말했다.

"선생은 수고스럽겠지만 다시 강동으로 돌아가 주시오. 황 장군께 나의 뜻을 전하고 날짜가 정해지면 먼저 우리에게 알려 주고 함께 배를 타고 오시오. 그러면 내가 군사를 거느리고 나가 맞이하겠소."

"그 일이라면 다른 사람을 보내시면 어떻습니까? 저는 이미 강동을 떠난 몸이라 다시 돌아가기 곤란합니다."

"다른 사람을 보내면 기밀이 새어 나갈 수 있소. 힘들어도 선생이 다녀오는 것이 좋겠소."

조조가 다시 청하자 감택은 재차 사양했다가 마지못해 승낙했다.

"제가 다녀와야 한다면 당장 다녀오겠습니다."

감택은 내키지 않는 표정을 지어 보이며 말했다. 조조는 많은 금과 비단을 상으로 내렸으나 감택은 사양했다.

동오에 돌아온 감택은 즉시 황개를 찾아갔다. 감택은 그동안 있었던 일을 자세히 들려주었다.

"조조가 의심을 풀게 된 결정적인 이유는 채중과 채화가 보낸 편지였습니다. 그렇지 않았다면 제가 아무리 대처를 잘했어도 믿지 않았을 것입니다."

"정말 수고 많았네. 자네의 공이 아니었다면 내가 당한 고통은 아무런 소용이 없을 뻔했네."

"이제 감녕의 영채로 가서 채중과 채화의 동정을 살펴보겠습니다."

"그렇게 하게."

황개의 장막을 물러난 감택은 그 길로 감녕을 찾아갔다. 감녕이 물었다.

"무슨 일로 오시었소?"

"장군께서 황 장군을 구하려다 도리어 주유에게 욕을 보신 게 영 마음이 편치 않습니다."

감택의 말에 감녕은 말없이 웃기만 했다. 이때 채중과 채화가 함께 들어왔다. 감택은 감녕에게 슬며시 눈짓을 한 후 주유에 대한 불평불만을 늘어놓았다. 이에 감녕도 맞장구를 쳤다. 그들은 주유에 대한 욕도 서슴지 않았다. 또한, 채중과 채화에게 만약 자신들의 말을 누설할 경우 목을 베겠다며 위협했다. 두 사람의 실감 나는 연기에 채중과 채화는 그들이 분명 반역의 뜻을 품었다고 확신했다. 채화가 조심스럽게 말했다.

"저희들은 사실 조 승상의 분부를 받고 동오에 거짓 투항한 것입니다. 만일 두 분께서 투항할 의사가 있으시다면 저희가 추천하겠습니다."

"그게 사실이야?"

감녕과 감택은 짐짓 크게 놀라며 물었다.

"어찌 목숨을 가지고 도박을 하겠습니까? 사실입니다."

감녕은 안도의 한숨을 쉬며 말했다.

"그대들이 동오에 온 것은 분명 하늘이 우리를 돕고 있는 것이오."

감녕이 감격스러운 표정을 짓자 채중이 자랑스럽게 말했다.

"황개 장군이 지난번 주유에게 곤욕을 치르신 일도 이미 조 승상께 보고 드렸습니다."

이때 조용히 듣고만 있던 감택이 입을 열었다.

"사실은 나도 이미 조 승상께 황 장군의 항복 의사가 담긴 편지를 전달하고 왔소. 지금도 흥패(감녕)에게 투항을 설득하려고 온 것이오."

감녕이 비장한 각오로 말했다.

"대장부로 태어나 참다운 주인을 만나는데 무엇을 망설이겠소. 나 역시 그대들과 뜻을 함께하겠소."

네 사람은 의기투합하여 자리를 옮겨서 술자리를 마련했다. 그들은 밤이 깊도록 술을 마시며 속마음을 터놓고 이야기를 나누었다.

"마음을 굳혔으니 지체 없이 승상께 보고를 올립시다."

채중과 채화는 술자리를 마치고 즉시 편지를 써서 조조에게 보냈다. 감택 역시 따로 글을 써서 사람을 불러 조조의 진중에 전하게 했다.

한편, 조조는 그들의 편지를 연달아 받고 의구심이 일었다. 일이 일사천리로 진행되는 것을 경계한 것이다. 조조는 여러 모사를 불러 그 일을 의논했다. 그러자 장간이 말했다.

"지난번 동오까지 갔다가 변변히 공을 세우지도 못하고 돌아와 염치가 없습니다. 만약 다시 기회를 주신다면 채중과 채화의 글과 황개의 항복이 사실인지 알아보고 오겠습니다."

장간의 말에 조조는 기뻐하며 쾌히 승낙했다.

한편 주유는 노숙과 함께 손님으로 찾아온 방통에 관한 이야기를 하고 있었다. 방통은 양양 사람으로 자는 사원이었다. 원래 노숙이 예전에 주유에게 방통을 추천했는데 방통이 미처 찾아가지 못하자, 주유는 노숙을 보내 조조를 물리칠 방법을 물었다. 방통은 이렇게 답했다.

"조조의 대군을 물리치려면 반드시 화공을 써야 합니다. 큰 강물 위에서 한 척의 배에 불이 붙을 경우, 나머지 배는 불붙은 배에서 떨어지면 아무런 피해가 없소. 이럴 때는 연환계를 써서 모든 배를 한꺼번에 붙들어 매어 놓아야 성공할 수 있을 것이오."

노숙이 그 말을 전하자 주유는 감탄하며 말했다.

"그 계책을 성공할 사람은 방통밖에 없소."

노숙이 근심스러운 표정을 지으며 물었다.

"조조 또한 병법에 능한 자입니다. 어떻게 그를 속여 넘길 수 있겠습니까?"

주유는 노숙의 질문에 신통한 생각이 떠오르지 않았다. 주유가 고민하고 있을 때 사람이 와서 장간이 찾아왔다는 소식을 전했다. 그 순간 주유의 얼굴이 갑자기 밝아졌다. 한 가지 계책이 떠올랐기 때문이다.

'이번 일의 성패는 모두 장간에게 달려 있다.'

주유는 이렇게 생각하며 장간을 불러오도록 했다. 또 노숙을 방통에게 보내며 말했다.

"자경은 즉시 방사원에게 가서 나를 도와 달라고 부탁하시오. 내가 부탁한 대로만 해 주면 조조를 깨뜨린 것이나 다름없소."

노숙이 가고 나자 장간이 들어왔다. 주유는 장간을 보자마자 화가 난 얼굴로 꾸짖었다.

"자네가 어찌 나를 속일 수 있단 말인가?"

장간은 천연덕스럽게 웃으며 말했다.

"나는 자네와 형제나 다름없는 사이네. 마음속의 생각을 털어놓으려고 찾아왔는데, 내가 자네를 속이다니 그게 무슨 말인가?"

주유는 여전히 화가 난 표정으로 말했다.

"나는 자네를 진정한 친구로 믿고 흥겹게 술을 마시고 취해 함께 잠을 잤네. 그런데 자네는 나를 배신하고 중요한 편지를 훔쳐 달아났었네. 그 바람에 채모와 장윤은 죽임을 당했고, 내 계획은 모두 틀어져 버렸네. 자네가 오늘 다시 나를 찾은 것도 분명 나쁜 의도가 있는 것이 아닌가?"

장간은 주유의 예상하지 못했던 태도에 당황했다. 그러나 짐짓 태연한 척 목소리를 가다듬으며 말했다.

"여보게. 자네는 어찌 덮어놓고 의심부터 하는가?"

그러나 주유는 여전히 차가운 표정을 지으며 꾸짖었다.

"자네가 한 짓을 생각하면 가차 없이 처형하고 싶지만 옛 우정을 생각하여 살려 두겠네. 나는 곧 조조를 칠 것이니 자네를 돌려보낼 수는 없고, 우리 군중에 두었다가는 또 기밀이나 빼내려고 할 것이 아닌가?"

주유는 즉시 좌우의 군사들에게 명령했다.

"자익(장간)을 서산 암자에 보내 편히 쉬게 하라. 그리고 내가 조조를 물리칠 때까지는 절대 밖으로 나가지 못하게 하라."

장간이 입을 열어 뭔가 말하려고 하자 주유는 자리를 박차고 군막 밖으로 나가 버렸다.

장간은 졸지에 외딴 암자로 보내졌다. 그는 울적한 마음을 달래기 위해 암자 주변을 산책하는데 멀리서 글 읽는 소리가 들려왔다. 가까이 가 보니 어느 초가집에서 병법서를 읽는 선비가 있었다.

'분명 보통 사람이 아니다.'

장간은 이렇게 생각하고 방문을 두드렸다. 곧이어 주인이 나와서 문을 열어 주었다. 장간은 그에게 이름을 물었다.

"내 성은 방이요 이름은 통, 자는 사원이오."

장간은 화들짝 놀라며 물었다.

"그럼 봉추 선생이 아닙니까?"

"그렇소이다."

장간이 반색하며 물었다.

"선생의 높은 이름은 이미 오래전부터 들었습니다. 그런데 선생처럼 훌륭한 분이 어찌 이런 외딴곳에 홀로 계십니까?"

"주유가 자기 재주만 믿고 다른 사람을 무시하기에 이곳에 잠시 숨어 지내고 있소. 그런데 공은 뉘시오?"

"저는 장간이라고 합니다."

방통은 장간을 방 안으로 청해 세상 돌아가는 이야기를 나누었다. 이윽고 장간이 말했다.

"선생의 재주는 세상이 부러워하는데 어디에 가신들 환영받지 못하겠습니까? 만일 조 승상께 가실 뜻이 있다면 제가 모시고 가겠습니다."

방통이 반기며 말했다.

"강동에서 마음이 떠난 지 오래되었소. 그대가 나를 데려다줄 생각이 있다면 당장 떠나는 것이 좋소. 지체했다가 주유에게 들킨다면 우리 둘 다 목숨을 잃게 될 거요."

장간은 그 길로 방통을 데리고 조조 진영으로 달아났다. 조조는 방통이 왔다는 보고를 받자 직접 나가서 맞이했다. 조조는 방통을 극진히 대접한 후 가르침을 달라고 요청했다.

"선생의 명성을 오래전부터 듣고 가르침을 받고 싶었는데 오늘에 야 기회가 되었군요. 부디 뿌리치지 마십시오."

"제가 듣기로 승상께서 군사를 쓰심에 법도가 있다고 들었습니다. 군사들을 한번 살펴보고 싶습니다."

이튿날, 조조는 방통을 데리고 언덕 위로 올라갔다. 방통은 조조 군의 포진을 유심히 내려다보았다. 조조가 물었다.

"선생께서 저희 포진을 보셨으니 장단점을 분석해 주시면 고맙겠 습니다."

방통이 대답했다.

"산기슭을 끼고 숲을 의지하여 앞뒤가 서로를 지키는군요. 또한 들어오고 나가는 통로가 있고, 전진하고 후퇴할 때는 굽은 길이 얽 혀 있으니 참으로 훌륭합니다."

조조는 방통의 칭찬이 싫지만은 않았으나 다시 물었다.

"선생은 칭찬만 하지 마시고 부족한 점도 가르쳐 주십시오."

조조는 이번에는 방통을 데리고 수채로 갔다. 방통이 둘러보니 수 채의 남쪽에는 24개의 수문이 있는데, 큰 배들로 성곽을 만들고 그 안에서 작은 배들이 끊임없이 오가는데 나아가고 물러섬에 질서가 있었다. 방통이 보고 나서 웃었다.

"승상께서 군사를 지휘하는 데 뛰어나신 것을 알았지만 수군의 배치와 방비에도 이토록 빼어날 줄은 몰랐습니다."

그러고는 강남을 향해 소리쳤다.

"주유야, 주유야. 이번에야말로 너도 반드시 망하겠구나."

방통이 주유를 비웃자 조조는 기뻐했다.

조조와 방통은 다시 술자리에서 마주하여 병법에 관한 이야기를 나누었다. 방통의 높은 식견과 말솜씨에 조조는 마음을 빼앗겼다.

조조가 다시 가르침을 요청하자 방통이 말했다.

"큰 강에는 조수가 밀려오고 바람과 파도가 그치지 않습니다. 배를 타는 데 익숙하지 못한 군사들은 멀미를 겪게 됩니다. 그러니 쇠고리로 배들을 연결해 놓고 배와 배 사이에 널판을 놓아 자유롭게 이동할 수 있도록 하십시오. 그렇게 되면 풍랑이 일어도 군사들은 멀미 걱정 없이 안정적으로 작전을 펼 수 있습니다."

조조는 기뻐하며 방통의 계책대로 배와 배를 연결하여 널판을 놓았다. 그러자 군사들이 평지를 다니듯이 자유로웠다.

그러나 정욱만은 근심스러운 얼굴로 말했다.

"적군이 만일 불로 공격해 오면 크게 낭패를 볼 수 있습니다. 그 점도 대책이 필요합니다."

그러자 조조가 여유롭게 웃으며 대꾸했다.

"그것은 하나만 알고 둘은 모르는 소리요. 화공을 쓰려면 바람이 불어야 하오. 한겨울에는 북풍과 서풍만 불 뿐이며, 남풍이나 동풍

은 불지 않으니 걱정할 것 없소. 우리는 서북쪽에 있고, 적군은 남쪽
에 있으니 화공을 썼다간 오히려 자신들이 불바다가 될 것이오."

조조의 설명에 장수들은 모두 감탄했다. 그러나 정욱은 일말의 불
안감을 떨칠 수 없었다.

69

적벽대전

한편 방통은 조조에게 동오를 다녀오겠다고 청했다.

"강동의 호걸 중에는 주유에게 불만을 가진 자들이 많습니다. 제가 가서 그들이 승상께 항복하도록 설득하겠습니다. 주유의 주변에서 인재들이 사라지면 그는 힘을 잃고 승상께 사로잡히고 말 것입니다.

또한, 주유가 무너지면 유비도 의지할 곳이 사라지게 됩니다."

조조는 기뻐했다.

"선생께서 그 일을 이루시면 황제께 말씀 드려 선생을 삼공의 자리에 오르게 하겠소."

"저는 부귀를 바라는 것이 아닙니다. 오로지 만백성을 구하고자 하는 뜻이니 승상께서는 강을 건너 동오를 평정한 뒤에도 백성만은 해치지 말아 주십시오."

"걱정하지 마시오. 내가 동오를 치는 것은 백성을 위함이지 백성을 해치고자 하는 것이 아니오."

방통은 조조가 자신의 요청을 모두 받아들이자 절하며 말했다.

"한 가지 더 부탁이 있습니다. 승상께서 강동에 쳐들어왔을 때 제 가족들을 보호해 주신다는 증서를 하나 써 주십시오."

조조는 수하에게 즉시 글을 쓰게 하고 손수 이름을 적어 방통에게 주었다. 방통은 고마움을 전하고 말했다.

"제가 떠나고 나서 즉시 공격하십시오. 만약 공격을 미루시면 주유가 알아채게 됩니다."

방통은 조조와 작별하고 강변으로 나왔다. 그가 막 배에 오르려고 할 때였다. 갑자기 도포를 입고 대나무 관을 쓴 사람이 방통의 팔을 덥석 잡았다.

"네가 간이 단단히 부었구나. 황개는 고육계를 쓰고, 감택은 거짓 항복 문서를 전하더니, 이제 너는 연환계를 쓰는구나. 너희가 이처럼 지독한 방법으로 조조를 속였을지 몰라도 나를 속이지는 못한다."

방통은 그 소리를 듣고 혼비백산했다. 방통은 깜짝 놀라 급히 뒤를 돌아보니 다름 아닌 서서였다.

방통은 옛 친구임을 알아보고 안도의 숨을 내쉬었다. 주위를 돌아보니 다행히 아무도 없었다. 방통은 서서에게 사정했다.

"자네가 내 계책을 밝히면 강남의 81개 고을 백성은 모두 자네 때문에 목숨을 잃게 될지도 모르네."

서서가 웃으며 대답했다.

"그럼 이곳의 83만 군사의 목숨은 중요하지 않다는 것인가?"

"자네는 정말 조조에게 일러바칠 셈인가?"

서서가 말했다.

"나는 아직도 유황숙의 크나큰 은혜를 잊지 못하고 있네. 게다가 조조는 내 어머니를 돌아가시게 했네. 그래서 나는 조조를 위해서는 평생 어떤 계책도 세우지 않기로 했네. 그런 내가 어찌 자네의 계획을 조조에게 알리겠는가? 하지만 내가 조조의 휘하에 있으니 그가 패하면 내 목숨도 위험하네. 만약 내가 몸을 피할 방법을 가르쳐 주면 나는 입을 다물고 멀리 피해 있겠네."

방통이 웃으며 말했다.

"농담 말게. 자네의 능력으로 그만한 어려움도 극복하지 못하겠는가?"

"나는 진담이네. 부디 방법을 알려 주시게."

방통은 서서의 귀에 입을 대고 속삭였다. 그러자 서서의 표정은 환하게 밝아졌다. 방통은 서서와 작별하고 배에 올라 강동으로 돌아갔다. 서서는 그날 밤 심복들을 시켜 장수들이 머무는 영채를 다니며 소문을 퍼뜨리게 했다.

이튿날, 군사들이 삼삼오오 짝을 이뤄 귀엣말로 무언가를 숙덕였다. 그들이 속닥였던 말들은 마침내 조조의 귀에도 들어갔다.

"지금 영채 안에 서량의 마등과 한수가 반란을 일으켜 허도로 쳐들어온다는 소문이 돌고 있습니다."

조조는 깜짝 놀라 모사들을 불러 모았다.

"내가 강동을 치려고 군사를 일으켰을 때 가장 걱정했던 것이 마등과 한수였소. 그들이 정말 군사를 일으킨다면 큰일이 아닐 수 없소. 누가 나 대신 가서 알아봐 주겠소?"

조조의 말이 채 끝나기도 전에 서서가 나섰다.

"이 서서가 가겠습니다. 그동안 승상을 모시고도 공을 세우지 못해서 부끄러웠습니다. 만일 군사 3천을 내주신다면 밤낮을 달려 산관으로 가서 중요한 길목을 지키며 만일의 사태에 대비하겠습니다."

조조는 조금도 의심하지 않고 기뻐했다.

"원직이 가 준다면 내 걱정이 사라질 것이오. 산관에도 병력이 주둔하고 있으니 모두 그대가 지휘하시오. 당장 군사 3천을 내어 줄 테니 장패를 선봉으로 삼아 떠나도록 하시오."

서서는 조조에게 인사하고 장패와 함께 길을 떠났다. 이 일은 모두 방통이 세운 계획대로였다. 이렇게 해서 서서는 전쟁의 위험에서 벗어날 수 있었다.

조조의 진영은 그 규모와 기세가 대단했다. 다섯 가지 색상으로 부대를 분류하고 수백 척의 배를 사슬로 이어 진영을 펼치니 그야말로 장관이었다.

그 모습을 멀리서 관측하던 주유가 갑자기 피를 토하며 쓰러졌다.

좌우의 장수들이 주유를 업고 장막으로 돌아갔다. 그 소식을 듣고 장수들이 주유의 장막으로 모여들었다. 그들은 주유가 깨어나지 못하자 불안했다.

"조조의 백만 대군이 우리를 노리고 있는데 도독이 정신을 잃고 쓰러졌으니 큰일이 아닌가? 이런 상황에서 조조군이 몰아닥치면 어떻게 상대하겠는가?"

장수들은 손권에게 사람을 보내 소식을 전하고 의원을 불러 치료하게 했다. 한편, 노숙은 주유가 병으로 눕자 걱정이 되어 마음이 무거웠다. 그는 답답한 마음을 달랠 길 없어 공명을 찾아갔다.

"도독이 갑자기 병이 나서 큰일이오."

공명이 물었다.

"그대의 생각은 어떻습니까?"

노숙은 한숨을 쉬며 말했다.

"이 일은 조조에게는 복이며, 우리에게는 불행이오."

공명이 빙그레 웃었다.

"도독의 병은 내가 고쳐 주겠소."

"그게 정말이오? 그렇게만 된다면 동오를 위해 그보다 더 큰 다행은 없을 것이오."

노숙은 공명의 말에 반색하며, 당장 주유의 장막으로 가자고 재촉했다. 공명도 순순히 따라나섰다. 노숙은 공명을 잠시 기다리게 한 후 먼저 장막 안으로 들어갔다. 주유는 여전히 침상에 누워 신음하고 있었다.

"몸은 좀 어떠십니까?"

"가슴과 배가 쑤시듯이 아프고, 머리가 어지러워 정신이 흐릿하오."

"약은 좀 드셨습니까?"

"구역질이 나서 약이 넘어가질 않는구려."

"조금 전 공명을 찾아갔더니 도독의 병을 고칠 수 있다기에 함께 왔습니다. 지금 밖에 와 있으니 불러들여 치료를 받아 보시겠습니까?"

주유는 공명을 들어오게 하고 시종의 부축을 받아 침상에 일어나 앉았다. 공명이 들어와서 위로의 말을 건넸다.

"며칠 동안 뵙지 못한 사이에 이토록 불편하신 줄은 미처 몰랐습니다."

주유가 씁쓸한 표정을 지으며 말했다.

"사람에게 좋은 일과 나쁜 일은 하루에도 여러 차례 오고 가는 법이지요."

"날씨의 변화조차 예측하기 어려운데 사람의 일인들 알 수 있겠습니까?"

공명의 말에 주유는 얼굴빛이 변하며 고통스러운 듯 신음했다. 그러자 공명이 물었다.

"도독께서는 가슴속이 뭔가에 짓눌린 듯 답답하지 않으십니까?"

주유는 말없이 고개를 끄덕였다.

"제게 좋은 처방전이 있습니다만, 혹시 써 보실 생각이 있으십니까?"

공명이 묻자 주유가 얼른 대답했다.

"그렇다면 당장 그 처방전을 주시오."

"그렇다면 즉시 붓과 종이를 가져다주십시오. 그리고 이 처방전은 남에게 알려지면 효험이 없습니다."

주유는 공명의 말뜻을 알아차리고 시종이 붓과 종이를 가져오자 좌우를 물렸다. 공명이 붓을 들어 글자를 적었다.

조조를 격파하려면, 화공을 써야 하는데

모든 준비를 마쳤으나, 다만 동풍이 없구나.

공명은 종이를 주유에게 주며 말했다.

"이것이 바로 도독이 앓는 병의 원인입니다."

주유는 자신의 마음을 꿰뚫어 본 공명의 통찰력에 매우 놀라며 조언을 구했다.

"선생께서 내 병의 원인을 아시니 치료법도 아시겠지요? 어서 가르침을 주십시오."

"제가 비록 재주는 없지만, 도인을 만나 기문둔갑천서라는 책을 전해 받은 일이 있습니다. 그 덕분에 바람을 부르고 비를 내리게 할 수 있습니다. 만일 도독께서 동남풍이 필요하시면 남방산에 칠성단을 하나 쌓으십시오. 높이는 아홉 자에 3층으로 하고 군사 120명에게 깃발을 들고 그 주변을 둘러싸게 하십시오. 그러면 내가 단에 올라 3일 밤낮으로 동남풍을 불러 보겠습니다. 도독의 뜻은 어떠십니까?"

공명의 제안에 주유는 몹시 기뻐했다.

"3일은 고사하고 하루 동안만 큰 바람이 불어 줘도 내 목적을 이룰 수 있소. 다만 일이 급하니 서둘러 주시오."

"11월 20일에 바람을 부르고 22일에 그치게 하면 어떻습니까?"

"좋소."

주유는 갑자기 자리를 털고 일어났다. 언제 아팠는지 모를 정도로 건강해 보였다. 그는 즉시 정예군 5백 명을 남병산으로 보내 칠성단을 쌓게 했다. 또 군사 120명을 선발하여 깃발을 들고 단을 둘러싸게 한 후에 명령을 기다리게 했다.

11월 20일이 되자 공명은 좋은 시간을 택하여 목욕재계했다. 그러고 나서 머리를 풀어 헤친 후 맨발로 도복을 입고 칠성단 위에 올랐다.

공명이 노숙에게 당부했다.

"그대는 영채로 돌아가서 도독이 군사를 조련하는 것을 도와주시오. 만약 내 기도가 효험이 없더라도 의심하지는 마시오."

노숙이 떠나자 공명은 군사들에게 명령했다.

"모두 각자 맡은 위치를 지키고 떠나지 말라! 서로 돌아보거나 함부로 떠들어도 안 된다. 또 이상한 현상이 나타나도 절대 놀라서는 안 된다. 만약 내 명령을 어기는 자는 그 즉시 목을 벨 것이다."

군사들은 공명의 명령을 따를 것을 맹세했다. 공명은 칠성단 위에 올라가서 사람과 깃발이 방향에 맞게 잘 배치되었는지 확인했다.

이어 향로에 향을 꽂아 불을 피우고 그릇에 물을 따른 후 하늘을 향하여 기도문을 외웠다. 그리고 단에서 내려와 장막에서 휴식을 취하고, 군사들에게 번갈아 가며 밥을 먹게 했다.

공명은 이렇게 하루에 세 번 단에 오르고 세 번 단에서 내려왔다. 그러나 아직 동남풍이 불 기미는 전혀 보이지 않았다.

한편 주유는 정보와 노숙을 비롯해 모든 장수를 불러 놓고, 동남풍이 부는 즉시 출동할 준비를 갖추었다. 손권에게도 사람을 보내 출병하면 지원해 줄 것을 부탁했다.

이때 황개는 조조의 함선에 불을 붙일 배 20척을 준비해 놓았다. 그 배들의 뱃머리에는 큰 못을 빼곡하게 박아 적군이 함부로 배에 오를 수 없게 만들었다. 배 안에는 마른 풀과 갈대 등을 쌓아 올린 다음 생선 기름을 붓고, 그 위에 다시 유황과 염초 등 불에 잘 타는 물질을 얹은 뒤 기름 먹인 푸른 천으로 덮었다. 또 뱃머리에 푸른 기를 꽂고, 200명의 정예 수군을 선발하여 대기시킨 후 주유의 명령만을 기다렸다.

감녕과 감택은 배 안에서 채중, 채화와 함께 매일 술을 마시며 조조에게 항복할 일을 의논했다. 보안을 위해 그들이 거느린 군사들까지 단 한 명도 육지에 오르지 못하게 했다. 그래서 채중과 채화는 물론 그의 부하들조차 동오의 전쟁 준비 사실을 전혀 알지 못했다.

주유는 장막 안에서 공명이 동남풍을 불러오기만을 기다리고 있었다. 이때 전령이 와서 보고했다.

"주공께서 친히 군사를 거느리시고 수채에서 85리 떨어진 곳에 정박하시고 도독으로부터 좋은 소식이 오기만을 기다리십니다."

주유는 마음이 조급해져서 즉시 모든 장수에게 명령을 내렸다.

"모든 군사는 배와 무기, 돛과 노 등을 점검해 두었다가 명령이 내려지면 즉시 출정할 수 있도록 준비하라. 만약 이를 어기면 군법에 따라 처벌할 것이다."

주유의 명을 받은 장수와 군사 들은 전투 준비를 했다. 그러나 시간이 흘러 22일도 저물어 가고 있었다. 하지만 바람이 불 기미는 전혀 보이지 않았다. 주유가 초조한 듯 노숙에게 말했다.

"제갈량이 바람을 부르는 데 실패한 것 아니오? 한겨울에 동남풍이 불기를 바란 것 자체가 잘못일지 모르오."

노숙이 대답했다.

"나는 제갈량을 믿습니다. 절대 허튼소리를 할 사람이 아닙니다. 조금 더 기다려 보시지요."

긴장된 시간이 흘렀다. 주유와 휘하 장수들은 바람 소리에 귀를 곤두세우고, 멀리 북쪽의 조조의 진영을 불안한 눈길로 지켜보았다. 어느덧 밤은 깊어 자정이 되어 갈 무렵, 갑자기 바람 소리가 들려왔다. 주유가 황급히 장막 밖으로 나가 보니 깃발이 서북쪽으로 펄럭이고 있었다.

"진짜 동남풍이다!"

주유는 기다리던 동남풍이 불자 기쁘면서도 한편으로 두려움이 밀려왔다.

'제갈량의 정체는 대체 무엇인가? 저렇듯 천지조화[45]를 마음대로 부리고, 귀신도 알지 못할 도술을 부리니, 살려 두었다가는 동오에 큰 화근이 되겠구나. 일찌감치 죽여 뒷날의 걱정거리를 없애야겠다.'

주유는 급히 호군교위 서성과 정봉을 불렀다.

"너희는 각각 군사 1백 명을 이끌고, 서성은 강을 따라, 정봉은 육지를 통해 남병산으로 가라. 칠성단에 도착하여 제갈량을 보는 즉시 이유 불문하고 제갈량을 죽인 후 그의 머리를 나에게 가져오도록 하라!"

주유의 명을 받은 두 장수는 각자 군사를 이끌고 한 사람은 육지로, 한 사람은 강으로 남병산을 향해 떠났다.

남병산 칠성단에 먼저 도착한 사람은 정봉이었다. 그러나 그곳에 있어야 할 공명의 모습은 보이지 않았다. 정봉이 칼을 빼 들고 달려가 군사들에게 물었다.

"공명은 어디 있느냐?"

"기도를 마친 후 장막에서 쉬고 계십니다."

정봉이 급히 장막을 뒤지는데 서성도 막 도착했다. 두 장수는 칠성단 주변을 샅샅이 뒤졌으나 공명은 흔적조차 남기지 않았다. 이때 강변을 지키던 군사 하나가 달려와 보고했다.

"어젯밤 빠른 배 한 척이 저 앞 여울목에 머물러 있었습니다. 그런데 조금 전 제갈공명이 그 배를 타고 상류를 향해 떠났습니다."

서성과 정봉은 즉시 강과 육지에서 동시에 그 뒤를 추격했다. 서성이 돛을 달고 바람을 의지하여 나아가니 얼마 지나지 않아 공명이 탄 배를 따라잡았다. 서성이 뱃머리에 서서 소리쳤다.

"군사는 가지 마십시오. 도독께서 모셔 오라고 하셨습니다."

공명이 뱃고물로 나와 크게 웃으며 말했다.

"장군은 돌아가서 주 도독께 전하시오. 조조와의 전투나 신경 쓰라고 말이오. 나는 잠시 하구로 돌아가 있다가 훗날 다시 도독을 만나겠소."

서성이 다급하게 손을 흔들며 거짓말을 했다.

"잠깐만 기다리시오. 긴히 드릴 말씀이 있소."

그러자 공명이 웃으며 말했다.

"나는 도독이 나를 죽이려는 걸 이미 알고 있었소. 그래서 미리 조자룡에게 배를 가지고 와서 기다리게 한 것이오. 그러니 장군도 이만 돌아가시오."

그러나 서성은 눈앞의 공명을 두고 포기할 수 없었다. 마침 공명의 배는 돛도 지붕도 없었다. 그는 군사들을 독려하여 배를 바짝 추격하게 했다. 거리가 가까워지면 활을 쏘아 공명을 죽일 생각이었다. 그런데 갑자기 공명이 탄 배에서 한 장수가 나와 서성을 향해 화살을 겨누었다.

"나는 상산 조자룡이다. 더는 쫓아오지 마라! 내 너를 죽이려 마음먹으면 손바닥 뒤집듯 쉽다. 하지만 두 집안의 친분을 생각해서 너에게 내 실력이나 보여 주마!"

말을 마친 조운은 활시위를 놓았다. 화살은 쏜살같이 날아가 서성이 탄 배의 돛 줄을 끊었다. 그러자 돛이 물 위로 떨어지면서 배가 한쪽으로 기울었다. 서성은 매우 놀랐다. 그의 등줄기에 어느새 식은땀이 흘렀다.

조운은 즉시 군사에게 명하여 돛을 올리게 했다. 공명이 탄 배는 순풍을 타고 하구를 향해 쏜살같이 나아갔다. 그 속도가 얼마나 빠른지 서성은 추격할 수 없었다. 이때 언덕 위에서 이 광경을 지켜보던 정봉이 서성을 강가로 불렀다.

"제갈량의 신통력과 계책은 사람의 경지를 뛰어넘었소. 더구나 조자룡은 만 명이 함께 덤벼도 당해 낼 수 없다는 장수요. 서 장군도 당양 장판교에서 보여 준 조자룡의 활약을 잘 아시지 않소? 이대로 돌아가 도독께 사실대로 보고합시다."

정봉은 고개를 끄덕였다. 두 사람은 그 길로 주유에게 가서 모든 상황을 보고했다.

"우리가 칠성단에 도착했을 때 제갈량은 이미 조자룡과 배를 타고 떠난 뒤였습니다."

주유는 매우 놀라며 한탄했다.

"제갈량의 능력이 참으로 두렵도다. 그자가 살아 있는 동안 내가 편히 잠을 잘 수 없겠구나."

옆에서 노숙이 말했다.

"제갈량의 일은 나중입니다. 동남풍이 불 때 조조를 쳐야 합니다."

노숙의 말에 주유는 정신이 번쩍 들었다. 그는 즉시 장수들을 불러 먼저 감녕에게 지시했다.

"그대는 채중과 함께 항복해 온 군사를 이끌고 남쪽 언덕 위로 가라. 조조군의 깃대를 앞세우고 오림에 도착해서 조조군의 식량 창고에 불을 질러라! 채화는 내가 따로 쓸 데가 있으니 장막에 남겨 두고 가라."

감녕이 물러가자 이번엔 태사자에게 지시했다.

"그대는 군사 3천 명을 이끌고 즉시 황주 경계로 가서 합비에서 오는 조조군을 쳐라. 만약 붉은 깃발을 앞세운 군대가 오거든 주공께서 지원하러 오시는 것이니 놀라지 마라."

두 장수가 떠나자 주유는 여몽에게 감녕을 도와 조조의 주둔지를 불사르게 하고, 능통에게는 오림에서 불길이 솟으면 감녕과 여몽을 도와주라고 지시했다. 이어 동습에게는 군사 3천 명을 이끌고 한양을 차지한 후 한천을 따라 조조의 영채를 치게 했다. 또한, 반장에게는 흰 깃발을 앞세우고 한양으로 가서 동습을 지원하게 했다.

이렇게 여섯 부대가 배를 타고 길을 떠난 뒤, 주유는 황개를 불러 지시했다.

"그대는 먼저 화공을 펼칠 배들을 잘 준비하고, 은밀히 조조에게 사람을 보내 오늘 밤 항복하러 가겠다고 전하시오."

마침내 밤이 되자 주유는 한당, 주태, 장흠, 진무를 불러 수군을 지휘하게 했다. 황개가 화공을 펼칠 20척의 배를 이끌고 출발하자, 한당과 주태, 장흠과 진무는 각자 3백 척의 배를 이끌고 그 뒤를 따랐다. 주유는 정보와 함께 큰 배에 올라 지휘하기로 하고, 서성과 정봉은 좌우에서 호위하게 했다. 이어 노숙과 감택 등 모사들은 수채를 지키게 했다. 정보는 주유가 군사를 배치하고 전술을 구사하는 것을 보고 감탄했다.

이때 손권으로부터 소식이 왔다. 손권은 육손을 선봉으로 삼아 이미 기주와 황주의 경계를 넘고 있다는 내용이었다.

한편, 유비는 조자룡을 보내 놓고 공명이 돌아오기만을 기다리고 있었다. 마침 유기도 와 있었다. 그는 동오의 배들이 술렁이자 전투가 벌어질 것을 예상하고 찾아온 것이다. 두 사람이 이야기를 나누고 있을 때 조자룡이 공명을 데리고 돌아왔다. 유비는 반가운 마음에 공명의 손을 덥석 잡았다.

"무사히 돌아오셨군요."

공명이 인사한 후 급히 물었다.

"지나온 이야기는 차차 나누겠습니다. 지난번에 말씀 드렸던 군사와 말, 전투에 나설 배는 모두 준비하셨는지요?"

"물론이오. 군사가 사용하기만 하면 됩니다."

유비가 대답하자 공명은 즉시 조운에게 지시했다.

"자룡은 지금 즉시 군사 3천을 이끌고 강을 건너 오림으로 가시오. 그곳에 도착하면 나무와 갈대가 우거진 곳을 찾아 매복하시오. 오늘 축시(새벽 두 시)가 되면 조조가 반드시 그 길로 도망쳐 올 테니, 그대는 기다렸다가 중간쯤에 불을 지르고 공격하시오. 그들을 모두 죽일 수는 없겠지만 적어도 절반은 없앨 수 있소."

조운이 물었다.

"오림에는 두 갈래 길이 있습니다. 하나는 남군으로 통하고, 하나는 형주로 통하는데 어느 길목을 지켜야 합니까?"

"조조는 반드시 형주로 가서 대군을 모은 다음 허도로 떠나려 할 것이오."

조운이 명을 받고 물러가자, 다음 차례는 장비였다.

"익덕은 군사 3천을 이끌고 강을 건너 이릉으로 가는 길을 막고 호로곡 어귀에 매복하시오. 내일 한차례 비가 지나간 뒤 조조는 그곳에 와서 솥을 걸고 밥을 지어 먹게 될 것이오. 연기가 피어오르면 즉시 산기슭에 불을 지르고 공격하시오. 비록 조조를 사로잡지는 못해도 큰 공을 세우게 될 것이오."

장비가 명을 받고 떠나자 이번엔 미축과 미방, 유봉을 불러 지시했다.

"그대들은 각자 배를 타고 강 위를 수색하다가 조조의 패잔병을 보면 사로잡고, 쓸 만한 것은 모두 챙기도록 하시오."

그들 세 사람이 물러가자, 공명은 유기에게 말했다.

"무창은 한눈에 사방을 내려다볼 수 있는 중요한 곳이니, 공자께서는 군사를 이끌고 연안 입구를 지키도록 하십시오. 조조가 싸움에 패하면, 패잔병들이 그곳으로 도망쳐 올 것입니다. 그들을 모두 사로잡고, 절대로 성을 떠나서는 안 됩니다."

유기는 공명과 유비에게 작별 인사를 하고 떠났다. 그제야 공명이 웃으며 말했다.

"주공께서는 번구에 주둔하시고 높은 곳에 올라가셔서 전투 상황을 지켜보십시오. 주유가 큰 승리를 거두는 장면을 보시게 될 것입니다."

공명이 작전을 지시하는 동안 관우는 계속 그의 옆에 있었다. 그러나 관우에게만은 따로 임무를 주지 않았다.

관우가 그 까닭을 공명에게 따지자 공명은 지난날 조조가 관우를 후히 대접하고 은혜를 베푼 사실을 언급했다.

"지난날 운장은 조조에게 훗날 은혜를 갚겠다고 맹세하지 않았소? 조조가 싸움에 패하면 화용도로 달아날 텐데, 만약 그대에게 그곳을 지키게 하면 분명 조조를 잡지 않고 보내 줄 것이오. 그래서 운장에게는 임무를 맡기지 않는 것이오."

"그 일이라면 안심하시오. 나는 이미 안량과 문추를 베어 조조에게 보답했으니 더는 은혜를 갚을 일이 없소."

공명이 정색하며 말했다.

"만약 조조를 놓아주면 어떻게 책임지겠소?"

"당연히 군법에 따라 처벌을 받겠습니다."

공명이 그래도 미더워 하지 않자, 관우는 만약 조조를 놓아주면 벌을 받겠다는 군령장을 써 주었다.

관우가 물었다.

"만약 조조가 화용도가 아닌 딴 곳으로 가면 어찌시겠소?"

"나도 군령장을 써서 운장에게 드리겠소."

공명도 군령장을 써서 관우에게 주었다. 조조가 만약 화용도가 아닌 다른 곳으로 가면 벌을 받겠다는 내용이었다.

그제야 관우는 서운한 마음을 풀고 껄껄 웃었다. 공명이 당부했다.

"화용도에 도착하면 좁은 길로 가서 산꼭대기에 땔감을 쌓고 불을 질러 조조가 그곳으로 오게 유인하시오."

관우가 의심스러운 표정으로 말했다.

"조조가 연기를 보면 틀림없이 매복을 의심하여 다른 길로 가지 않겠소?"

공명이 웃으며 말했다.

"병법에 허허실실[46]이라는 말이 있소. 조조가 비록 군사를 움직이는 데 능하지만, 오히려 자기 꾀에 넘어가게 될 것이오. 두고 보시오."

공명이 확신하자 관우는 더 묻지 않았다. 그는 관평과 주창을 비롯한 군사 5백 명을 거느리고 길을 떠났다.

관우가 떠난 뒤 유비가 공명에 물었다.

"내 아우는 의리가 깊은 사람이오. 굳게 약속은 했어도 막상 조조가 화용도로 오면 그냥 보낼 것 같은데 괜찮겠소?"

유비의 말에 공명이 웃으며 말했다.

"제가 어젯밤 천문을 살펴보니 조조는 아직 죽을 운명이 아니었습니다. 그렇다면 운장에게 은혜 갚을 기회를 주는 것도 좋지 않겠습니까?"

유비는 공명의 깊은 뜻에 크게 감탄했다.

"선생은 거기까지 내다보셨구려. 참으로 놀랍소."

공명은 손건과 간옹에게 성을 지키게 한 후 유비와 함께 번구로 향했다.

한편 조조는 투항하기로 약속한 황개로부터 이제나저제나 소식이 오기만을 기다렸다. 조조는 황개가 주유에게 원한을 품고 있다는 사실을 굳게 믿었다. 이때 파수병이 달려와서 보고했다.

"지금 강동에서 쪽배 한 척이 왔습니다. 황개의 편지를 가져왔다고 합니다."

조조는 급히 불러들여 내용을 읽었다.

주유의 감시가 심해서 그동안 벗어날 기회가 없었습니다. 마침 파양호에서 새로 군량이 들어오게 되어 순찰 임무를 맡았습니다. 오늘 기회를 노려 주유의 목을 벤 후 그 머리를 가지고 승상께 투항하겠습니다. 오늘 해시(밤 열 시)경에 청룡아기를 꽂은 배를 보시거든 제가 이끄는 식량 배인 줄 아십시오.

이윽고 황개의 배들이 다가오는데 때마침 동남풍이 불어왔다. 그런데 군량미 운반선치고는 속도가 너무 빨랐다. 그 모습을 본 정욱이 나서며 조조에게 경계할 것을 권했다.

"아무래도 수상합니다. 수채 근처에는 오지 못하게 하십시오."

"무엇이 수상한가?"

"저 배들이 정말 식량을 싣고 있다면 배가 반쯤 물에 잠겨야 정상입니다. 그런데 보십시오. 저 배들은 가볍게 물 위에 떠서 오고 있습

니다. 도저히 식량을 실은 배라고 보기 어렵습니다. 더구나 동남풍
까지 불고 있으니 만약 저들이 화공이라도 펼치면 낭패입니다."

그제야 조조도 정신이 번쩍 들었다. 그는 수상전에 익숙한 문빙에
게 배를 막아서게 했다. 문빙이 10여 척의 배를 이끌고 마주 나가며
큰 소리로 외쳤다.

"승상의 분부이시다. 영채에 접근하지 말고 잠시 강 가운데 닻을
내려라!"

그러나 황개의 배들은 멈추지 않고 계속 다가왔다. 그러자 조조의
군사들이 일제히 소리쳤다.

"당장 멈추고 닻을 내려라!"

이때 갑자기 화살이 날아와 문빙의 왼팔에 꽂혔다. 문빙이 배 안
에 쓰러지자 놀란 군사들은 뱃머리를 돌려 수채로 돌아왔다. 그 뒤
를 황개가 지휘하는 배들이 마치 추격하듯 뒤쫓았다. 어느덧 그 배
들은 조조의 수채에서 겨우 2리쯤 떨어진 곳에 접근했다.

황개가 칼을 치켜들고 허공에 휘두르며 신호를 보냈다. 그러자 황
개를 뒤따르던 20여 척의 배에서 동시에 불길이 솟구쳐 올랐다. 거
센 바람에 배들은 삽시간에 불덩이가 되었고, 쏜살같이 조조의 수채
를 향해 부딪쳐 갔다.

이내 '쾅!' 하는 소리와 함께 불붙은 동오의 배들은 수채의 배들과
충돌했다. 이때 동오의 배가 조조의 배에 부딪히면서 뱃머리에 박은
큰 못이 조조의 배에 들이박혀 한 덩이가 되었다.

불길은 삽시간에 조조의 배들에 옮겨붙었고, 쇠사슬로 연결된 조

조의 배들은 이 배에서 저 배로 삽시간에 불길이 옮겨붙었다. 바람마저 세차게 불어 대자 불길은 점점 거세져만 갔다. 금세 조조의 수채는 불바다로 변하고 말았다. 그야말로 순식간에 벌어진 일이었다. 연환계를 써서 큰 배와 큰 배, 작은 배와 작은 배끼리 서로 쇠사슬로 묶인 배들은 각기 흩어져 달아날 수도 없었다.

한 척이 불에 타 강물 속으로 가라앉으면 묶어 둔 쇠사슬 때문에 다른 배까지 차례로 가라앉는 바람에 전투태세를 갖출 겨를조차 없었다. 그뿐만 아니었다. 삼강을 붉게 물들인 불길은 강 언덕에 있는 조조의 영채까지 집어삼키고 있었다. 그 모습을 본 조조의 군사들은 발만 동동 구를 뿐 어찌할 줄 몰랐다.

조조는 완전히 넋이 나갔다. 그는 눈앞의 현실이 믿기지 않았다. 드디어 패업의 꿈을 이루게 되었다고 기뻐하던 그였다. 그 꿈이 순식간에 잿더미로 변하고 있었다.

한편 황개는 타오르는 불길 속에서 연기를 무릅쓰고 조조를 찾아다녔다. 그 모습을 본 조조는 급히 강 언덕으로 몸을 피하려고 했다. 하지만 거리가 멀어서 어쩔 줄 몰라 했다. 이때 장료가 쪽배를 한 척 몰고 왔다. 조조는 장료의 부축을 받으며 쪽배로 옮겨 탔다. 그 순간 조조가 타고 있던 큰 배는 순식간에 불길에 휩싸였다.

장료는 군사 10여 명과 함께 조조를 호위하여 급히 강어귀로 향했다. 그 모습을 본 황개가 배를 재촉하여 그 뒤를 쫓았다.

"역적 조조는 도망가지 말고 목을 내놓아라. 여기 황개가 있다!"

조조는 황개에게 속은 것이 분하고 원통하여 저주를 퍼부으며 탄식했다. 장료는 황개가 가까워지기를 기다렸다가 활을 쏘았다. 조조를 뒤쫓는 데 정신이 팔려 있던 황개는 장료의 공격을 전혀 눈치채지 못했다. 황개는 그만 어깨에 화살을 맞고 그대로 강물 속으로 곤두박질쳤다.

70

조조, 세 번 웃다가 울다

주유의 지휘에 따라 서성, 정봉, 정보, 한당, 장흠, 주태, 여몽 등 동오의 장수들이 여러 갈래에서 쳐들어오니 조조의 대군은 괴멸하고 말았다. 조조는 겨우 목숨만 건져 장료와 함께 오림으로 달아났다. 그를 따르는 군사는 겨우 100여 명에 불과했다. 이때 등 뒤에서 추격대가 쫓아오며 소리쳤다.

"역적 조조는 게 섰거라!"

강동의 장수 여몽이었다. 조조는 군사들을 앞으로 나아가게 하고 장료에게 추격해 오는 여몽을 막게 했다. 그런데 이번에는 앞에서 갑자기 불길이 솟아오르더니 산골짜기에서 능통이 군사를 이끌고 나타나 앞을 가로막았다.

"조조는 목숨을 내놓아라!"

앞과 뒤에서 동시에 공격을 받은 조조는 매우 놀라 어찌할 줄을 몰랐다. 이때 한 떼의 군사가 옆에서 달려오며 소리쳤다.

"승상께서는 안심하십시오. 여기 서황이 왔습니다."

서황이 곧장 앞을 가로막는 능통의 군사들을 헤치고 나아가자 조조는 그 틈을 타서 북쪽으로 달아났다. 한참을 가다 보니 언덕 위에 한 떼의 군사가 주둔하고 있는 것이 보였다. 조조 휘하의 장수 마연과 장의가 이끄는 3천 명의 군사였다.

조조는 마연과 장의에게 군사 천 명을 이끌고 앞장서게 하고 2천 명의 군사로 자신을 호위하게 했다. 조조는 그제야 겨우 마음이 놓였다. 마연과 장의가 말을 달려 한참을 가는데 갑자기 함성이 일며 한 떼의 군사가 몰려왔다. 앞장선 장수가 말을 달려 오며 크게 외쳤다.

"나는 동오의 장수 감녕이다!"

선봉에 선 마연은 감녕을 맞아 싸우기 위해 말을 달려 나갔다. 그러나 그는 감녕의 상대가 되지 못했다. 어느새 달려온 감녕이 마연을 한칼에 베어 말에서 떨어뜨렸다. 이를 본 장의가 창을 휘두르며 맞섰으나 그 역시 감녕의 칼에 목숨을 잃고 말았다. 순식간에 두 장수를 잃은 군사들은 기겁하며 되돌아가 이 사실을 조조에게 보고했다.

이때 조조는 합비 쪽에서 구원병이 오리라고 믿고 있었다. 그러나 기다리던 구원병은 오지 않고 대신 동오의 육손과 태사자가 군사를 이끌고 몰려왔다. 합비 쪽에서 오는 길은 이미 손권이 통제하고 있었다. 조조는 크게 놀라 맞서 싸우기보다 도망치는 쪽을 선택했다. 조조는 이릉을 향해 달아나다가 도중에 장합을 만났다.

"추격해 오는 적군을 막아라."

조조는 장합에게 명한 뒤 말을 재촉하여 다시 달아났다. 그렇게 한참을 달아나다 보니 어느새 밤이 깊어졌다. 조조는 속도를 늦추고 뒤를 돌아보았다. 적벽의 불길도 아득히 멀어져 가물가물하게 보였다. 조조는 적벽을 벗어난 것을 깨닫고 그제야 안도의 숨을 내쉬며 주변 지형을 살폈다.

'숲에 나무가 빽빽하게 들어찼구나. 산은 높고 냇물은 거칠고 험한데 거기에 길까지 저렇게 가파르다면…….'

조조는 여기까지 생각이 미치자 갑자기 미친 듯이 웃기 시작했다. 부하들이 궁금하여 까닭을 묻자 조조는 이렇게 말했다.

"나 같으면 이곳에 군사를 매복시켰을 것이다. 그런데 주유와 제갈량은 멍청하여 그런 생각을 하지 못했을 것이다."

조조의 말이 끝나는 순간이었다. 갑자기 양쪽 숲에서 북소리가 진동하며 불길이 치솟았다. 순간 조조는 얼마나 놀랐는지 하마터면 말에서 굴러떨어질 뻔했다. 조조가 정신을 가다듬고 말고삐를 움켜쥐는 순간 숲속에서 한 떼의 군사가 달려오는데, 그중 맨 앞의 장수가 크게 소리쳤다.

"나는 상산의 조자룡이다. 제갈 군사의 명을 받고 여기서 너를 기다린 지 오래다."

조조는 서황과 장합을 시켜 조운을 막게 하고 자신은 불에 타오르는 숲을 뚫고 달아났다. 다행히 조운은 조조군의 깃발과 무기만 빼 앗은 뒤 추격하지는 않았다.

도망치던 조조가 호로곡에 도착할 무렵이었다. 갑자기 거센 바람 이 불어오더니 검은 구름이 산 위를 뒤덮었다. 이윽고 빗방울이 떨 어지고 비가 억수처럼 쏟아져 내렸다. 졸지에 비를 맞은 군사들은 갑옷은 물론 몸속까지 빗물이 스며들었다.

조조는 군사들을 독려하여 비를 맞으며 계속 전진했다. 그런데 피 로와 배고픔에 지친 군사들은 쏟아진 빗물로 길마저 질퍽해져 발걸 음조차 가누지 못할 지경이었다. 때마침 그들은 한 마을을 지나게 되었다.

"우선 허기진 배를 채워야 하니 먹을 것과 불씨를 구해 오도록 하라."

조조의 명을 받은 군사들이 마을로 달려가 양식과 불씨를 얻어 와 서 서둘러 밥을 지었다. 이때 갑자기 뒤에서 한 떼의 군사가 달려왔 다. 조조와 군사들이 놀라서 바라보니 앞장선 장수는 이전과 허저였 다. 그들은 패잔병을 수습하고 모사들을 보호하며 산을 넘어 달려온 것이다. 조조는 천군만마를 얻은 것처럼 크게 기뻐했다. 조조는 밥 을 지어 먹은 후 다시 길을 재촉했다.

해가 중천에 떠오를 무렵, 어느새 비는 그쳤다. 조조군은 전진을 계속하다가 갈림길을 만났다. 조조가 좌우를 돌아보며 물었다.

"저 갈림길은 각각 어디로 가는 길인가?"

한 장수가 대답했다.

"왼쪽은 남이릉, 오른쪽은 북이릉으로 가는 길입니다."

조조가 되물었다.

"남군의 강릉으로 가려면 어느 길이 더 가까운가?"

"남이릉 길입니다. 도중에 호로구만 넘으면 빨리 갈 수 있습니다."

조조는 남이릉 길을 선택하여 호로곡에 이르렀다. 군사들은 허기와 피로에 지쳐서 더는 걷지를 못하고 말도 지쳐 땅에 주저앉았다. 조조는 그 모습을 보고 휴식이 필요하다고 여겼다.

"여기서 잠시 쉬어 가자. 군사들은 밥을 짓도록 하라."

군사들은 말 등에 실은 솥을 내리고 앞서 마을에서 구해 온 곡식으로 밥을 지었다. 또 죽은 말을 불에 구워 반찬으로 삼아 식사를 했다. 식사를 마친 군사들은 젖은 옷을 바람에 말리고, 말 안장을 내린 뒤 말들을 놓아주어 풀을 뜯게 했다.

조조도 나무 아래 등을 기대고 앉아 생각에 잠겨 있었다. 그런데 조조는 갑자기 무슨 생각이 들었는지 머리를 뒤로 젖히고 껄껄 웃었다. 이때 주변에 있던 군사들이 놀라서 불안한 표정을 지으며 물었다.

"저번에도 승상께서 주유와 제갈량을 비웃으시다가 갑자기 조자룡이 튀어나와 많은 군사와 말을 잃었습니다. 그런데 이번에는 어째서 웃으십니까?"

조조가 대답했다.

"저번에는 주유와 제갈량이 그래도 잔꾀를 좀 부렸다만, 거기까지가 저들의 한계다. 만약 그들이 이곳에 군사를 매복시키고 지금처럼 무방비 상태일 때 공격해 왔다면 우리는 속수무책으로 당했을 것이다. 그런데 저들은 스스로 계책이 뛰어나다고 자랑하면서도 이 좋은 기회를 놓치고 있으니 어찌 웃지 않겠느냐?"

조조는 다시 통쾌하게 웃기 시작했다. 그런데 그의 웃음이 채 끝나기도 전에 사방에서 함성이 울려 퍼졌다.

"적이다! 적이 나타났다!"

조조는 깜짝 놀라 갑옷도 챙겨 입지 못한 채 급히 말 위에 올랐다. 군사들도 마찬가지였다. 그들도 말리던 갑옷이나 속옷은 버려둔 채 겨우 무기만 챙겨 들었다. 사방에서 불과 연기가 치솟고 산어귀에서 한 떼의 군사가 쏟아져 내려왔다. 선두에서 달려오는 장수를 보니 그는 바로 장비였다.

"조조, 이 역적 놈아! 내가 여기서 너를 기다린 지 오래다. 어서 목을 내놓아라!"

장비의 호통이 쩌렁쩌렁하게 사방을 울리자 조조는 물론 그의 군사들까지 모두 간담이 서늘해졌다. 이때 허저가 황급히 말 위에 뛰어올라 장비와 맞서 싸웠다. 장료와 서황 두 장수도 달려가서 허저와 합세했다. 그러자 양편의 군사들이 뒤섞여 싸우기 시작했다. 조조는 혼전의 와중에 말을 몰아 달아나기 시작했다. 허저와 서황, 장료는 협공을 펼쳤으나 장비를 쓰러뜨리지 못했다. 몇 날을 쫓기며 지친 상태였고, 장비의 부하들까지 합세하자 당해 낼 수 없었다. 그들은 차례로 몸을 빼 달아났고, 군사들도 그 뒤를 따라 도망쳤다. 장비는 도망치는 조조군을 뒤쫓으며 닥치는 대로 마구 베었다. 장비의 군사들과 조조의 군사들 간에 쫓고 쫓기는 필사의 추격전이 펼쳐졌다.

조조는 한참을 정신없이 달아나다 문득 고개를 돌려 뒤를 돌아보았다. 다행히 적군은 아득히 멀어져 있었다. 그러나 조조를 따르는 장수와 군사들은 그 수가 절반이 줄었고, 대다수가 상처를 입었다. 조조는 다시 길을 재촉했다. 한동안 달려가는데 앞서가던 군사 한 명이 조조에게 물었다.

"앞에 또 갈림길이 나왔습니다. 이번엔 어디로 가시겠습니까?"

"어느 쪽이 지름길이냐?"

"두 곳이 모두 남군으로 통하지만, 왼쪽의 넓은 길은 50리를 돌아가야 합니다. 반면 오른쪽 길은 50리를 질러갈 수 있지만, 화용도를 지나기 때문에 길이 좁고 험합니다."

조조는 군사를 시켜 산 위에 가서 사방을 살펴보고 오게 했다. 얼마 지나지 않아 그 군사가 돌아와서 보고했다.

"화용도 방향으로 가는 산기슭을 보니 여기저기서 희미하게 연기가 피어오르고 있습니다."

조조가 오른쪽 길을 가리키며 말했다.

"좋다. 화용도 방향으로 간다."

조조의 결정에 한 장수가 궁금한 표정을 지으며 물었다.

"연기가 피어오른다면 적군이 매복하고 있을 텐데 어찌 그곳으로 가고자 하십니까?"

"그대는 병법책을 읽지 못했는가? '겉으로 허술해 보이면 속은 완벽하고, 겉으로 완벽해 보이면 속은 허술하게 한다'라고 했네. 제갈 량은 꾀가 많네. 지름길에 군사를 매복한 것처럼 보여서 우리를 큰 길로 가게 하려는 수작일세. 저 큰길 곳곳에 분명 군사들을 매복시 켜 두었을 것이네."

장수는 그제야 이해한 듯이 고개를 숙이며 말했다.

"주유와 제갈량이 아무리 뛰어나다고 한들 어찌 승상의 높고 깊 은 식견을 따를 수 있겠습니까?"

조조는 군사들을 이끌고 길을 재촉했다. 그러나 화용도로 가는 길 은 험했다. 지친 상태에 부상자가 다수여서 군사들의 전진 속도는 갈수록 느려졌다. 얼마 후 앞장섰던 군사들이 갑자기 말을 세우고 멈춰 섰다. 조조가 그 모습을 보고 물었다.

"왜 멈춰 서는 것이냐?"

그러자 멈춰 선 선두의 군사 중 한 명이 대답했다.

"산길이 너무 좁고 험합니다. 더구나 빗물이 웅덩이에 잔뜩 고여 서 말이 진흙에 빠져 헤어나지를 못합니다. 이대로 계속 나가는 것 은 무리입니다."

조조는 화를 버럭 내며 꾸짖었다.

"원래 군사란 산을 만나면 길을 내고 물을 만나면 다리를 놓는 법 이다. 그까짓 진흙 구덩이가 두려워서 못 간다는 게 말이 되느냐?"

조조는 늙고 부상당한 군사는 뒤에서 천천히 따르게 하고, 강하고 날랜 장수와 군사를 앞세워 흙을 져 나르고 풀과 갈대를 베어 산길 을 메우게 했다. 또한, 장료와 서황, 허저에게 군사 백여 명을 거느리고 적군이 추격해 올 것에 대비하게 했다.

조조군은 악조건을 무릅쓰고 죽을힘을 다하여 진군하다 보니 도중에 쓰러져 죽는 자가 많았다. 여기저기서 고통에 울부짖는 소리 또한 그치지 않았다. 그러자 조조가 화를 내며 소리쳤다.

"죽고 사는 것은 모두 하늘의 뜻이다. 운다고 무슨 소용이 있단 말이냐? 만약 꾸물대며 지체하거나 우는 자가 있으면 그 자리에서 목을 벨 것이다."

천신만고 끝에 험준한 지역을 벗어나 평탄한 길을 만났을 때 조조를 따른 군사는 3분의 1로 줄어 있었다. 나머지 군사는 죽거나 뒤처져 버렸다. 장수들이 조조에게 권했다.

"말들이 굶고 지쳤으니 좀 쉬었다 가는 것이 좋겠습니다."

"우리의 목적지는 형주다. 형주에 가서 쉬어도 늦지 않다."

조조는 장수들의 청을 물리치고 길을 재촉했다. 장수들은 어쩔 수 없이 조조의 명을 따랐다. 그렇게 한참을 가고 있는데 조조가 말 위에서 갑자기 큰 소리로 웃었다. 뒤를 따르던 장수들이 화들짝 놀라며 물었다.

"승상께서는 어찌 또 웃으십니까?"

조조가 웃을 때마다 적군이 나타나 위기에 처했던 장수들은 모두 불안한 표정이었다. 그러자 조조가 채찍을 쳐들고 흔들며 허세를 부렸다.

"사람들이 모두 주유와 제갈량은 지혜와 꾀가 많다고 말하지만 내가 보기엔 하찮은 재주꾼에 불과하다. 만일 내가 그들의 입장이었다면 반드시 이곳에 군사를 매복시켰을 것이다. 그랬다면 우리는 꼼짝없이 사로잡히고 말았을 것이다. 그런데 산골짜기에 연기나 피워 우리를 속이려 했으니 얼마나 가소로운가?"

조조의 말이 미처 끝나기도 전이었다. 갑자기 함성과 함께 양쪽 숲에서 군사들이 무더기로 쏟아져 나와 조조군을 포위했다. 조조가 놀라 쳐다보니 지휘하는 장수는 관우였다. 청룡언월도를 치켜들고 적토마를 탄 관우의 모습을 보자 조조의 군사들은 모두 간담이 서늘해졌다. 그러나 조조는 이내 정신을 가다듬고 장수들을 독려했다.

"모두 정신을 집중해라. 이렇게 된 바에야 목숨을 걸고 싸울 수밖에 없다."

그러자 장수들이 한목소리로 입을 모았다.

"저희야 사생결단으로 싸우겠지만 말들이 지쳐서 달리지를 못합니다. 이 상황에 싸우는 것이 가능할지요?"

장수들의 말에 조조는 말문이 막혔다. 그 역시 이대로 싸우는 것은 스스로 목숨을 포기하는 것이나 다름없다는 사실을 너무도 잘 알기 때문이었다. 이때 정욱이 나서며 조조에게 권했다.

"관운장이 허도에 있을 때 사귀면서 그의 인품이 어떤지 잘 알게 되었습니다. 운장은 윗사람에게 오만해도 아랫사람에게 관대하고, 강한 자에게 강해도 약한 자는 진심으로 동정합니다. 또한, 은혜와 원수를 갚는 일이 분명하고 신의를 목숨처럼 중요하게 여깁니다. 당시 승상께서는 운장을 극진히 대접하여 많은 은혜를 베푸셨습니다. 지금 승상께서 인정을 호소하면 운장은 반드시 신세 진 것을 갚으려

할 것입니다."

조조는 잠시 생각에 잠겼다. 지금 관우와 싸워 봤자 죽음 외에 얻을 것이 없었다. 정욱의 설명이 아니어도 관우가 신의를 목숨보다 중히 여기는 것은 조조가 더 잘 알고 있었다. 조조는 생각이 여기에 머무르자 곧 말을 몰고 나아가 예를 갖춰 관우에게 인사했다.

"장군을 여기서 만나다니 우리가 보통 인연이 아닌가 봅니다. 그동안 잘 지내셨소?"

관우도 예를 갖추어 인사했다.

"잘 지냈습니다만, 우리는 아무래도 악연인가 봅니다. 나는 제갈 군사의 명령을 받고 여기서 승상을 기다린 지 오래되었소이다."

관우는 엄중한 표정을 지었으나 목소리만은 부드러웠다. 이에 조조는 힘을 얻어 관우에게 목숨을 구걸했다.

"이 조조가 크게 패하여 많은 군사를 잃고 겨우 도망쳐 왔으나 이제 다시 장군을 만났으니 더는 살길이 없어졌소. 다만 장군께서 옛정을 생각하여 길을 터 주신다면 내 그 은혜를 평생 가슴에 새기고 살겠소. 부디 한 번만 눈감아 주시오."

"당시 승상께서 나에게 베푼 은혜를 어찌 잊겠소. 하지만 안량과 문추를 베어 은혜를 갚았으니 더는 갚아야 할 빚이 없소이다."

관우는 공명에게 군령장까지 쓰며 약속했던 일을 상기하며 마음을 다잡았다. 그러나 조조와 그가 이끄는 패잔병들의 참담한 모습에 시선이 머무르자 흔들리는 마음을 어찌할 수 없었다. 눈치 빠른 조조는 이 기회를 놓치지 않았다.

"지난날 장군께서 다섯 관문을 지나면서 여섯 장수를 벤 일을 잊으셨습니까? 그때 이 조조는 장군을 뒤쫓지 않았습니다. 대장부는 목숨보다 신의를 소중하게 여기는 법입니다. 장군께서는 그 일을 기억해 주십시오."

관우는 조조의 말에 다시 한 번 마음이 크게 흔들렸다. 평소 목숨보다 의리를 더 중요하게 여겨 온 관우가 아닌가. 게다가 조조의 몰골과 그의 부하들을 보니 모두 죽음의 공포에 사로잡혀 울상이 되어 있었다. 관우는 결국, 말 머리를 돌려 부하들에게 명령했다.

"너희들은 사방으로 흩어져라."

조조는 즉시 관우의 뜻을 알아챘다. 자신을 살려 보내 준다는 뜻이었다. 조조는 모든 장수와 함께 일제히 말을 달려 도망쳤다. 그러나 군사들까지 도망치는 것은 허락하지 않았다. 남겨진 군사들은 말에서 내려 무릎을 꿇고 살려 달라고 눈물로 호소했다. 관우가 그들을 어떻게 처리할지 고민하고 있을 때 마침 장료가 도착했다. 관우는 장료와 친분이 깊었다. 그와 우정을 나누었던 추억들이 주마등처럼 스쳐 갔다. 관우는 탄식하며 외쳤다.

"당장 내 앞에서 모두 없어져라."

이렇게 하여 조조의 군사들은 모두 관운장 앞을 지나서 달아났다.

조조는 화용도에서 죽을 고비를 넘기고 그날 저녁 무렵에야 조인이 지키는 남군 근처에 도착할 수 있었다. 조조가 안심하여 겨우 숨을 돌리고 있을 때 갑자기 그들 앞에 수없이 많은 횃불이 나타났다. 조조는 매우 놀랐으나 다행히 그 횃불을 든 군사들은 조인이 이끄는 군대였다. 조인이 달려와서 조조에게 인사했다.

"우리 군사가 패했다는 소식을 들었으나 남군성을 지키느라 부득이 여기에서 맞이하게 되었습니다."

"하마터면 다시는 너를 보지 못할 뻔했다."

조조는 조인의 호위를 받으며 남군성으로 갔다. 그 뒤를 이어 장료까지 도착하자 조인은 술상을 차리고 조조와 장수들을 위로했다. 술잔이 몇 차례 오고 가자 갑자기 조조가 하늘을 우러러 대성통곡했다. 모사들이 그 이유를 물었다.

"승상께서는 목숨이 오가는 위기 상황에서도 전혀 두려워하지 않으시더니, 지금처럼 안전한 상황에서 왜 통곡을 하십니까?"

조조가 울음을 그치고 좌우를 돌아보며 말했다.

"나는 봉효(곽가)가 생각나서 울었네. 봉효가 살아 있었다면 결코 나를 이 지경이 되도록 버려두지 않았을 것이네."

조조는 다시 가슴을 치며 서럽게 울었다.

"슬프도다 봉효여, 원통하도다 봉효여, 아깝구나 봉효여!"

조조가 가슴을 치며 한탄하자 모사들은 한결같이 부끄러워 얼굴을 붉히며 고개를 숙였다.

이튿날, 조조는 조인을 불러 말했다.

"나는 잠시 허도로 돌아가야겠다. 군사와 말을 수습한 후 반드시 돌아와서 적벽의 원한을 갚고 말겠다. 그동안 너는 남군성을 잘 지켜라. 만약 그 안에 적이 쳐들어오면 절대 나가서 싸우면 안 된다."

조조는 품에서 봉투 하나를 꺼내서 주었다.

"내가 계책을 하나 써서 봉투 안에 두고 갈 테니 위급할 때 열어보도록 하라. 내가 지시한 대로만 실천하면 동오에서 감히 남군을 넘보지 못할 것이다."

조인이 물었다.

"그럼 합비와 양양 두 성은 누가 지킵니까?"

"형주는 네가 관리하고 양양에는 이미 하후돈을 보냈으니 걱정할 필요 없다. 합비는 가장 중요한 곳이니 장료를 주장으로 삼고 이전과 악진을 부장으로 삼아 지키게 할 것이다. 그러니 무슨 일이 생기면 즉시 나에게 알리도록 하라."

조조는 장료를 불러 이전과 악진을 데리고 가서 합비를 지키라고 명한 뒤 곧장 허도로 돌아갔다. 조조가 떠나자 조인은 조홍을 이릉과 남군으로 보내서 주유가 쳐들어오지 못하도록 방비하게 했다.

한편, 관우는 조조의 군사를 살려 보낸 뒤 유비의 진영으로 돌아왔다. 이때 조운과 장비는 부하들과 함께 전리품을 돌아보며 승리의 기쁨을 만끽하고 있었다. 공명이 관우에게 물었다.

"운장은 어찌하여 빈손으로 오셨소? 설마 조조가 화용도에 나타나지 않은 것이오?"

"조조가 그곳에 나타났지만, 내가 무능하여 달아나는 조조를 붙잡지 못했소이다."

"그럼 조조의 장수와 부하들은 얼마나 사로잡았소?"

"한 사람도 잡지 못했습니다."

"그렇다면 우려했던 대로 옛 은혜를 생각하여 일부러 조조를 놓아준 것이오? 여기 그대가 써 두고 갔던 군령장이 있소. 군령에 예외가 없으니 군법에 따라 처형할 수밖에 없소."

공명은 관우를 꾸짖은 후 좌우의 무사들에게 명령했다.

"여봐라! 당장 관운장을 끌어내어 처형하라."

그러자 유비가 놀라서 살려 줄 것을 간청했다.

"군사, 운장과 나는 의형제를 맺고 한날한시에 죽기로 맹세했소. 군령을 어긴 것은 죽어 마땅하나 관우를 죽이면 나와 익덕도 목을 내놔야만 하오. 그러니 군사는 오늘 일을 기록해 두었다가 훗날 운장이 공을 세워 속죄하도록 기회를 주시오."

공명은 그제야 마지못해 관우를 용서했다.

71

날개를 얻은 유비

적벽에서 큰 승리를 거둔 주유는 남군을 공격하기로 마음먹었다. 주유가 휘하 장수들과 함께 전략을 세우고 있을 때 유비가 보낸 손건이 찾아왔다.

"주공께서 도독에게 보내신 감사 예물을 가져왔습니다."

"현덕 공은 지금 어디에 계시오?"

"지금 군사를 이끌고 유강 어귀에 주둔하고 계십니다."

"제갈량도 현덕과 함께 계시오?"

"그렇습니다."

손건의 대답에 주유는 잠시 생각에 잠기더니, 이윽고 다시 입을 열었다.

"그대는 먼저 돌아가시오. 내가 곧 현덕 공을 찾아뵙고 답례하겠소."

주유는 유비가 보낸 예물을 받고 서둘러 손건을 돌려보냈다. 그러자 노숙이 의아한 표정으로 물었다.

"무슨 일이라도 있으십니까?"

"유비가 유강 어귀에 주둔한 것은 남군을 차지할 뜻이 있기 때문이오. 우리는 남군을 얻기 위해 그동안 엄청난 공을 들였고, 이제 손만 뻗으면 쉽게 차지할 수 있게 되었소. 그런데 저들은 우리가 힘들게 차려 놓은 밥상을 노리고 있으니, 내 당장 저들과 담판을 지어야겠소."

"저도 함께 가겠습니다."

주유는 노숙과 함께 군사 3천 명을 거느리고 유비를 찾아 나섰다.

유비는 공명과 함께 주유를 환영하는 잔치를 열었다. 술잔이 몇 차례 오간 뒤 주유가 입을 열었다.

"현덕 공께서 혹시 남군을 차지할 뜻을 가지고 계십니까?"

"도독께서 그동안 남군을 얻기 위해 많은 공을 들인 것을 잘 알고 있소. 그래서 돕고자 왔을 뿐 욕심이 없습니다. 하지만 도독께서 남군을 포기하신다면 그때는 내가 취하겠소."

"우리가 남군을 손에 넣으려고 준비한 지가 이미 오래되었소. 지금은 손만 뻗으면 차지할 수 있는데 왜 포기하겠소? 하지만 내가 실패한다면 그때는 현덕 공께서 마음대로 하시오."

유비는 주유의 말을 기다렸다는 듯 받았다.

"좋습니다. 여기 공명과 노숙이 함께 듣고 증인이 되었으니, 부디 후회 없으시기 바랍니다."

노숙은 대답을 못 하고 머뭇거렸는데 주유는 대수롭지 않다는 듯 웃으며 말했다.

"그럴 일 없소. 진정한 대장부란 후회할 말은 뱉지 않는 법이오."

이때, 잠자코 유비와 주유의 이야기를 듣고 있던 공명이 입을 열었다.

"도독의 말씀이 지당합니다. 만약 동오에서 남군을 쳐서 실패할 경우. 그때 우리 주공께서 차지하신다면 무슨 문제가 되겠습니까."

이윽고 술자리가 끝나자 주유와 노숙은 유비와 공명에게 작별 인사를 하고 돌아갔다. 유비가 공명에게 물었다.

"주유가 정말 남군을 차지한다면 우리에게 기회가 없는 것 아니오?"

"주공께서는 걱정하지 마십시오. 싸움은 주유가 하겠지만 남군성을 차지하는 것은 우리가 될 것입니다."

"무슨 좋은 계책이라도 있으시오?"

공명은 목소리를 낮추어 유비에게 계책을 설명했다. 그러자 유비는 크게 기뻐하며, 공명의 의견을 따라 강어귀에 주둔한 채 움직이지 않았다.

한편, 본진으로 돌아온 주유는 휘하의 장수들을 불렀다.

"누가 먼저 가서 남군을 차지하겠는가?"

한 장수가 나섰다.

"제가 하겠습니다."

그는 바로 장흠이었다. 주유가 명령했다.

"좋다. 그대가 선봉장이 되고, 서성과 장봉을 부장으로 삼아 군사 5천 명을 이끌고 먼저 강을 건너라. 나도 군사를 이끌고 뒤따라가서 돕겠다."

장흠이 강을 건너자 그 소식은 곧 남군에 있던 조인의 귀에 들어 갔다. 그는 조홍에게 이릉을 지키게 하여 유사시 협공하여 적의 공격에 맞설 수 있도록 대비했었다. 조인이 장수들에게 말했다.

"성안에서 굳게 지키는 것이 상책이다."

그러자 부하 장수 우금(장군 우금과는 동명이인)이 반대하고 나섰다.

"적벽에서 패한 지 오래지 않아 군사들의 사기가 저하되어 있습니다. 적이 공격해 오고 있는데 나가 싸우지 않으면 군사들은 더욱 위축될 것입니다. 저에게 군사 500명을 주시면 죽을 각오로 적과 싸워 보겠습니다."

이에 조인은 우금의 청을 허락했다. 우금이 군사를 이끌고 성 밖으로 달려 나가자 동오 진영에서는 정봉이 나와 맞서 싸웠다. 몇 차례 공격을 주고받은 뒤 정봉은 거짓으로 패한 척하며 달아났다. 우금은 정봉을 쫓아 동오의 진영 깊숙이 쳐들어갔다. 그러자 기다렸다는 듯 동오의 군사들이 사방에서 달려와 우금의 군사들을 포위했다. 그제야 우금은 속은 것을 깨달았다. 우금이 포위망을 뚫기 위해 이리 치고 저리 쳤으나 소용이 없었다.

성 위에서 그 모습을 본 조인은 우금을 구하기 위해 군사를 이끌고 성문을 나섰다. 조인이 동오의 진영으로 쳐들어가자 서성이 군사를 이끌고 막아섰다. 그러나 조인은 서성을 물리치고 포위망을 뚫어 우금을 구해 냈다. 장흠이 조인을 막아섰으나 그 역시 크게 패하여 달아났다.

장흠이 패하여 돌아오자 주유는 크게 노했다.

"그까짓 남군성 하나 점령하지 못하고 오히려 패했단 말이냐? 당장 저자의 목을 베어라!"

여러 장수가 나서서 간청하자 주유는 마지못해 명을 거두었다. 그 덕에 장흠은 겨우 죽음을 면했다. 분을 이기지 못한 주유가 소리쳤다.

"내 직접 군사를 이끌고 조인을 치겠다."

그러자 감녕이 급히 말렸다.

"도독께서는 서두르지 마십시오. 지금 조인이 조홍에게 이릉을 지키게 한 것은 유사시 우리를 협공하기 위해섭니다. 제가 군사 3천을 이끌고 가서 이릉을 점령하겠습니다. 도독께서는 그다음 남군을 치십시오."

주유는 감녕의 의견을 받아들여 이릉을 치게 하고 자신은 남군을 공격할 준비를 했다. 이에 조인은 조순과 우금을 몰래 보내 조홍을 돕게 했다. 조순은 먼저 사람을 보내 조홍에게 소식을 알리고 성 밖에 나와 적을 유인하게 했다. 감녕이 이릉에 도착하자 조홍은 군사를 이끌고 성 밖으로 나와서 맞서 싸웠다. 그러나 채 20여 합을 겨루지 못하고 조홍은 달아났다. 그런데 성안으로 들어가는 것이 아니라 다른 쪽이었다. 감녕은 조홍을 쫓지 않고 성안으로 쳐들어갔다.

성안에는 조홍의 군사가 모두 출전하여 없었고, 감녕은 싸우지도 않고 성을 차지했다. 그런데 날이 어두워질 무렵, 조순과 우금의 군사가 도착하여 조홍과 함께 이릉성을 포위했다. 전령이 달려와서 주유에게 보고했다.

"감녕 장군이 이릉성을 점령하였으나, 적군에게 성이 포위되어 위험한 상황입니다."

보고를 받은 주유는 크게 놀랐다. 정보가 옆에서 말했다.

"즉시 군사를 나누어 구하러 갑시다."

주유가 고개를 저었다.

"이곳은 요충지인데 군사를 나누어 구하러 갔다가 만약 조인이 쳐들어오면 낭패가 아니오?"

여몽이 말했다.

"감녕은 강동의 귀한 장수인데 어찌 구하지 않겠습니까?"

주유가 여몽에게 물었다.

"내가 당장 구하러 가고 싶은데, 누가 이곳에 남아 나를 대신하여 지키겠소?"

여몽이 대답했다.

"능통에게 맡기십시오. 제가 선봉에 서고 도독께서 뒤를 막으시면 열흘 안에 충분히 승리할 수 있습니다."

주유는 여몽의 의견대로 능통에게 군사 1만 명을 넘겨준 후 나머지 대군을 이끌고 이릉으로 떠났다. 여몽이 주유에게 제안했다.

"이릉성에서 남군으로 가려면 남쪽 산길이 가장 가깝습니다. 군사 500명을 보내 나무를 베어 그 길을 막아 두십시오. 만약 적군이 패하여 달아난다면 그 길로 갈 텐데 길이 막혀 있으면 말을 버리고 달아날 것입니다. 그러면 우리는 그 말들을 얻게 될 것입니다."

주유는 여몽의 제안대로 군사를 보내 남쪽 길을 막은 후 다시 진군했다. 마침내 주유의 군대는 이릉성 부근에 도착했다. 주유가 휘하 장수들을 둘러보며 물었다.

"누가 적의 포위를 뚫고 감녕을 구하겠소?"

주태가 나섰다.

"제가 가겠습니다."

주태는 즉시 칼을 뽑아 들고 말을 달려 성을 포위한 적진으로 쳐들어갔다. 그가 포위망을 뚫고 성문 앞에 이르자 감녕이 성문을 열고 그를 맞이했다.

"도독께서 직접 구하러 오셨소."

감녕은 즉시 군사들에게 명령을 내렸다.

"모두 무장을 갖추고 배불리 먹은 후 적과 맞서 싸울 준비를 해라."

주유가 군사를 이끌고 오자 조홍은 남군의 조인에게 알린 후 주유의 군대와 맞서 싸웠다. 그러나 주태와 감녕이 성안에서 나와 주유와 협공을 가하자 조홍과 우금, 조순의 군대는 당해 내지 못하고 달아났다. 그들은 여몽의 예견대로 남쪽 산길로 향했고, 길이 막혀 있자 어쩔 수 없이 말을 버리고 달아났다. 이렇게 해서 주유는 말 5백여 마리를 손쉽게 얻었다.

주유가 군사를 이끌고 남군으로 가다가 마침 이릉을 구하러 달려오던 조인의 군대와 마주쳤다. 주유와 조인의 군사들은 한바탕 전투를 벌이다가 날이 저물자 군사를 거두었다. 조인이 남군성으로 돌아와 장수들과 상의하자 조홍이 말했다.

"이제 이릉을 잃어 상황이 위급한데 장군께서는 왜 승상께서 남기신 계책을 뜯어 보지 않으십니까?"

조인은 급히 봉투를 뜯어 글을 읽더니 크게 기뻐했다.

"동이 트기 전에 밥을 짓고 동트면 성을 버리고 떠난다. 성 위에 깃발을 촘촘하게 꽂아 적을 속이고 군사는 세 문으로 나뉘어 나갈 것이다."

이때 주유는 남군성 밖에 군사들을 포진하고 날이 밝기를 기다렸다. 그런데 성문 세 곳으로 조인의 군사가 빠져나오기 시작했다. 주유는 즉시 높은 지휘대에 올라가 성안을 살폈다. 곳곳에 깃발이 꽂혀 있는데 지키는 군사는 한 명도 없었고, 성문을 나서는 군사들을 보니 허리춤에 보따리를 하나씩 차고 있었다.

'적들이 달아날 작정이구나.'

주유는 서둘러 지휘대를 내려와 명령을 내렸다.

"지금부터 군대를 둘로 나누고, 전군과 후군으로 구분한다. 전군은 승리하면 적을 추격하고, 징 소리가 나면 물러서야 한다. 내가 직접 성안으로 쳐들어갈 테니 정보는 후군을 맡도록 하라."

주유가 직접 군사를 이끌고 나가자 맞은편에서 조홍이 말을 달려나왔다. 주유는 한당을 보내 조홍을 상대하게 했다. 두 장수는 30여 합을 싸웠는데 조홍은 버티지 못하고 달아났다. 이번엔 조인이 직접 전투에 나서자 주유는 주태를 보내 싸우게 했다. 조인도 10여 합을 버티지 못하고 달아났다. 주유가 그 뒤를 추격하자 조인은 성을 버리고 서북쪽을 향해 달아났다. 그러자 한당과 주태가 그 뒤를 쫓았다. 주유는 성문이 열려 있고, 성 위에 지키는 군사가 없자 성을 점령하기로 했다. 10여 명의 기병이 앞장서고 주유가 그 뒤를 따라 성 안으로 들어섰다. 그 순간 '딱' 하는 소리를 신호로 활과 쇠뇌가 쉴 새 없이 쏟아져 내렸다. 앞다투어 성안에 들어섰던 주유의 군사들은 졸지에 화살 받이가 되었다.

"함정이다! 모두 피해라!"

주유는 깜짝 놀라 고삐를 당겨 말을 돌리는데 어디선가 날아든 화살이 주유의 갈빗대에 명중했다. 주유는 맥없이 말 아래로 고꾸라지고 말았다. 우금이 성안에서 달려 나와 주유를 잡으려고 하자 서성과 정봉 두 장수가 목숨을 걸고 간신히 구해 냈다. 그러나 함정을 벗어나지 못한 주유의 군사들은 대부분 목숨을 잃고 말았다. 정보가 급히 남은 군사를 수습할 때였다. 도망쳤던 조인과 조홍이 군사를 이끌고 돌아와 공격하자 주유의 군대는 크게 패했다.

다행히 능통이 군사를 이끌고 달려오자 조인과 조홍은 군사를 이끌고 성안으로 들어갔다. 정보는 패잔병을 이끌고 자신들의 주둔지로 돌아왔다. 의원이 주유의 몸에 박힌 화살촉을 제거하고 약을 발랐다. 그러나 주유는 극심한 고통 때문에 물과 음식을 전혀 먹지 못했다. 의원이 정보에게 조언했다.

"화살에 독이 있어서 치료되려면 시간이 필요합니다. 만약 분노를 품게 되면 상처가 터질 수 있으니 절대 안정을 취하셔야 합니다."

정보가 대답했다.

"알겠네. 도독을 자극하지 않고 회복할 시간을 벌어 보겠네."

정보는 주유의 상처가 생각보다 심각하여 보이자 전군에 명령을 내렸다.

"당분간 적이 어떠한 도발을 해 와도 절대 맞서 싸우지 말고 지키기만 해야 한다."

이튿날, 우금이 군사를 이끌고 싸움을 걸었으나 주유의 군사들은 대응하지 않았다. 그러자 우금은 한바탕 욕설을 퍼붓고 물러났다.

"주유는 죽었느냐? 살아 있느냐? 쥐새끼처럼 숨지 말고 사내라면 당장 나와서 내 칼을 받아라. 낯짝도 비추지 않는 것을 보니 이미 비명횡사[47]한 것이 틀림없구나."

우금의 도발은 며칠간 계속되었다. 하지만 정보의 명을 받은 주유의 군사들은 일절 대응하지 않았다. 그렇게 며칠이 흘렀다.

한편 주유는 고통에 시달리면서도 한 가지 계획을 세워 두고 있었다. 그는 우금이 도발하는 소리를 이미 듣고 있었지만 보고하는 이가 없었다.

하루는 조인이 직접 대군을 이끌고 와서 북을 울리고 함성을 지르며 싸움을 걸어왔다. 이날도 정보는 경계만 할 뿐 싸움에 응하지 않았다. 주유는 즉시 장수들을 불렀다.

"어디서 이렇게 북소리가 요란한가?"

"군사들을 훈련하고 있습니다."

이 말을 듣고 주유는 크게 화를 냈다.

"어째서 나를 속이는 것인가? 조인의 장수가 매일 군사를 이끌고 도발하는데, 무엇 때문에 나가서 싸우지 않는 것인가?"

장수들이 대답하지 못하고 우물쭈물하자 주유는 즉시 정보를 불러오라고 호령했다. 정보가 부름을 받고 오자 주유는 다짜고짜 물었다.

"그대는 어찌하여 적이 도발해 와도 보고만 있으시오?"

정보는 어쩔 수 없이 사실대로 말했다.

"도독의 상처가 심해서 화를 내게 하면 안 된다는 의원의 당부가 있었습니다. 상처가 회복될 시간을 벌기 위해 보고하지 않은 것입니다."

주유가 물었다.

"내 상처의 치료가 늦어지면 어쩔 생각이오? 이대로 계속 싸우지 않겠다는 것이오?"

정보가 여러 장수의 의견을 털어놓았다.

"만약 도독의 회복이 늦어지면 일단 강동으로 돌아갈 생각이었습니다. 도독께서 건강을 회복하면 그때 다시 싸우는 게 좋다고 생각했습니다."

정보의 말이 끝나자 주유는 침상을 박차고 일어났다.

"장수가 전투 중에 죽는 것은 명예로운 일이오. 어찌 나 하나 때문에 공들인 대사를 그르치겠소?"

주유는 즉시 무장을 하고 말 위에 뛰어올랐다. 장수들은 모두 놀라서 아무도 입을 열지 못했다. 주유는 군사를 이끌고 전투에 나섰다. 조인이 주유를 발견하고 욕설을 퍼부었다.

"주유, 이 애송이야! 독화살을 맞아 황천길이 눈앞인데 죽음을 재촉하려고 기어 나왔느냐?"

주유가 조인의 욕설을 맞받아쳤다.

"네 이놈, 조인아! 이 주유가 네놈부터 황천길로 보내 주마!"

조인이 휘하 장수들에게 명령을 내렸다.

"저놈의 상처가 터지도록 모두 욕설을 퍼부어 화를 돋우어라!"

조인의 군사들이 모두 목청을 돋우어 주유를 향해 입에 담지 못할 욕설을 마구 퍼부어 댔다. 주유는 분노하여 반장에게 나가 싸우게 했다. 그런데 반장이 말을 달려 나가려고 할 때 갑자기 주유가 피를 토하며 말에서 떨어졌다. 그 모습을 본 조인이 소리쳤다.

"주유가 피를 토하고 굴러떨어졌다. 모두 가서 사로잡아라!"

그러자 조인의 군사들이 주유를 향해 달려들었다. 이에 강동의 군사가 주유를 보호하기 위해 맞서자 일대 격전이 벌어졌다. 장수들이 주유를 구해 막사로 돌아오자 정보가 물었다.

"도독께서는 몸이 어떠시오?"

주유가 슬며시 눈을 뜨며 말했다.

"이것은 내 계책이니 놀라지 마시오."

"계교라니 그게 무슨 말씀입니까?"

"그대는 심복을 남군으로 보내 거짓 항복시키고 내가 죽었다고 전하게 하시오. 오늘 밤에 조인이 분명 우리를 습격하러 올 테니 군사를 미리 매복시키면 사로잡을 수 있소."

"참으로 좋은 계책입니다."

정보는 즉시 장수들에게 곡을 하게 했다. 군사들은 당황하여 어찌할 줄을 몰랐다. 소문은 주유의 진영에 삽시간에 퍼졌다.

한편 조인은 성안에서 장수들과 전략 회의를 가졌다.

"주유가 피를 토하며 쓰러졌으니 오래지 않아 죽고 말 거요."

회의가 한참 진행되고 있을 때 갑자기 오나라 진영에서 10여 명의 군사가 투항해 왔다. 그중에서 두 명은 원래 조인의 군사였다가 잡혀간 자들이었다.

"오늘 주유가 막사로 돌아온 후 죽었습니다. 지금 장수와 군사들이 모두 상복을 입고 울고 있습니다. 우리는 정보에게 억울하게 벌을 받아 도망쳐 왔습니다."

조인은 크게 기뻐하며 장수들에게 명했다.

"오늘 밤 적의 진영으로 쳐들어가서 주유의 머리를 베어 승상께 보냅시다."

조인은 우금을 선봉으로 삼고, 자신은 중군을 거느리고, 조홍과 조순을 후방에 배치했다. 참모인 진교에게 소수의 군사를 주어 성을 지키게 하고 나머지 군사는 모두 동원했다. 이윽고 밤이 깊어지자 조인은 전군에 출전 명령을 내렸다.

그런데 조인이 주유의 진영에 도착했을 때 군사는 하나도 보이지 않고 깃발과 창 들만 꽂혀 있었다. 조인은 함정에 빠진 것을 깨닫고 즉시 퇴각 명령을 내렸다. 순간 사방에서 함성과 함께 주유의 군사들이 달려왔다. 동쪽에서는 한당과 장흠, 서쪽에서는 주태와 반장, 남쪽에서는 서성과 정봉, 북쪽에서는 진무와 여몽이 군사를 이끌고 공격해 왔다. 주유의 군사들이 사방에서 파상 공격을 퍼붓자, 조인의 군사들은 버티지 못하고 크게 패했다.

조인은 10여 명의 군사와 함께 겨우 포위망을 뚫고 나오다 조홍을 만나 함께 달아났다. 조인은 패잔병을 수습하여 남군성으로 돌아가다가 능통과 감녕의 공격을 받자, 말 머리를 돌려 양양으로 향했다.

대승을 거둔 주유와 정보는 조인의 군사를 쫓지 않고 남군성으로 향했다. 그들이 성 앞에 도착했을 때 성 위에서 한 장수가 나타나 소리쳤다.

"나는 상산의 조자룡이오! 제갈 군사의 명을 받들어 남군성은 이미 우리가 차지하였소. 도독께서는 이만 물러가시오."

주유는 상상조차 할 수 없었던 현실에 너무 놀라서 넋을 잃었다. 그는 곧 정신을 차리고 공격 명령을 내렸다. 그러나 성 위에서 화살이 비 오듯 쏟아져 접근할 수가 없었다. 주유는 군사를 물린 후 장수들과 상의했다. 그들은 감녕에게 형주를 차지하게 하고, 능통에게 양양을 손에 넣게 한 다음 남군을 차지해도 늦지 않다는 의견을 모았다. 이때 갑자기 전령이 달려와서 충격적인 보고를 했다.

"장비가 형주성을 점령했다고 합니다."

주유가 물었다.

"그게 무슨 소리냐? 어떻게 된 일인지 자세히 말해 보라!"

"제갈량이 조인의 명령서를 위조해서 형주를 지키는 조조군을 모두 남군으로 출병시켰고 합니다. 그 틈에 장비를 보내 형주성을 차지한 것입니다."

보고를 받은 주유는 충격을 받고 망연자실했다.

'남군에 이어 형주까지…… 유비 이놈.'

주유는 분노하며 두 주먹을 불끈 쥐며 이를 부드득 갈았다. 그러나 놀랄 일은 그게 다가 아니었다. 뒤이어 다른 전령이 와서 관우가 양양을 점령했다는 보고를 했다. 주유는 뒤통수를 심하게 얻어맞은 것처럼 큰 충격을 받고 그 자리에서 기절했다.

3권에서 계속

1 충의지사(忠義之士): 충성스럽고 절의가 곧은 선비.

2 만조백관(滿朝百官): 조정의 모든 벼슬아치를 이르는 말.

3 문무백관(文武百官): 모든 문관과 무관을 아울러 이르는 말.

4 장량(張良): 전국 시대의 전략가, 정치가. 유방이 한나라를 세우고 천하를
통일하는 데 크게 기여했다. 소하, 한신과 함께 건한삼걸(建漢三傑)로 꼽힌
다. 장자방이라고도 불린다.

5 소하(蕭何): 전한 초기의 정치가, 행정가. 한고조를 따라 종군하며 건국에
큰 공을 세웠다. 한신, 장량과 함께 한나라를 세운 세 명의 영웅인 건한삼
걸로 꼽힌다.

6 연판장(連判狀): 하나의 문서에 두 사람 이상이 이름을 적어 넣은 글.

7 화기애애(和氣靄靄): 온화하고 화목한 분위기.

8 진평(陳平): 전한 초기의 정치가, 전략가. 한고조를 도와 건국에 큰 공을
세웠다.

9 잠팽(岑彭): 광무제를 따라 한나라를 다시 중흥시킨 충신. 원래 신나라의
관료였으나 이후 광무제에게 투항해 활약했다.

10 마무(馬武): 광무제를 따라 한나라를 다시 중흥시킨 충신. 녹림군에 소속
되어 신나라와 싸우다 장군으로 임명되었다.

11 독불장군(獨不將軍): 무슨 일이든 자기 생각대로 혼자서 처리하는 사람.

12 삼교구류(三敎九流): 유교, 불교, 선교 3교와 유가, 도가, 음양가, 법가, 명
가, 묵가, 종횡가, 잡가, 농가의 아홉 갈래 사상.

13 안연(顏淵): 춘추 시대의 유학자인 안회(顏回). 공자의 수제자로 학덕이 뛰

어났다.

14 시경과 서경: 유학의 다섯 가지 경서인 오경(五經) 중 시경(詩經)과 서경(書經)을 말한다. 다른 오경으로는 주역(周易), 예기(禮記), 춘추(春秋)가 있다.

15 양화(陽貨): 노나라의 대신 양호(陽虎). 노나라의 3대 귀족 가문인 삼환의 힘을 빼앗아 반란을 일으키나 패배하고 도망친다. 공자는 양호가 보낸 선물을 받지 않기 위해 자리에 없다는 거짓말을 할 정도로 양호와는 사이가 좋지 않았다.

16 장창(臧倉): 노나라의 신하. 노나라의 왕 평공이 제자를 찾아온 맹자를 만나려 하자 맹자를 헐뜯으며 만나지 못하게 했다. 장창과 같이 남을 헐뜯기 좋아하는 소인배라는 뜻의 장창소인(臧倉小人)이라는 말이 있다.

17 오만방자(傲慢放恣): 오만하고 방자하다는 뜻. 오만함은 태도나 행동이 건방지거나 거만함을, 방자함은 어려워하거나 조심스러워하는 태도가 없이 무례하고 건방짐을 말한다.

18 반신반의(半信半疑): 얼마쯤 믿으면서도 한편으로는 의심함.

19 태연자약(泰然自若): 마음에 어떠한 충동을 받아도 움직임이 없이 천연스러움.

20 기세등등(氣勢騰騰): 기세가 매우 높고 힘찬 모양.

21 호시탐탐(虎視眈眈): 호랑이가 눈을 부릅뜨고 먹이를 노려본다는 뜻. 남의 것을 빼앗기 위하여 형세를 살피며 가만히 기회를 엿보는 모양을 말한다.

22 제나라의 환공(桓公): 제나라의 16대 임금. 강태공의 12세손. 제나라를 강대한 나라로 만들어 춘추 시대의 패자로 불린다.

23 진나라의 문공(文公): 진나라의 24대 공작. 아버지 헌공의 뒤를 잇지 못하고 19년간 전국을 유랑하지만 이때 얻은 인맥과 명성에 힘입어 진나라로 돌아와 왕이 되었다. 제나라의 환공, 초나라의 장왕, 오나라의 왕 합려, 월나라의 왕 구천과 함께 춘추오패(春秋五霸)라고 불린다.

24 속전속결(速戰速決): 싸움을 오래 끌지 아니하고 빨리 몰아쳐 이기고 짐을

결정함.

25 병불염사(兵不厭詐): 군대의 일에 있어서는 적을 속이는 간사한 꾀도 꺼리지 아니함.

26 위위구조(圍魏救趙): 위나라를 위협해 조나라를 구한다는 말. 적을 공격하는 것은 분산시키느니만 못하고, 공개적으로 공격하는 것은 비밀리에 공격하느니만 못하다는 뜻. 중국의 병법서 삼십육계(三十六計)의 내용이다.

27 사면초가(四面楚歌): 아무에게도 도움을 받지 못하는, 외롭고 곤란한 지경에 빠진 형편을 이르는 말. 초나라 항우가 사면을 둘러싼 한나라 군사 쪽에서 들려오는 초나라의 노랫소리를 듣고 초나라 군사가 이미 항복한 줄 알고 놀랐다는 데서 유래한다.

28 좌불안석(坐不安席): 앉아도 자리가 편안하지 않다는 뜻으로, 마음이 불안하거나 걱정스러워서 한군데에 가만히 앉아 있지 못하고 안절부절못하는 모양을 이르는 말.

29 충렬저군지묘(忠烈沮君之墓): 충성스러운 신하 저수의 묘라는 뜻.

30 십면매복(十面埋伏): 열 곳의 방면에 군사를 숨겨 둔다는 뜻으로 겹겹이 둘러싸고 겹겹이 복병을 두는 전략을 말한다.

31 적로마(駒盧馬): 이마에 흰 털의 점이 마치 별처럼 박혀 있는 말.

32 속수무책(束手無策): 손을 묶은 것처럼 어찌할 도리가 없어 꼼짝 못 함.

33 상대를 알고 자기를 알면 백 번 싸워 백 번 이긴다: 고대 중국의 병법서 손자병법(孫子兵法) 모공편에 수록된 고사성어 지피지기 백전백태(知彼知己 百戰不殆)를 풀어 쓴 말. 흔히 '지피지기 백전백승' '지피지기 백전불패'로 잘못 알려져 있다.

34 강태공(姜太公): 주나라 문왕, 무왕을 도와 주나라를 건국한 일등 공신 강상(姜尙). 산동 지방을 받아 제나라를 건국했다. 태공망이라고도 불린다.

35 봉황(鳳凰): 몸의 앞쪽은 기린, 뒤쪽은 사슴, 목은 뱀, 꼬리는 물고기, 등은 거북, 턱은 제비, 부리는 닭을 닮았다고 전해지는 전설의 새. 복되고 길

한 의미가 있다. 수컷은 '봉', 암컷은 '황'이라고 한다.

36 관중(管仲): 제나라의 정치가이자 사상가인 관이오(管夷吾). 제환공을 춘추 오패의 첫 번째 패자로 만드는 데 큰 역할을 했다. 우정이 아주 돈독한 친구 관계를 일컫는 말 관포지교(管鮑之交)는 관중과 포숙의 사귐이라는 뜻인데, 여기서의 관중도 같은 사람이다.

37 악의(樂毅): 연나라의 장군. 연소왕을 도와 조나라, 초나라, 한나라, 위나라 연합군을 이끌고 제나라를 징벌하여 멸망 직전에 이르게 했다.

38 목욕재계(沐浴齋戒): 부정을 타지 않도록 깨끗이 목욕하고 몸가짐을 다듬는 일.

39 장막 안에서 계책을 세우고 천 리 밖의 싸움을 이기게 한다: 한고조 유방이 항우와의 전쟁을 마무리한 뒤 신하들에게 상을 줄 때 직접 장량의 공을 언급하며 칭찬할 때 한 말.

40 천신만고(千辛萬苦): 천 가지 매운 것과 만 가지 쓴 것이라는 뜻으로, 온갖 어려운 고비를 다 겪으며 심하게 고생함을 이르는 말.

41 지레짐작하다: 어떤 일이 일어나기 전 또는 어떤 기회나 때가 무르익기 전에 확실하지 않은 것을 성급하게 미리 짐작을 하다.

42 신신당부(申申當付): 거듭하여 간곡히 하는 부탁.

43 이윤(伊尹): 하나라 말기부터 은나라 초기에 걸친 정치가. 은나라를 세운 탕왕을 도와 상 왕조 성립에 큰 역할을 했으며, 수백 년 동안 이어지는 상 왕조의 기초를 굳혔다.

44 고육지계(苦肉之計): 자기 몸을 상해 가면서까지 꾸며 내는 계책이라는 뜻으로, 어려운 상태를 벗어나기 위해 어쩔 수 없이 꾸며 내는 계책을 이르는 말. 고육지책(苦肉之策)과 같은 의미.

45 천지조화(天地造化): 하늘과 땅이 일으키는 여러 가지 신비스러운 조화.

46 허허실실(虛虛實實): 허를 찌르고 실을 꾀하는 계책.

47 비명횡사(非命橫死): 뜻밖의 사고를 당하여 제명대로 살지 못하고 죽음.